Q&A 中学英語指導法事典

現場の悩み152に答える

樋口忠彦・髙橋一幸 編著

教育出版

はしがき

　世界の国々ではグローバル化に対応する外国語教育の改革が推進されていますが，わが国でも文部科学省によって英語教育の改革が計画され，2020年度からの完全実施に向けて準備が進められています。しかし，教育改革の成否は教員しだいであり，教員の指導力向上が鍵となります。本書は，このような考えに基づき，先生方の指導力向上の一助になればという願いから刊行を企画しました。

　本書をQ&A形式にしたのは，各種の研究会で研究授業後に行われる研究協議において，頻繁に話題になる指導法や指導技術，教材などに関する先生方のさまざまな疑問や悩み，お困りの事柄について，筆者たちの研究・実践に基づく回答を示すためです。Qの設定にあたっては，編集委員会で，先生方のQに対するA（回答）の必要度をさまざまな角度から検討するとともに，全国の約150名の先生方のご意見を参考にして決定しました。10分野，152のQに，英語授業に関わるほぼすべての重要項目が網羅されています。

　回答にあたっては，経験豊富な先生方や新進気鋭の先生方に，英語教育や関連分野の示唆も踏まえて，日頃の研究・実践の成果を具体的かつ簡潔，明瞭に執筆してもらいました。

　したがって，本書は，授業改善に意欲的に取り組まれているすべての先生方に，英語授業の在り方や進め方を考えるための新たな視点と明日の授業に応用できるアイディアを提供する書であると確信しております。

　本書のご利用にあたっては，1章から順に読み進めると，英語授業について体系的に理解を深めていただけますが，疑問に思われている項目を必要に応じて選んで読み，「事典的」に活用されてもよいでしょう。また本文中にcross referenceを示しておりますので，その項目を参照されると，当該項目に関する情報が得られ，より深くご理解いただけます。

　最後に，教育出版㈱のご協力により，英語授業研究学会（略称，英授研）の設立25周年記念事業として本書を刊行しました。英授研は，「毎日の授業を大切にし，実践の成果や課題を体系的に記述することによって英語授業学を構築する」ことを目標にしています。英授研の25年間の活動の成果を反映した本書が，先生方の座右の書としてご利用いただければ幸いです。

　　2014年12月

　　　　　　　　　　　　　　　　　　　　　編著者　樋口忠彦　髙橋一幸

もくじ

はしがき

1章　指導／到達目標と授業過程 …………………………………… 1

- **Q1-1**　CAN-DO リスト作成上の留意点は？　2
- **Q1-2**　年間指導計画の作成手順は？　5
- **Q1-3**　単元ごとの計画の立て方は？　8
- **Q1-4**　教材研究で確認しなければならないことは？　10
- **Q1-5**　1つのパートの指導過程は？　11
- **Q1-6**　ウォームアップの目的とふさわしい活動は？　13
- **Q1-7**　帯活動として適した活動は？　14
- **Q1-8**　前時の復習ですべきことは？　16
- **Q1-9**　Oral introduction と Oral interaction の使い分けは？　18
- **Q1-10**　新出文法事項の導入方法は？　20
- **Q1-11**　新出文法事項の定着を図るための活動は？　22
- **Q1-12**　新出単語の教え方は？　24
- **Q1-13**　生徒を引きつける教科書本文の導入や展開の方法は？　26
- **Q1-14**　対話教材の扱い方は？　28
- **Q1-15**　音読のさせ方は？　30
- **Q1-16**　授業のまとめの活動は？　32
- **Q1-17**　授業と家庭学習の関連づけは？　33
- **Q1-18**　リーディングの扱い方は？　35
- **Q1-19**　授業での上手な英語の話し方は？　37
- **Q1-20**　日本語を使った方がよい場面は？　39

2章　コミュニケーションにつなげる文法指導 ………………… 40

- **Q2-1**　コミュニケーション能力育成のためにつけるべき力とは？　41
- **Q2-2**　中学生の英語学力の問題点は？　43
- **Q2-3**　コミュニケーションにつなげる文法指導とは？　45
- **Q2-4**　this, that, it の違いをどうわからせるか？　46
- **Q2-5**　be 動詞と一般動詞の区別は？　47
- **Q2-6**　人称代名詞の格変化を正しく使えるようにするには？　49
- **Q2-7**　名詞の単数形と複数形の指導法は？　51
- **Q2-8**　定冠詞 the の用法についての指導は？　53

Q2-9	命令文のさまざまな機能を使いこなす指導は？ 55
Q2-10	三単現を指導するコツは？ 57
Q2-11	特別疑問文の指導のコツは？ 59
Q2-12	品詞をどう指導すればよいか？ 61
Q2-13	効果的な過去形の導入からライティングにつなげるには？ 62
Q2-14	some と any の違いをどう教えるか？ 63
Q2-15	不定詞の名詞的用法と動名詞の指導は？ 65
Q2-16	助動詞の的確な指導方法は？ 67
Q2-17	形容詞と副詞の比較表現の指導方法は？ 69
Q2-18	接続詞 when, if, because 指導のアイディアは？ 71
Q2-19	to 不定詞の副詞的用法や形容詞的用法の指導法は？ 73
Q2-20	受動態の望ましい指導法は？ 75
Q2-21	現在完了のものの見方と指導法は？ 77
Q2-22	「It is (for ～) + to 不定詞」の活動例は？ 80
Q2-23	「tell / want + 人 + to 不定詞」を身につけさせるには？ 82
Q2-24	間接疑問文を理解させるアイディアは？ 84
Q2-25	現在分詞, 過去分詞の後置修飾を教えるコツは？ 86
Q2-26	関係代名詞と接触節の効果的な指導は？ 87
Q2-27	後置修飾構造のまとめ方は？ 89

3章　4技能の指導──学習活動，言語活動と統合的活動 ……………… 91

Q3-1	学習指導要領を反映した4技能到達目標の作成方法は？ 92
Q3-2	答え合わせで終わらないリスニング指導は？ 94
Q3-3	英語を話すスピードに慣れさせるには？ 95
Q3-4	聞く力を伸ばす英語の聞かせ方は？ 96
Q3-5	聞く力を伸ばすのに効果的な活動は？ 98
Q3-6	コミュニケーション活動に生きるドリルとは？ 100
Q3-7	生徒たちを引き込む意味のあるドリルとは？ 101
Q3-8	自分のことや意見を話す活動のコツは？ 102
Q3-9	単語レベルから文レベルの発話に持っていくには？ 104
Q3-10	スピーチやスキットのさせ方は？ 106
Q3-11	スピーチ指導の到達目標や指導計画の立て方は？ 108
Q3-12	詳細理解のさせ方は？ 110
Q3-13	Pre-, While-, Post reading の効果的な発問は？ 112
Q3-14	多読指導の始め方は？ 114
Q3-15	3年間を見通したライティング指導計画の立て方は？ 116

Q3-16	「書く内容がない」という生徒への指導は？ 118
Q3-17	文のつながりがあるライティング指導とは？ 120
Q3-18	日頃の授業で行うライティング活動の進め方は？ 122
Q3-19	パラグラフ・ライティングを指導するコツは？ 124
Q3-20	統合的な活動の意味とよい具体例は？ 126
Q3-21	教科書に出ている統合的な活動のやり方は？ 128
Q3-22	教科書本文の内容を生かした統合的な活動の方法とは？ 130

4章　指導法・指導技術　………………………………………………… 132

Q4-1	いろいろな指導法の特徴と参考になる点は？ 133
Q4-2	「教科書で教える」とはどういうこと？ 136
Q4-3	学力差の大きいクラスの授業の進め方は？ 138
Q4-4	英語で進める授業に慣れていない生徒の指導は？ 139
Q4-5	生徒を生き生きと授業に参加させる工夫は？ 140
Q4-6	多様な活動（学習）形態の効果的な活用法は？ 142
Q4-7	上手な褒め方，叱り方とは？ 144
Q4-8	発音の基礎を確立する中学校音声指導の留意点は？ 146
Q4-9	文法用語使用の長所と短所は？ 148
Q4-10	板書内容，板書方法は？ 149
Q4-11	視覚教材の効果的な使用法は？ 151
Q4-12	ICT機器の効果的な活用方法は？ 153
Q4-13	教師のモデル・リーディングの必要性は？ 155
Q4-14	音読指導の方法と進め方は？ 156
Q4-15	生徒の音読の声が小さくなってきたときの指導は？ 158
Q4-16	効果的な指名のしかたは？ 159
Q4-17	ワークシートやタスクカード作成のコツは？ 161
Q4-18	生徒の発話の誤りの修正方法は？ 163

5章　ティーム・ティーチングと少人数クラス　…………………… 165

Q5-1	ALTとのTTならではという授業をするには？ 166
Q5-2	TTにおける日本人教師とALTの役割は？ 168
Q5-3	ALTとの打ち合わせを短時間で効果的に行うコツは？ 170
Q5-4	新任ALTとの授業のコツは？ 172
Q5-5	TT以外にALTをフルに生かすアイディアは？ 174
Q5-6	日本人同士のTTを充実させるコツは？ 176
Q5-7	新任教員を育成するTTのポイントは？ 177

| Q5-8 | 少人数クラスの運営方法と活用法は？　178 |

6章　学習者のつまずき──予防と治療法 …………………………………… 180

Q6-1	つまずきの時期と理由は？　181
Q6-2	学力不振生徒に学習方法を指導するには？　183
Q6-3	アルファベットを読めない，書けない生徒の指導は？　185
Q6-4	単語や文が読めない生徒への指導は？　188
Q6-5	単語でつまずく生徒に対する語彙指導のコツは？　190
Q6-6	文法学習を嫌がる生徒への文法指導とは？　192
Q6-7	つまずきやすい文法事項は？　194
Q6-8	語順の誤りなど，生徒がくり返す誤りの指導は？　195
Q6-9	声を出すことを嫌がる生徒の指導は？　197
Q6-10	1年生1学期の中間・期末テスト作成のポイントは？　199
Q6-11	英語を苦手とする生徒の学習意欲を高めるテストは？　201
Q6-12	英語を苦手とする生徒へのノート指導は？　204
Q6-13	英語学習に意義を見いだせない生徒の指導は？　206
Q6-14	学習不振生徒指導の成功例は？　207

7章　学習習慣，学習方法，学習意欲を高める指導
　　　──自律的学習者の育成 …………………………………………………… 209

Q7-1	自律した学習者とは？　210
Q7-2	1年生の入門期指導は？　212
Q7-3	自ら学ぶ生徒を育てるノート指導は？　214
Q7-4	自ら学ぶ生徒を育てる辞書指導は？　216
Q7-5	十分なインプットを与える方法は？　217
Q7-6	効果的な協働学習の進め方は？　219
Q7-7	意味のあるふり返りは？　221
Q7-8	定期テストの有効活用は？　223
Q7-9	効果的な実技テストの秘訣は？　225
Q7-10	やる気のでない生徒をやる気にさせる方法は？　227
Q7-11	長期休暇に学ばせるアイディアは？　228

8章　評価とテスト …………………………………………………………………… 230

Q8-1	評価の観点，評価規準，評価基準の関係は？　231
Q8-2	「関心・意欲・態度」「言語や文化に関する知識・理解」の評価は？　233
Q8-3	評価の信頼性，妥当性，実用性，真正性とは？　235

Q8-4	正確性，流暢性，適切性とは？ 236
Q8-5	定期テストにおける4観点と4技能の扱い方は？ 237
Q8-6	リスニング能力とテストの具体例は？ 239
Q8-7	リスニング問題作成上の留意点は？ 241
Q8-8	リスニングテスト吹き込みの留意点は？ 242
Q8-9	スピーキング能力の評価方法は？ 243
Q8-10	パフォーマンス評価とは？ 246
Q8-11	自己評価，相互評価の意義と進め方は？ 248
Q8-12	スピーキングテストの効率的な実施方法は？ 250
Q8-13	音読テストの意義と評価方法は？ 251
Q8-14	発音，語彙力を測るテストと評価方法は？ 252
Q8-15	ライティングの評価と誤りの訂正方法は？ 254
Q8-16	ルーブリックの意義と活用にあたっての留意点は？ 256
Q8-17	CAN-DO評価の進め方は？ 258
Q8-18	各観点・各技能の比率は？ 260

9章　学習者の理解と教師と学習者の人間関係の築き方 …… 261

Q9-1	生徒と良好な人間関係を築くには？ 262
Q9-2	「英語学習離れ」をくい止めるには？ 264
Q9-3	教室環境点検の意味は？ 266
Q9-4	学力差と個に対応する指導は？ 268
Q9-5	自信のない生徒を引きつけるには？ 270
Q9-6	通塾生徒も引きつける指導は？ 272
Q9-7	生徒が気軽に質問できる雰囲気を作るには？ 273
Q9-8	授業妨害する生徒の指導は？ 274

10章　小・中，中・高の連携 …… 275

Q10-1	外国語活動で体験していることは？ 276
Q10-2	小中連携のための中学校入門期の指導計画は？ 278
Q10-3	教科化後の小学校英語教育は？ 281
Q10-4	高校での英語の授業はどう変わったか？ 284
Q10-5	高校へつなぐ中学3年生の指導は？ 286
Q10-6	コミュニケーション能力の育成と高校入試の関係は？ 288

参考／引用文献　291
あとがき　294
執筆者一覧　295

1章

指導／到達目標と授業過程

- **Q 1-1** CAN-DOリスト作成上の留意点は？ ……………………………… 2
- **Q 1-2** 年間指導計画の作成手順は？ …………………………………… 5
- **Q 1-3** 単元ごとの計画の立て方は？ …………………………………… 8
- **Q 1-4** 教材研究で確認しなければならないことは？ ………………… 10
- **Q 1-5** １つのパートの指導過程は？ …………………………………… 11
- **Q 1-6** ウォームアップの目的とふさわしい活動は？ ………………… 13
- **Q 1-7** 帯活動として適した活動は？ …………………………………… 14
- **Q 1-8** 前時の復習でするべきことは？ ………………………………… 16
- **Q 1-9** Oral introduction と Oral interaction の使い分けは？ ……… 18
- **Q 1-10** 新出文法事項の導入方法は？ …………………………………… 20
- **Q 1-11** 新出文法事項の定着を図るための活動は？ …………………… 22
- **Q 1-12** 新出単語の教え方は？ …………………………………………… 24
- **Q 1-13** 生徒を引きつける教科書本文の導入や展開の方法は？ ……… 26
- **Q 1-14** 対話教材の扱い方は？ …………………………………………… 28
- **Q 1-15** 音読のさせ方は？ ………………………………………………… 30
- **Q 1-16** 授業のまとめの活動は？ ………………………………………… 32
- **Q 1-17** 授業と家庭学習の関連づけは？ ………………………………… 33
- **Q 1-18** リーディングの扱い方は？ ……………………………………… 35
- **Q 1-19** 授業での上手な英語の話し方は？ ……………………………… 37
- **Q 1-20** 日本語を使った方がよい場面は？ ……………………………… 39

CAN-DO リスト作成上の留意点は？

本校では，到達目標を CAN-DO リストとして作成することになりました。どのようなことに気をつけて作成するとよいのでしょうか。

1．CAN-DO リストを作成する目的

2013年3月に，文部科学省中等教育局から「各中・高等学校の外国語教育における『CAN-DO リスト』の形での学習到達目標のための手引き」（以下，「手引き」）が示されました。これは2011年6月に「外国語能力の向上に関する検討会」が取りまとめた「国際共通語としての英語力向上のための5つの提言と具体的施策」において，生徒に求められる英語力を達成するための学習到達目標を「CAN-DO リスト」として具体的に設定することについての提言があったことによります。

では，なぜ CAN-DO リストを作成するとよいのでしょうか。いくつもの理由がありますが，大きく分けて2つの理由があります。まず，英語の学習を通して生徒が身につけられる能力を「～できる」という具体的な文言で記述することにより，教員全員が明確な目標を持って英語の指導に取り組めるようになります。次に，生徒にとっても英語を使って何ができるようになるのかを具体的に知り，目標にすることができるようになります（⇨ Q8-17）。

2．作成の手順と留意点

誰かが CAN-DO リストを作っておけばよいという考えでは，まったく活用されない形ばかりの CAN-DO リストになってしまいます。たとえ原案を作成するのが一人であっても，その原案を全員で検討してください。全員で話し合うところに CAN-DO リスト作成の意義があるのです。英語の指導方法にはさまざまな考え方やアプローチがあるので，互いの意見を述べ合い，確かめ合い，教員集団としてまとまることが大切なのです。手引きには「学習到達目標の設定過程に外国語担当教員等全員が参加し，管理職の理解や協力，リーダーシップのもと」とあります。場合によっては管理職に協力してもらい，学校の英語科教育の指針である CAN-DO リストの作成を行ってください。

CAN-DO リストは学校ごとに作ることが原則となっています。そのためには自校生徒の学習の状況や地域の実態などを把握しなければなりません。学校や地域で取り組んでいる英語に関する学習や行事などがあれば，積極的にリストに入れると特色のある CAN-DO リストができるはずです。

では，具体的な作成手順について説明します。

① 卒業時の学習到達目標を設定する

　生徒の学習の状況や地域の実態を踏まえたうえで，卒業時の学習到達目標を，言語を用いて「〜することができる」というかたちで設定します。卒業させる際，生徒にどのような力を身につけさせておきたいかを話し合ってみてください。このとき，次の2つの点に注意してください。

　1点目は目標の数です。さまざまなことを目標にしたいとは思いますが，かぎられた授業時数の中で，指導や評価を含めて多くのことを実施するのは難しいものです。無理のない数にしてください。2点目は難易度です。実現不可能なことを羅列しないようにしてください。英語力のある生徒を育てたいという気持ちは理解できますが，一部の生徒しか到達できないような到達目標を作成すると，多くの生徒が自己評価を行う際に自信をなくしてしまいます。「CANNOT-DOリスト」にならないようにしてください。

　学習到達目標は，観点別学習状況の評価における「外国語表現の能力」と「外国語理解の能力」について作成します。すなわち「聞くこと」「話すこと」「読むこと」「書くこと」の各技能について作成することが原則です。学習指導要領の目標や言語活動を参考にして作成してください。

② 学年ごとの学習到達目標を設定する

　卒業時の学習到達目標を達成するために，1年次および2年次の学年末までに達成させる目標を，中学校の場合であれば，次のように段階を踏んで設定します。

【書くことの学習到達目標の例】

　3年：教科書で習った物語などの文章について，簡単な要約や感想を書くことができる。
　2年：教科書に載っているイラストや写真などについて，簡単な説明を書くことができる。
　1年：教科書の登場人物について，簡単な紹介文を書くことができる。

　CAN-DOリストに載せる学習到達目標は，次の例のように「何を」「どのような条件で」「どのようにできる」の3つの要素を入れて設定するとよいでしょう。

- ゆっくりと話してもらえば，簡単な道案内を聞いて理解することができる。
- 初対面の相手に挨拶や簡単な自己紹介を即興で行うことができる。
- Eメールなどの短いメッセージを，辞書を使いながら読み，理解することができる。
- 手本を参考にして，簡単な絵はがきやカードを書くことができる。

③ 年間の指導評価計画に反映させる

　年間指導計画（⇨ Q1-2 ）にCAN-DOリストで設定した学習到達目標を位置づけます。その際，どの単元でどのような活動を行うのかを計画しておきます。例えば，②で例示した学習到達目標であれば，複数の単元で指導することができます。このように年間に複数回活動させられることを学習到達目標として設定するとよいでしょう。また，年間指導計画を作成する際，評価方法も考えておいてください。②の書くことの例では，授業や定期考査で文章を書かせて評価することができます。さらに，CAN-DOリストの到達目標と関連させて，「イラストを説明する英文を正しく書くことができる」のような評価規準も年間指導計画に書いておくとよいでしょう。

④ 学習到達目標を意識した指導を行う

　学習指導計画に沿って，バランスのよい指導を行ってください。例えば，文法の指導に時間をかけ過ぎて，設定した活動ができなくなるということがないようにしてください。また，こまめに評価を行い，学習到達目標の達成度を把握してください。もし，指導が足りないと感じたら，補足的な活動を入れるなど臨機応変に対応することが大切です。指導の改善を常に心がけてください。

⑤ 学習到達目標を見直す

　学年末には学習到達目標の達成状況を把握し，指導や評価の改善に生かすことが求められています。また，設定した学習到達目標が生徒の状況に合っていたかを検証する必要があります。特に初めてCAN-DOリストを作成した場合，2～3年間は修正が必要です。

　各学習到達目標の達成状況は教師が評価するだけでなく，生徒にも自己評価させてみてください。CAN-DOリストを生徒に配付し，各学習到達目標を達成しているかどうかを自己評価させます。1年生であっても3年間のすべての学習到達目標について評価させます。こうすることで，生徒は自分の学習状況の位置（ゴールに向かう自らの現在地点）を知ることができ，次の目標を設定することもできます。生徒が判断しづらい学習到達目標では，実際に一斉に行わせてみてから自己評価させるとよいでしょう。例えば，「公共の施設などにある簡単な表示や掲示を見て，その意味が理解できる」という目標であれば，表示や掲示の例を見せて理解できるか自己評価させます。

　自己評価を行わせて，達成状況がよくないものについては，学習到達目標が生徒にとって高過ぎる，指導が十分ではなかったなどの原因が考えられます。英語科教員の全員でどのように改善すればよいのかを話し合ってください。

年間指導計画の作成手順は？

本校では，新年度が始まる前に年間指導計画を作成することになっています。作成の手順と気をつけなければならないことを教えてください。

1．年間指導計画を作成する目的

　新年度が始まる前に年間指導計画を作成することにより，バランスのよい指導と評価を行うことができます。計画を立てずに授業を進めていくと，授業時数が足りなくなり，教科書の読み物教材を扱わない，プロジェクトなどの総合的活動を行わない，最後の単元を簡単に解説して終えてしまう，などの事態を引き起こしてしまいます。これでは生徒に十分な英語力を身につけさせることはできません。また，生徒の技能を正しく評価する材料を十分に集めることができないまま，一部の知識や技能に偏って評定をしてしまう例も見られます。特に，話すことを評価する機会を設定しなければ，外国語表現の能力を正しく評価することはできません。1年間で指導しなければならないことを頭に入れ，どのように指導し，どのような活動を取り入れるのか，同時にどのように評価していくのかの計画を立てること，すなわち，1年間の授業をシミュレーションすることが，年間指導計画を作成することの重要な目的の1つなのです。

2．年間指導計画の作成手順

　年間指導評価計画は表にして示し，少なくとも次の項目を設けます。
- 指導時期　例：第2学年・4月
- 単元名　例：Lesson 1　A New Student from Canada
- 学習内容　例：過去を表す文（be動詞および不規則動詞），過去進行形
- 単元の配当時数　例：8時間
- 評価規準　例：be動詞の過去形や過去進行形を使って，絵に描かれていることを説明できる。（「話すこと」の外国語表現の能力）

　上記以外に，年間の到達目標，単元の指導目標，各単元の教材観，主な言語活動，評価方法などを記入すると，より詳細な年間指導計画が作成できます。また，CAN-DOリストの到達目標（⇨ **Q1-1** ）との関連を示すとよいでしょう。この中で，「主な言語活動」は特に載せるとよい項目です。4技能の言語活動を通して文法や語彙を定着させていくことが求められているからです。

　では，作成手順を説明します。

① 到達目標を設定する

　CAN-DOリストで示された到達目標があれば確認しましょう。到達目標を設

定することで，各到達目標を達成するための指導や活動を考えるようになります。生徒の1年後の姿を頭に描き，それに向けて指導計画を立てることが大切です。3年間の到達目標をまず考え，次に学年の到達目標を作成します。

② 年間の授業時数を数える

　年間行事予定から授業時数を数えてください。定期考査も授業時数にカウントされますが，これを差し引いて，授業として使える時数を把握しておきます。月ごとの授業時数をメモしておきましょう。

　　（例）4月…11時間　　5月…12時間　　6月…14時間

③ 教科書を読み込む

　教科書の最初のページから最後のページまでを読み込みます。その際，各単元で指導しなければならないこと，どのような活動を取り入れられるか，どのくらいの時間がかかりそうか，などをメモしておきます。

　　（例）Lesson 1 …4パート，過去形，過去進行形，SVOOの文
　　　　　　　授業の説明を行う時間と春休みの確認テストで1時間，春休みを話題にしたチャット（帯活動）

④ 単元の配当時間を決める

　教科書の各単元を同じ時間数にする必要はありません。言語材料，本文内容，活動などにより軽重をつけて指導します。ある単元では発表活動を取り入れるために12時間，別の単元では言語材料を簡単に扱えるために7時間という設定でよいのです。①で授業時数を数えていますが，テストや話すことの実技テストなどの時間を差し引いた時間から，さらに5時間程度を差し引いた時数で計画を立てます。これは，年度途中で指導が十分にできないことがあれば，それを補う時間に充てるためです。

　　（例）年間で指導できる時数の計算

```
授業として使える時数……119時間
　実技テスト（音読，話すこと）………6時間程度
　長期休暇明けの確認テスト…………2時間
　予備の時間……………………………5時間
　119－（6＋2＋5）＝106時間
　→11単元あるので，1レッスンあたり9～10時間程度で計画する。
```

　単元の時数をすべて合計すると，時間を超えている場合があります。このような場合，各単元の指導内容を再度吟味し，指導の優先順位を考え，思い切って何

かをカットするしかありません。逆に時間があまっている場合にはぜひ言語活動を加えてみてください。単元の配当時数を決めたら，どの単元をどの時期に指導するのかを確認します。

⑤ **各単元の計画を練る**

各単元の配当時間の中で何をどう指導し，どう評価するのかを計画します。

⑥ **評価計画を立てる**

各単元の評価規準と評価方法を計画します。

【年間指導評価計画の例】

平成26年度年間指導評価計画（2年生）

教科書：ONE WORLD English Course 2
副教材：教科書準拠ワーク，教科書準拠 CD

指導時期	配当時間	レッスン	単元名 話題・題材 単元の目標	学習内容・言語活動		評価規準 ア：コミュニケーションへの関心・意欲・態度 イ：外国語表現の能力 ウ：外国語理解の能力 エ：言語や文化についての知識・理解		評価方法
				言語材料	主な言語活動			
4	11	1	A New Student from Korea 韓国から来た留学生ジンが，アヤたちのクラスに転入し，韓国や日本のことについて話す。 ・日本と韓国の違いについて興味を持つ。 ・過去のことについて説明することができる。 【CAN-DO】 S2-2：身近な話題であれば，あいづちや質問をしながら会話を続けることができる。 （目安：1分間）	・一般動詞の不規則動詞（復習） ・be動詞の過去形（復習） ・過去進行形 ・SVOO の文型	・チャット（春休みについて）【帯活動】 ・スキット（パート3とパート4） ・教科書本文の口頭導入による理解 ・英作文（春休みについて）	ア	(S) 自分のことを述べたり相手に質問したりすることで会話を続けようとしている。 (W) 過去の出来事について5文程度の文章を相手に理解できるように書こうとしている。	観察 作品（春休みの日記）
						イ	(S) 過去のことやある時点でしていたことについて，誤解なく話すことができる。 (R) 場面や心情に応じた音読ができる。 (W) 過去のことやある時点でしていたことについて，文法に従って正しく書くことができる。	実技テスト 音読テスト ペーパーテスト
						ウ	(L) 過去の出来事についての情報を聞いて，内容を理解することができる。 (R) 文章を出来事の順序などに注意しながら適切に読み取ることができる。	リスニングテスト ペーパーテスト
						エ	(W) 動詞の過去形についての知識を身につけている。 (R) 目的語が2つある文の文構造についての知識を身につけている。	単語テスト ペーパーテスト

単元ごとの計画の立て方は？

今年度から教科書のレッスンごとの指導目標，指導計画，評価規準を設定して授業に臨む決意です。これらの設定のしかたについてアドバイスをお願いします。

1．指導目標の立て方

　教材研究（⇨ Q1-4 ）をしっかり行ったうえで，単元（レッスン）の指導計画を立てます。単元の指導目標を設定する際には，「関心・意欲・態度」「4技能」「文法や語彙および文化などの知識」の3つの視点から考えるとよいでしょう。

① 「関心・意欲・態度」に関する指導目標の例
　・スピーチ活動を通して，自分のことを相手に伝えようとする。
　・さまざまな疑問文を使って，相手に質問しようとする。

② 「4技能」に関する指導目標の例
　・過去に起こったことや経験したことについて書かれた文章を理解する。
　・スピーチの原稿の書き方を理解し，思い出について説明する文章を書く。

③ 「知識」に関する指導目標の例
　・過去形の使用場面，言語機能，言語形式について理解する。
　・手紙の書き方を理解する。

　単元の指導目標は「大き過ぎず，細か過ぎず」が基本です。また，文法事項や語彙そのものの習得よりも，それらを使ってできるようになることを目標にするとよいでしょう。授業で行う言語活動を想定し，単元の指導を終えたときの生徒の変容した姿を頭に描いて指導目標を設定してください。

2．指導計画の立て方

　単元の指導目標を達成するための指導方法を考えます。具体的に計画を立てるためには，単元に配当した授業時数の各授業の指導内容や活動を計画します。

【指導計画の例】（7時間扱い）
　すべての授業の最初に帯活動（歌，生徒同士のQ&A活動）を行う。
　第1時：パート1の導入（who を使った疑問文，本文の内容理解，音読）
　第2時：パート1の復習（音読，教科書の対話文のスキット）
　（第3時〜第5時は省略）
　第6時：パート3の復習（音読，教科書のスピーチ文の暗誦・発表）
　第7時：単元のまとめ，単元テスト

3．評価規準の設定方法

　評価規準は内容のまとまり（聞くこと，話すこと，読むこと，書くこと）ごとに

4つの観点(コミュニケーションへの関心・意欲・態度,外国語表現の能力,外国語理解の能力,言語や文化についての知識・理解)で設定します。

以下に内容のまとまりごとの評価規準の項目と評価規準の例を示します。

評価規準の項目とその例

	コミュニケーションへの関心・意欲・態度	外国語表現の能力	外国語理解の能力	言語や文化についての知識・理解
聞くこと	• 言語活動への取り組み • コミュニケーションの継続		• 正確な聞き取り • 適切な聞き取り	• 言語についての知識 • 文化についての知識
話すこと	• 言語活動への取り組み • コミュニケーションの継続	• 正確な発話 • 適切な発話		• 言語についての知識 • 文化についての知識
読むこと	• 言語活動への取り組み • コミュニケーションの継続	• 正確な音読 • 適切な音読	• 正確な読み取り • 適切な読み取り	• 言語についての知識 • 文化についての知識
書くこと	• 言語活動への取り組み • コミュニケーションの継続	• 正確な筆記 • 適切な筆記		• 言語についての知識 • 文化についての知識

(言語活動への取り組み):間違うことを恐れずに積極的に活動している。
(コミュニケーションの継続):つなぎことばを用いるなどして話を続けている。
(正確な発話):語句や表現,文法事項などの知識を活用して正しく話すことができる。
(適切な発話):場面や状況にふさわしい表現を用いて話すことができる。
(正確な聞き取り):語句や表現,文法事項などの知識を活用して短い英語の内容を正しく聞き取ることができる。
(適切な聞き取り):まとまりのある英語を聞いて,全体の概要や内容の要点を適切に聞き取ることができる。

　評価規準は評価を行うためのものです。各評価規準を達成しているかどうかを実際に評価しなければなりません。評価規準が多過ぎると限られた授業時数で評価することは困難です。また,1つの単元内で評価するものや,複数の単元で継続的に評価した方がよいものもあるので,内容を考えて計画を立ててください。

教材研究で確認しなければならないことは？

教材研究をする際，文法や単語以外にどのようなことに気をつけたらよいのか教えてください。指導書の使い方もお願いします。

1．教材研究の留意点

指導内容を把握する，指導方法を考える，質問に的確に答えるなど，教材研究を行う目的はいくつもあります。不十分な教材研究で授業に臨むと，文法説明で正しくないことを言ったり，単語の発音を間違ったり，本文の意味の捉え方が浅かったりする可能性があります。知らず知らずのうちにウソを教えないためにも教材研究は大切です。

教材研究を行う際，確認すべきことは以下の点です。

① 単元全体の話題やストーリーの展開

単元全体のストーリー展開を確認します。前後のパートとの関連性を把握することで本文の扱い方が変わってきます。本文の題材についての背景知識も深めましょう。それが生徒たちを引きつけ，授業を豊かにしてくれます。

② 文法事項

本文のどこで新出文法事項が使われているのかも把握しておきましょう。また，本文に使われているすべての文を説明できるか確認しておきます。

③ 語句

既習語であっても，品詞が異なっていたり，別の意味で使われていたりすることがあります。また，強勢や発音は教師自身が間違って覚えていることもあるので，辞書などで調べたり，CDを聞いたりして練習しておきましょう。また，授業中に辞書を引かせる場合は，辞書の記載内容を確認しておきます。

④ 本文以外の情報

写真やイラストが本文を理解するうえで重要な役割を担っている場合があります。また，ページの上，下，側注には，練習問題以外にも指導するべきさまざまな情報が載っているので，確認しておきましょう。

2．指導書（TM：Teacher's Manual）の活用

指導書にはさまざまな有益な情報が載っています。自分で調べることもできますが，時間を節約するためにも指導書を有効に活用してください。特に，扱われている話題についての関連情報は読んでおきましょう。

教科書作成者の意図に気づかない場合もあるので，指導書はひと通り読んでおくとよいでしょう。

1-5 1つのパートの指導過程は？

教科書の各レッスンの1つのパートを指導する際の、一般的な指導過程をご紹介ください。また、これは学習段階で異なるものでしょうか。

1．一般的な指導過程

1つのパートの指導過程は教科書の内容により異なります。しかし、多くの場合、新出文法事項を導入してから本文を扱い、その後は音読練習、本文（または新出文法事項）に関連した言語活動の順番に組み立てます。

以下には、基本となる指導過程について簡単な説明を示します。パートの指導過程なので、挨拶、ウォームアップ活動、帯活動、復習、まとめなどは省略します。

① 新出文法事項の提示と練習 (Presentation and Practices of the New Language Materials)

1）口頭導入（Oral Presentation of the Target Sentences）（⇨ Q1-10 ）

新出文法事項をオーラル・インタラクション（oral interaction）などで導入します。目標文の形式（form）、意味（meaning）、機能（function）について、生徒の気づきを大切にして導入を行います。

2）新出文法事項の確認（Explanation / Confirmation of the Points）

黒板（プリント）で目標文を示しながら形式、意味、機能などについて確認します。ここでは基本的なことだけを簡単に説明することを心がけます。

3）口頭練習（Manipulation Drills）（⇨ Q1-11 ）

教師が目標文のモデル音声を聞かせ、模倣（imitation）、反復（repitition）をさせた後、パタン・プラクティス（pattern practice）や口頭作文（oral composition）などの口頭練習を行い、形式や意味、機能の理解を深めながら定着させます。この直後に、目標文をノートに写させたり、ドリル練習を書かせて行わせたり、コミュニケーション活動を行わせたりすることもあります。

② 本文の導入と展開（Reading Today's Text）（⇨ Q1-13 ）

1）口頭導入（Oral Introduction / Interaction of Today's Text）（⇨ Q1-9 ）

教科書を自力で読めるようにするために、本文の概要や新出語句をオーラル・イントロダクションやオーラル・インタラクションなどで口頭導入します。

2）黙読（Silent Reading）またはリスニング（Listening）

口頭導入で理解したことや推測したことをもとに、教科書本文を自力で黙読したり聞いたりして、内容を把握します。

3) 内容の確認（Explanation / Confirmation of the Story）
　内容についての質問，語句の意味や発音，文法などの説明や確認をします。
4) 音読（Oral Reading / Reading Aloud）（⇨ Q1-15, Q4-14）
　新出語句の発音をフラッシュ・カードで練習した後，本文を音読します。
③ コミュニケーション活動（Communicative Activity）
　教科書本文または新出文法事項についての発展的な活動です。生徒が自分で考え，話したり書いたりする言語活動を設定します。

2. 教科書の内容や学習段階に合わせた指導過程

　新出文法事項の難易度，本文の語数，設定する言語活動などによって，指導過程は異なります。最近は1つのパートを2時間かけて指導することが多くなってきています。これには主に2つの理由があります。1つ目は，現行の教科書は本文の語数が多いために指導するのに時間がかかること。2つ目は，新出文法事項や教科書本文を扱った後に発展的な活動（コミュニケーション活動，言語活動）を行うことが求められているからです（⇨ Q1-8）。したがって，次の例のように，1つのパートを2時間で指導するのがよいでしょう。

- 1時間目
  (1) 新出文法事項の導入，確認，練習
  (2) 教科書本文の導入，内容理解，音読
- 2時間目
  (1) 新出文法事項および本文の復習
  (2) コミュニケーション活動

　新出文法事項の指導と練習に時間がかかる場合には，1時間目に新出文法事項のみを扱い，2時間目に教科書本文を扱うことも考えられます。ただし，新出文法事項についての説明が多くならないように気をつけてください。実際に使用させる中で定着を図るように心がけてください。また，新出文法事項を教えることのみがパートの目標ではありません。本文をていねいに扱うようにしてください。コミュニケーション活動は，パートごとに設定することが望ましいですが，新出文法事項や時間などの関係で，単元の最後に設定する場合もあります。

　1年次では，新出文法事項を教えることが教科書本文の内容理解に結びつくことが多いことから，本文内容の内容をほぼすべてカバーするていねいな口頭導入を行いますが，2年次，3年次と学習段階が進んでいくにしたがって，自分で読んで理解する割合を増やす指導過程を考えてみてください。

ウォームアップの目的とふさわしい活動は？

授業の初めにウォームアップの活動をするべきだと聞きました。何のためにどのようなことをするとよいのか，具体例を教えてください。

1．ウォームアップの目的

ウォームアップの最大の目的は，「日本語スイッチをオフにし，英語スイッチをオンにする」ことです。英語と日本語では，個々の音，リズム，イントネーションがまったく異なり，英語を話すときには，日本語とはまったく違う身体や口の部位を使います。それゆえ，授業の開始時にその準備を行うことが必要です。また，教師と生徒が一緒になって，声を出したり身体を動かしたりして，ウォームアップを楽しみ，教師と生徒との信頼関係（rapport）や英語授業にふさわしい雰囲気を作るのも重要な目的です。

2．ウォームアップの具体例

ウォームアップに適した活動とは，全員が楽しく取り組むことができ，英語のリズムや音に，身体を，そして頭を慣れさせるものです。以下にウォームアップで利用されるいくつかの活動例を挙げておきます。

① チャンツ・早口ことば・歌

チャンツや早口ことば，歌を扱うときには，座ったままではなく，生徒を立たせて身体を自由に動かせるようにするとよいでしょう。英語のリズムを身体全体で感じたり，表現したりすることがよりスムーズになります。

② TRP，音読，ビンゴゲーム

TRP（Total Physical Response＝全身反応教授法）とは，英語を聞いて，文字どおり身体全体で反応させる活動です。教師が"Stand up. Touch your shoulders."などとリズミカルに指示を出して，生徒が身体で反応します。慣れてくれば，教師と役割を交代して生徒に指示を出す役をさせます。特に入門期に適しています。

以前に学習した教科書本文の音読をウォームアップに活用することもできます。決められた時間内に，何文音読できるかとか，指定された本文を何秒（分）くらいで音読できるかなど，目標値を設定し，個人やグループで競わせるなどゲーム的な要素を取り入れるとよいでしょう。また，ビンゴゲームを取り入れると既習の単語の復習だけでなく，ゲーム感覚で未習語彙の先取り学習を行うこともできます。最初は，教師が英単語を言って始め，慣れてきたら生徒に教師役をさせてもよいでしょう。

帯活動として適した活動は？

「帯活動」にはどのような効果があるのですか。また，「帯活動」に適した活動としてどのような活動がありますか。

1．帯活動を行う目的

　帯活動とは，単元を横断して行う継続的な活動のことです。通常は授業の初めに設定します。授業の最初に挨拶をした後，一般的にはウォームアップ活動（⇨ Q1-6 ）に移ります。このウォームアップも帯活動の一種ですが，本稿では，「生徒の技能を高める目的で行う継続的な活動」を帯活動と定義し，説明します。

　英語は言語なので，教えたことが即座に定着することはめったにありません。何度も言語材料にふれさせ，慣れさせ，使わせる機会を与えてできるようになっていきます。帯活動はこうした「ふれさせ，慣れさせ，使わせて」の機会と捉えてください。例えば，即興的なスピーキング活動としてチャットを行わせようとします。しかし，活動機会を1，2回設定しただけでは，上手にチャットができるようにはならないでしょう。そこで，帯活動としてくり返しチャットを行わせ，会話技術や表現を1つずつ教えていくことで，会話を継続させる力が身につきます。初めは話せなかった生徒も，何回か同じ話題でチャットを行うことで，話すことに慣れ，表現できることの幅が広がり，これまでに習った英語表現を即興で使えるようになるのです。

2．帯活動を計画するにあたって

　帯活動では単純に何らかの活動を行えばよいというものではありません。次の2つのことを考えた帯活動を設定するとよいでしょう。

① 到達目標を達成するための活動

　生徒に身につけさせたい力（到達目標）を考え，それに合った活動を取り入れます。例えば，「与えられたテーマについて簡単なスピーチをすることができる」という到達目標を立てたとします。教科書に載っているスピーチ活動を取り上げ，1時間の授業で原稿を書かせ，次の授業でクラス全員に一斉にスピーチをさせる方法もあるでしょう。しかし，帯活動として数人ずつにスピーチを発表させる方が，パフォーマンスの質は徐々に高まっていきます。前回行った教師からの指導，他の生徒から学んだことを次に生かせるからです。また，各スピーチの後で，聞き手から話し手に質問をさせたり，感想を述べ合わせたりなどの複合的な活動を設定することもできます。

　しかし，「正しい発音，強勢，イントネーションで感情を込めて音読できる」

という到達目標であれば，帯活動で行わせるよりも，教科書本文を扱う際に指導し，活動を設定する方がよいでしょう。このように帯活動に適した活動であるかどうかを吟味して設定しなければなりません。

② **教科書の指導で足りないことを補うための活動**

日頃の授業のやり方によっては，生徒への指導が不十分なことがあるかもしれません。例えば，やや長めの文章を自力で読む機会をあまり与えていなかったとします。そこで，３年生では高校入試を意識し，毎回の授業で200〜400語程度の文章を一気に読ませ，その内容を生徒同士で確認し合わせるなどの帯活動を設定します。

生徒に身につけさせたいことや取り入れたい活動はたくさんあるでしょう。しかし，帯活動にいくつもの活動を取り入れ，教科書を指導する時間が不十分になるのは避けてください。最初のウォームアップと帯活動で10分程度，多くても15分までと時間を区切って計画を立てましょう。

３．帯活動に適した活動例

帯活動の種類はたくさんあります。１と２で例に挙げたもの以外で，よく行われているものを紹介します。

① **オリジナル・スキット**

ペアやグループでスキットを創作させ，発表させます。

② **生徒同士による Q&A**

生徒同士がペアとなり，ワークシートに書かれている質問を一方が行い，他方が答えていく活動です。２文以上で応答させるように習慣づけましょう。

③ **口頭作文**

生徒同士がペアとなり，ワークシートに書かれている日本文を一方が読み上げ，他方が英訳していく活動です。

④ **リスニング**

リスニング教材を使ったりしてまとまりのある英語を聞かせます。聞かせた後に生徒同士で内容の確認を英語または日本語でさせたりします。

⑤ **クイズ**

生徒に "What Am I?" などのクイズを出させ，全員で答えを考えさせます。

⑥ **ディクテーション**

聞こえてくる英文を書き取らせます。例えば，学習済みの教科書の１つのパートを CD（または教師の音読）で聞かせ，途中で音声を止めて，その直前の１文を書かせる（last sentence dictation）など，さまざまなやり方が考えられます。

前時の復習ですべきことは？

前時の復習が大切だと聞きました。なぜ大切なのか，また，どのようなことをしたらよいのか教えてください。

1．前時の復習が大切な理由

前時の授業で指導した文法事項，語句，音声，本文内容などを復習として扱うことを「前時の復習」と呼びます。授業は1つ1つが独立したものではなく，前後の授業を関連させながら指導していくものです。したがって，前時の復習はウォームアップ活動（⇨ Q1-6 ）や帯活動（⇨ Q1-7 ）を除いた授業の最初に行います。

前時の復習を行う目的はいくつかありますが，主なものは次の4つです。

第1は，前時に教えたことを想起させる目的です。時間が経てば習ったことや覚えたことは忘れてしまいます。次の活動につなげたり発展させたりするためには前時の学習内容を想起させる必要があります。

第2は，前時に教えたことが正しく理解されているか，前時に練習したことが正しくできるようになっているかを確認する目的です。もし誤解していたり，正しく言えない・書けないようであれば，再度説明したり練習の時間を与えます。

第3は，教えたことを定着させる目的です。英語は言語なので，同じ語句や文，あるいは文法事項や表現などに何度もふれさせなければ定着させられません。ただし，前時の復習だけで定着させるのは無理だと考えてください。この後の授業でも，何度もくり返しふれさせることが大切です。言語の習得は，行きつ戻りつのスパイラルな過程（spiral process）を通して進みます。

第4は，前時に教えたことをもとにして，発展的な活動を行う目的です。自分で考えて言ったり書いたりする機会を与えるようにします。

2．復習で行う活動

前時の復習で絶対に行わなければならない活動内容やその順序は決まっていません。前時の授業で指導した内容や練習に費やした時間，前時の授業からどのくらい時間が経っているかによって活動内容が異なります。授業の最後にどのような言語活動を行うのかによって，活動内容や手順を決めてもよいでしょう。一般的には，新出文法事項と本文の復習を行い，発展的な活動に移っていきます。

① 想起や確認のための活動例

前時の新出文法事項を取り上げたいときには，生徒が正しい英文を言えるか確認することで想起の役割も果たします。例えば，前時のドリル活動などで用いた

イラストを見せたり,「サッカーをする予定であることを伝える英文は？」と日本語を用いたりして英文を言わせます。教師の後について復唱させるのではなく,最初から生徒に考えさせて言わせるようにします。生徒の発話の状況により,補足説明を行ったりドリル活動を行ったりします。

　教科書本文を扱う際は,閉本したままで本文を聞かせて内容を想起させ,続いて,本文内容について英語あるいは日本語で質問し,理解できているか確認する活動が一般的に行われています。生徒の状況によっては,教科書を開本させたまま本文を聞かせるか,すぐに音読を行わせてもよいでしょう。

　想起や確認を目的とした活動は絶対にしなければいけないということではありません。生徒の状況,家庭学習や休み時間の活動,前時の授業の内容などによってはすぐに発展的な活動を行うこともあります。

② **発展的な活動例**

　発展として行う活動では,教師のコントロールを弱くし,生徒が自分で考えて話したり書いたりする活動を設定します。この活動はとても重要です。教師の指示した英文を言ったり問題練習を行わせたりするだけでは,実際に自分で正しく表現できるようになるには不十分です。ドリル活動では正しく言えても,即興的なアウトプット活動では誤りが見られることがよくあります。こうした誤りに気づかせ,修正していくことで,表現する能力が身についていきます。

　前時の新出文法事項を扱う発展的な活動はいろいろな形式が考えられます。例えば,自分のことを生徒同士で言い合わせて,自分のこととパートナーの言ったことを別の生徒またはクラス全体に報告（reporting）させます。口頭で言ったことを書かせてみるのもよいでしょう。また,モデルとなる対話文の一部を代えて言わせたり,2〜3文の短いスピーチをさせたり,簡単なスキットを創作させたり,などが考えられます（⇨ Q1-11 ）。

　次に,教科書本文を扱う際に一般によく行われている発展的活動例を紹介します。対話文の場合にはスキットを演じさせます。教科書の対話文を少し変えたり,つけ加えたりすることで発展的な活動となります（⇨ Q1-14 ）。説明文や物語文ではストーリー・リテリングを行わせます。黒板に貼ってあるピクチャー・カードや書かれてある語句を参考にしながら,自分のことばで内容を話させます。

　これらの活動を行わせることで,教科書に載っている表現を身につけさせることができます。また,教科書本文の内容の理解度も確認できます。教科書本文の要約や内容に関する短いスピーチ（感想など）をさせることもよく行われる活動です。

Oral introductionとOral interactionの使い分けは？

新出教材を導入する際などで行う「オーラル・イントロダクション」と「オーラル・インタラクション」の違いと使い分け方を教えてください。

1．本文の口頭導入の目的

2020年度に完全実施が予定されている新教育課程では，高等学校に続き中学校においても「授業は英語で進めることを基本とする」ことになるようです。英語で行う教科書本文の導入は授業の中核として位置づけたいものです。本文の口頭導入は次のような目的で行います。

① **教科書を開いて生徒が自ら本文を理解し，音読できるレディネスを作る**

生徒がいきなり文字言語を理解しなければならない障壁を取り除き，教師の話す英語をしっかりと聞きながら，本文の概要や新出語句の意味を推測理解させ，英語を英語で理解する機会を与えます。また，質問に英語で答えたり，理解したことを発表したりするインタラクション（interaction）を通した運用の機会も与え，授業が単なる予習の答え合わせに終わらないように，「授業の中での学びと運用」の場を確保します。

② **生徒たちが自己の経験と照らし合わせることで題材への関心を高める**

生徒が学習事項を自分自身と関連づけて考え，表現したときに真の学びが起こります。「教科書の本文なんて自分とは関係ない」と思っている生徒には，どのような優れたインプットも吸収（intake）されません。

生徒たちとは直接関係がなさそうに思われる題材であっても，教師のアレンジで生徒の身近に引き寄せて関連づけてあげることで，一人ひとりが自ら考え，表現することに結びつけます。

③ **行間に隠された情報を補ってやることで，テキストに息吹を与える**

例えば，The new system was introduced in many countries. という文を「この新しい制度は多くの国々に導入されました」と訳せても，many countries が具体的にはどの国のことを言っているのかわかっていなければ，この文の意味を本当に理解することはできません。

表面的に日本語に訳せても，その意味を実感できないことが「教科書はつまらない」と生徒に思わせる原因です。このギャップを埋め，真の意味理解へと導くのが教師の口頭導入です。

2．「オーラル・イントロダクション」と「オーラル・インタラクション」

英語で行う本文の口頭導入には，次の2つの方法があります。

① オーラル・イントロダクション (Oral introduction)

既習の文法事項や語彙を用いながら，難しい語句や文は易しく言い換えるなど生徒に理解可能（comprehensible）な英語を使って教科書本文の概要・要点を口頭（oral）で伝え，理解させる導入方法です。教科書を開いて行うリーディング（reading comprehension）へのレディネスを作るために行います。生徒たちの理解を促進するために，適宜，絵や写真などの視覚補助具（visual aids）も活用しましょう。導入後は，True or False quiz, Questions & Answers などを行って，生徒の理解度を確認（check of understanding）します。

② オーラル・インタラクション (Oral interaction)

オーラル・イントロダクションでは，導入が行われる間，生徒はもっぱら教師の話す英語に耳を傾けます。生徒は聞きながら活発に思考していますが，発話のチャンスがないという意味で受け身になります。これを改善した双方向の導入法がオーラル・インタラクションで，教師と生徒のやりとり（interaction）を通して，教科書本文の概要をともに作り上げながら理解させます。教師と生徒とのインタラクションを通して導入するので，うまく進行できれば，導入後の理解度の確認は特に必要ありません。

3．2つの口頭導入の使い分け

これら2つの口頭導入法について，「どちらがより優れた，効果的な方法である」と優劣を決めることはできません。どちらを選択すればよいかは，題材に関する生徒の背景知識（schema：スキーマ）の有無が判断の基準となります。（題材と具体的な導入例は，髙橋2011：68-77, 154-156を参照）

① 本文の題材内容に関して，生徒にほとんど知識がない場合

生徒にとって初めて知る内容ですから，題材に関して引き出すべき「背景知識」がありません。したがって，このような題材には教師主導で新たな知識や情報を生徒に伝達するオーラル・イントロダクションが適しています。

② 本文の題材内容に関して，生徒がすでに知識を持っている場合

スポーツ・芸能など，多くの生徒たちの間で人気のある話題，理科や社会科など他教科で学習した内容などが題材なら，生徒に既存の知識がありますので，教師が一方的に語って聞かせるよりも発問を通して生徒たちから情報を引き出し，知っている内容を英語でのインタラクションを通して追体験させるオーラル・インタラクションが適しています。

さまざまな手の内を持ち，目的に応じて最も適切な手段を選択し，それを効果的に使いこなせること。教職にかぎらず，これがプロの条件です。

新出文法事項の導入方法は？

新出文法事項の効果的な導入方法と留意点についてアドバイスをお願いします。

新出文法事項の導入にあたっての留意点と導入方法について考えてみましょう。

1．新出文法事項導入の留意点

① 生徒の興味・関心を引きつける話題や場面の選択

「今日は○○の学習をします。○○とは……」と言って文法解説で授業を始めるのではなく，生徒の興味・関心を引きつける文法事項導入を工夫することが大切です。そのためには，生徒たちに身近で興味・関心が高く，スキーマが豊富な話題や場面を選択して導入することが大切です。英語教師として常にアンテナを張り，このような話題を把握しておきましょう。

② 新出文法事項が使用される必然性のある文脈の設定

オーラル・イントロダクション／インタラクションによって新出文法事項を導入する場合（⇨ Q1-9），まとまりのある英語を聞かせたり，インタラクションを通して，生徒に新出文法事項の形式，意味，機能に気づかせ，理解させます。そのためには，新出文法事項が使用される必然性がある自然な文脈の中で関連する既習事項と対比しながら，目標文法事項の形式や意味，機能に気づかせます。

③ 視覚教材の準備

オーラル・イントロダクション／インタラクションを通して，新出文法事項について生徒の気づきや理解を促すのに役立つ絵や写真，実物やビデオなどの視覚教材を準備し，うまく利用するようにします。

2．新出文法事項導入の具体例

以下は，夏休みを前にして教師や生徒の夏休みの計画を取り上げ，自己表現に発展させることを目標にした "be going to" の導入例です。

T：（家族旅行の写真を見せながら，既習の過去時制を復習して印象づけ，この後学習する近接未来表現との対比を可能にする。）

Last summer, I went to Lake Biwa with my family. We went there by car and swam in the lake. We had a very good time there.（北海道の写真を見せながら）This summer, I <u>am going to</u> go to Hokkaido with my family. We <u>are going to</u> visit a farm there. I <u>am going to</u> ride a horse at the farm. That would be fun! Where are you going to go this summer?（全員の顔を見渡してから個人指名する。）S_1?

S_1：USJ.

T：Oh, you are going to go to USJ. Please say about yourself.
S₁：I am going to go to USJ.（言えない場合は教師が表現を補う。）
T：Good！ S₁ is going to go to USJ. Repeat, class.
Ss：S₁ is going to go to USJ.（全体→個人と数回くり返させ目標文に慣れ親しませる。）
T：Good！ Where are you going to go this summer, S₂?
S₂：I am going to go to Mt. Rokko.（目標文を生徒から引き出す。）
T：Oh, you are going to go to Mt. Rokko.
　　S₂ is going to go to Mt. Rokko this summer. Everyone, repeat!
Ss：S₂ is going to go to Mt. Rokko this summer.
（以下，さらに2，3人の生徒を指名し，同じ要領で理解を深め，習熟させる。）

3．新出文法事項の理解の確認と補足説明
① 板書時

　口頭導入したからといって，生徒はその文法事項が十分理解できたわけではありません。教師がどのような表現を，どのようなことを伝えるために使っていたのか――生徒の気づきと理解の確認が必要です。

　「先生はどんな表現を使っていたかな？」「それはどんなときに使うのかな？」といったやりとりを生徒と行い，生徒の気づきを引き出し，整理しながら板書します。そのとき，生徒の文法知識の整理に役立つように，新出の文法事項を既習の文法事項と対比して板書するとよいでしょう。また必要に応じて文の形式，意味，使い方について簡潔に補足説明を行います。その後，板書した文を数回くり返させ，慣れ親しませます（⇒ Q4-10）。

> （板書例）「すでに決まっている予定や計画を言う」（be going to ＋動詞）
> 　　　　I **went** to Lake Biwa last summer.
> 　　　　This summer I **am going to** *go* to Hokkaido with my family.
> 　　　　We **are going to** *visit* a farm.
> （比べてみよう）I am going to the library.「今図書館に向かっているところです。」

② 本文のリーディング指導時

　本文のリーディング指導の際に，新出文法事項が使用されている理由や意味をたずねたり，生徒の注意を促すために新出文法事項が含まれている表現に下線をつけさせたりします。また本文の内容について新出表現を使ってQ&Aを行ったりするとよいでしょう。

 **新出文法事項の定着を図るための活動は？**

新出文法事項の定着を促す活動や実際に使用させる活動の具体例をご紹介ください。

1．定着を促す活動

新出文法事項を導入し，形式，意味，機能を確認したら，目標文を模倣・反復させます。目標文を言えるようになれば，実際に声に出してさまざまな文を言わせるために操作練習（manipulation drill）を行いますが，その操作練習の例を挙げておきます。またドリル的な口頭練習の後，文を書かせてもよいでしょう。

① パタン・プラクティス（pattern practice）

目標文の一部の要素を代えて，別の文を言わせる活動です。

置換（substitution drill）では，目標文中の特定の語句を他の語句に置き換えて文を言わせます。例えば，I am going to study English. が目標文であれば，教師のキュー（下線部のみ言う）によって I am going to study math. I am going to watch TV. Ken is going to watch TV. などと言わせます。

転換（conversation drill）では，疑問文（"question"，"question who"などとキューを出す）や否定文（"not"とキューを出す）などに転換させます。

また，拡充（expansion drill）では，in the library, after school などの修飾語句をつけ加え，より長い文を言わせます。

パタン・プラクティスでは文の形に重きが置かれがちなので，不自然な文を言わせないように気をつけなければなりません。また，意味を伴った練習にするために，キューの代わりにイラストなどを利用する方法もよく行われます。パタン・プラクティスでは，最初は一斉に英文を言わせます。文を言うのに慣れてきたら，個人に言わせてから一斉に言わせるようにします。なお，この方法は習慣形成理論に基づいていますので，誤りがあれば即座に直し，正しい形を覚えさせます。

② 口頭作文（oral composition）

日本語によるキューを出し，英語で言わせます。例えば，「数学を勉強する予定」に対し，I am going to study math. と言わせます。

③ インタビュー活動（interview activity）

例えば，放課後の予定について Are you going to play sports? や Are you going to read a book? と新出文法事項を使ってたずね合わせます。ワークシートに英文を載せるとそれを読む活動になってしまうので，イラストを用いたり英文を暗記させてから行わせたりするとよいでしょう。また，ゲーム的要素を取り入

れると飽きずに取り組めます。例えば，16コマ（4×4）または25コマ（5×5）の表を作り，ピアノ，読書，テレビなどを表すイラストを各コマに描き，What are you going to do this evening? と聞き回り，相手が答えたものをチェックしていき，ビンゴになったら座らせるといった活動（Interview Bingo）などが考えられます。

2．実際に使用させる活動

新出文法事項の形式や意味に慣れたら，伝達内容とそれを伝えるための英文を生徒自身が考えて言ったり書いたりする活動（コミュニケーション活動，自己表現活動）を設定します。以下に活動例を示します。

① 目標文を利用した活動

目標文を自分のことに換えて書いたり，生徒同士で言い合わせたりする活動です。例えば，今晩の予定について言い合わせます。1文だけでもかまいませんが，2文以上で I'm going to listen to Arashi's new CD this evening. I got it last Sunday. のように言わせることで，文と文のつながりを意識させ，既習の言語材料を利用させる機会を増やすことになります。

② インタビュー活動

1の③で示したインタビュー活動を一歩進んだ活動に変えることもできます。例えば，What are you going to do this evening? の質問に対して自由に答えを言わせたり，質問文を生徒自身に考えさせたりすることで，教師のコントロールを弱めることができます。これらの活動では，聞いたことについてレポート文を言わせたり書かせたりすることで，統合的な活動にすることも可能です。

③ タスク活動（task-based activities）

「今晩あなたと同じことをする人を二人探しましょう」とタスク（課題）を出します。この場合，生徒は I'm going to read a book this evening. How about you? と自分のことを言ってから相手に質問しても，Are you going to read a book this evening? や What are you going to do this evening? と質問してもタスクを達成することができます。このように，表現する英文を生徒自身で選べるようにすることも，この段階の活動として大切な要素です。

④ 既習の言語材料を総合的に使わせる活動

新出文法事項を含ませながらも，既習の言語材料を総合的に使用させる活動を行わせることで，さらに定着を促し，自然な使い方を学ばせることができます。例えば，週末の予定について数文程度のミニスピーチを行わせたり，生徒同士でチャットを行わせたりなど，さまざまな活動が考えられます。

新出単語の教え方は？

新出単語をどのように教えたらよいのでしょうか。また，しっかり覚えさせるにはどのようにしたらよいのでしょうか。

1．新出単語の導入

単語は訳語を示しただけでは指導したことにはなりません。学習段階や単語の重要度に応じて，品詞，発音やアクセント，綴り，語形変化，関連語，他の語との結びつき方（collocation），イディオムなどの知識を与える必要があります。また，例文をいくつか示して，その単語の使い方を示す必要もあるでしょう。

単語は個々に独立しているものではありません。文や文章の中で意味を持ちます。例えば，I have a dog. と I have lunch. では，have の意味は異なります。予習として単語だけを取り上げ，辞書で調べさせる方法は避けるべきです。文または文章の中で，文脈に合った意味を推測させたり調べさせたりしてください。指導過程の中で新出単語を導入・説明する位置は主に次の①と②の2か所です。

① **教科書本文を導入するとき**

本文を口頭導入する際，教科書を開いたときに自力で読めるように，読み進めるうえで大切な語句を導入します。口頭導入時では，語句の意味を理解または推測させる程度で，品詞名や語法などの説明は②で行います。

口頭導入では，さまざまな方法を使って新出語句の意味を生徒に伝えます。代表的な方法を紹介します。

　ア．写真，実物，イラストなどを見せる。（例）turtle, ear, plastic bag
　イ．教師が動作やマイムを行う。（例）tall, walk, sit down
　ウ．黒板に絵，文字，記号などを書く。（例）round, over, in the morning
　エ．既習の語句を使って言い換える。（例）return → come back
　オ．英語で簡単に説明する。
　　（例）medicine → When we are sick, we take medicine.
　カ．例を挙げる。（例）sour → For example, a lemon is very sour.
　キ．日本語で意味を補う。（例）right away，すぐに

② **教科書本文の説明を行うとき**

口頭導入を終え，生徒が教科書本文を黙読した後，本文の理解を補うために内容や言語材料についての説明を行います。このとき，必要に応じて単語の発音，語法，品詞名，関連語，綴りの注意，使い方の例（例文）などを示します。例えば，excited であれば，The movie was exciting. So I was excited. と例を挙げて

違いを説明します。

　新出語句の発音練習については，①や②の中でも可能ですが，原則として音読の直前にまとめて行います。初めにフラッシュ・カードを見せながら，教師が発音のモデルを示し，一斉に復唱させます。このとき，生徒の発音に耳を傾け，異音が聞こえたら何度でも復唱させます。数人の生徒に発音させ，正しく言えているか確認するとよいでしょう。

　この後，フラッシュ・カードを瞬間的に見せ（"flash" させ），瞬時に単語を捉えて言えるように練習します。これは「意味のわかった単語の綴りと音声を一致させる」練習です。音読直前に，訳語を見せて英語に直させる活動をよく見かけますが不適切です。本文に書かれている文字をしっかり音声化できるよう，単語を声に出して読む練習に絞って行ってください。

2．単語を覚えさせる方法

　何の脈絡もない個々の単語を覚えるより，句や文の中で覚える方が忘れにくいものです。この点で教科書が学習教材として最も適しています。文脈があり，長い時間をかけて学習しているからです。

　教科書本文を音読させたり暗唱させたりすることが単語をしっかりと覚えさせるためには効果的です。

　綴りまで覚えさせたい語句については単語テストを実施しますが，このときにも文の中で出題する方が効果的に覚えさせられます。例えば，教科書に I'll pass the entrance exam! という文があり，pass, entrance, exam の綴りを覚えさせたい場合，I'll [　　] the [　　] [　　]! の形で出題します。この場合，pass は動詞なので，I'll の直後に置かなければなりません。このテスト形式だと，文の中での個々の単語の位置も覚えさせることができます。事前に出題リストを配付し，何度も音読させてから単語の綴りを覚えさせるようにするとよいでしょう。

　一度覚えた単語は，その後何度か出会わなければ忘れてしまいます。そのためには既習の語句に再会させる機会を教師が意図的に作らなければなりません。例えば，teacher talk の中で使用したり教師が作成するワークシートの中に入れ込んだりします。また，過去に学んだ教科書本文を再び読ませることも既習の語句を思い出させるための有効な方法です。帯活動の中で復習として扱う，教科書の登場人物を紹介するタスクを与えるなどの方法があります。

　話したり書いたりできるレベルまで高めたい語句は，実際に使わせなければ身につきません。話すことと書くことのプロダクション活動を頻繁に行わせてください。活動していくうちに，使える語句や表現が増えてきます。

生徒を引きつける教科書本文の導入や展開の方法は？

教科書本文の内容がつまらないと授業に興味を示さない生徒がいます。生徒を引きつける教科書本文の導入や展開のしかたについてアドバイスをお願いします。

　教師自身が本文の内容にどれだけ興味や関心を抱いているでしょうか。「毎年やっているから」とか，「教科書に書いてあるから」と思っているだけでは，生徒は決してのってきません。生徒は教師の気持ちを正直に反映するものです。また，教科書本文は，特定の文法事項を教えるためだけに存在しているわけではありません。題材や内容，言語の使用場面を切り捨て，文法事項を教えることばかりに気を取られ，教科書本文やその内容が軽視された授業になってはいないでしょうか。ここでは，下記のテキストに沿って，生徒に本文の内容に興味を持って取り組ませるために，教師が授業中に行う発問を中心に考えてみます。

（登場人物のアヤがホームステイ体験について発表している場面）

　I went to Australia for two weeks. I did a homestay outside Sydney with the Rose family. They took me to Uluru. This is a picture of it. The first road to Uluru was built in 1948, and now over 400,000 people visit it every year. I wanted to climb it, but Mrs. Rose said we shouldn't. She said, "It's not prohibited, but it's a sacred place for Aborigines."

(ONE WORLD（2年）Lesson 8-1)

1．動機づけとスキーマの活性化

① 学習意欲の喚起

　本文の題材について生徒の興味や関心を引きつけましょう。1つのレッスンの中には必ず絵や写真が掲載されているはずです。それらを積極的に利用します。まず，カンガルーの絵のついた道路標識を示し，"Where did Aya go?" などとたずねるとよいでしょう。教科書にはさまざまな制約があり，使用する語句がかぎられています。しかし，生徒はいろんなことを英語で言ってみたい，表現したみたいと思っているはずです。それを逃す手はありません。新出単語として挙げられていなくても，絵の中に見える物は積極的に紹介してやると生徒の表現意欲を高めることができます。

② スキーマの活性化

　スキーマとは生徒があらかじめ持っている背景知識のことです。教師の発問によって，そのスキーマを活性化させます。それが内容理解の促進につながります。

Australia という国名が出てきたら，"What is the capital city of Australia?" "What animals is Australia famous for?" "What else do you know about Australia?" などと質問して，生徒がオーストラリアについて知っていることをどんどん引き出しましょう。

2．生徒に考えさせ，自己表現を促す発問の工夫

本文の内容に関する発問によって，生徒に考えさせたり，自己表現を促したりすることができます。「発問能力は授業力の要(かなめ)」とも言われ，教師に求められる重要な能力です。

質問は，表示質問（display question），推測質問（inferential question），参照質問（referential question）の3種類に分けることができます。表示質問は，本文の内容理解度を確認するために書かれている事実情報についてたずねる，正解は1つの質問で，前掲の本文ならば，"How long did Aya stay in Australia?" "When was the first road to Uluru built?" などです。推測質問は，本文の読みを深め，文脈から答えを推測させる "Why did the Rose family take her to Uluru?" などの質問です。この質問は，オーストラリアの歴史やアボリジニについて考えさせるきっかけになります。参照質問は，本文の内容に関連して生徒の体験や考えなどをたずねる質問ですので，正解はなく答えは生徒によって異なります。本文理解が終わった後，"Do you want to go to Australia?" "Where do you want to go to do a homestay?" などと質問してみましょう。生徒が答えたら "Why?" などとさらに質問を重ねることで，生徒の考えを深めていくことができ，表現力の育成につながります。以上のように，本文の内容に興味・関心を引きつけ意欲的に取り組ませるには，内容を十分に理解させたうえで，生徒に考えさせ，生徒の意見や感想を表現させることが大切です。生徒がハッとするような，生徒の気づきや深い思考を促すような発問を用意しておきましょう。

3．リーディングからライティングやスピーキングへ

リーディングだけではなく4技能を総合的に指導していく工夫も必要です。リーディング教材であっても，最終的にアウトプット活動につなげるという視点から，目標やゴールを事前に生徒に示しておくとよいでしょう。より深い内容理解を促進させるだけではなく，読む力を，書いたり，話したりする力に関連づけていくことができます。

本稿で取り上げた課の学習の最後には，アヤがオーストラリアでの体験を発表したように，生徒がこれまでどこかに行って得た体験をノートにまとめて，絵や写真を使いながらクラスで発表するといった活動が考えられます。

 **対話教材の扱い方は？**

教科書には対話教材がたくさんありますが，対話文を指導するときの留意点を教えてください。

1．対話教材の導入方法

対話教材は演劇のシナリオのようなものです。話しことばが文字として書かれています。したがって，I'm や you're などの短縮形や Sounds nice! のような会話表現が頻繁に使われています。話しことばである対話教材は音を聞かせて導入することが基本です。1年生の初期の段階では，新出文法事項を口頭導入する際に，教科書本文の内容にもふれるようにします。例えば，教科書本文の話題がスポーツで，Do you play soccer? が文法事項のターゲットであれば，この疑問文を用いながら生徒とスポーツに関するやりとりを行うことで，教科書の内容も理解できるようにさせます。

やや分量の多い対話教材を扱う際は，次の例のように，本文内容の概要を教師が口頭導入した後で，CD などで対話を聞かせて確認させ，さらに教科書を開本させて確認させるとよいでしょう。

（ケンタが韓国からの留学生のジンと部活動の練習前に話している場面）

Kenta：The soccer <u>coach</u> gave me this uniform yesterday.
　Jin：Cool! I love soccer! Can I join the team?
Kenta：<u>Maybe</u>. Were you on your school soccer team?
　Jin：No, we didn't have any sports teams at our school.
Kenta：What do you mean?
　Jin：Our teachers gave us a lot of homework. So we stayed at school and studied <u>until</u> night.
Kenta：Are you kidding?　　（下線部は新出語句）

（*ONE WORLD*（2年）Lesson 1-4）

新出文法事項は SVOO の文構造ですが，これについては本文を扱う前に導入したとします。教科書本文を次のように口頭導入します。（紙面の関係で，教師と生徒のやりとりの部分を省略して教師（T）の主な発話のみ示します。）

T：Kenta is on the soccer team.（ケンタがサッカーのユニフォームを着ているイラストを見せて）Kenta is wearing a uniform. His coach gave him this uniform yesterday.（ジンのイラストを見せて）Jin likes soccer very much, too. Was he on his school soccer team in Korea? Listen to the CD.（対話文の4行目まで聞かせ，質問の答えを確認させる。）No, he wasn't. Jin's school didn't have any sports teams. What do students do after school? Listen to the CD.（全文を聞かせ，最後のジンの発話を確認させ，開本させる。）

2．教科書本文を使った活動

　対話教材ではなるべくスキットを演じさせるようにします。演技を伴って発話させることで，教科書に使われている表現が定着しやすくなります。全文だと難しい場合には，一部分でもかまいません。教科書を見ないでスキットを演じさせるためには，音読から暗唱へと指導しなければなりません。対話文の音読では，コーラス・リーディング（chorus reading）でセリフのまとまりごとに復唱させたり，パート・リーディング（part reading）を取り入れたりします。音読の後には Read & Look-up（⇨ Q4-14 ）を行います。最初は1文ずつ，次にセリフのまとまりごとに言わせます。Read & Look-up でセリフごとに言えるようになれば，教師と生徒で役割を決め，それぞれの人物のセリフを暗唱して言ってみます。

　最後に，ペアまたはグループで練習時間を数分間与え，その中で演技プランも考えさせます。演技の構成，ジェスチャー，感情を込めた言い方を工夫させることで，対話の場面，登場人物の心情，英文の意味などを改めて確認させる機会となります。また，自分たちで考えた文をつけ加えさせることで，対話の自然な流れを考えさせ，既習の言語材料を使用させ，スキット発表を楽しくするなどの効果があります。例えば，1で示した対話教材では，ケンタのセリフだけでも次の下線部のようなセリフをつけ加えることができます。

- I'm very happy now. The coach gave me this uniform yesterday.
- Oh, you love soccer. Maybe, you can. Were you on your school soccer team?
- Are you kidding? I don't like your school.

　実際に既習の表現を使っていくつかの文がつけ加えられる対話教材であるなら，積極的に行わせてみてください。

　なお，対話教材はストーリー・リテリングには向かないことが多いようです。例えば，We didn't have any sports teams at our school. は Jin's school in Korea didn't have any sports teams. と言えますが，かなり高度な言い換えとなってしまいます。生徒の学習状況や教材の内容によって，相手の目を見ながらの Read & Look-up で終える，スキットを演じさせる，ストーリー・リテリングをさせるなど軽重をつけて活動を行わせてください。

音読のさせ方は？

生徒にもっと音読させた方がよいと感じています。音読をさせる理由やさせ方についてアドバイスをお願いします。

1．音読を行わせる効果

多くの教師が音読の重要さを認識し，実際に授業の中で音読を行わせています。教科書本文を正しく音読させることで，個々の単語の発音や強勢，英語特有のリズム，文のイントネーションなどを身につけさせることができます。つまり，音読を通して話す力の基礎が養われます。さらに，音読は話すことだけでなく，他の技能にも関連しています。音変化を含め，音声に慣れさせることで聞く力も向上します。基本的な文の成り立ちを身体にしみ込ませることもできます。文章を書くときは心の中で文を組み立てながら書き，文章を読むときは心の中で文字を音声化させながら読むことがあります。したがって，読むことや書くことの基礎にもなります。このように音読にはさまざまな効果があります。特に初学者にとっては，英語特有の音に慣れさせる，また，文字と音の関係をつかませるためにも音読はとても大切なのです。

2．音読をさせる際の注意

生徒が理解していない文章を復唱させてはいけません。単に音をまねさせるだけでは，意義のある活動にはなりません。音読は教科書本文の意味理解を終えてから行うのが原則です。一般的な指導過程の中で，教科書本文の音読を行わせるのは，主に次の2つの段階になります。

① 教科書本文の導入直後

導入の後の音読では，弱音，強音，強勢，音の連結，イントネーション，音調などに注意を向けさせ，書かれてある文字を正しく音声化できるように導きます。このためには，音声モデルを与え，それを一斉に反復させるコーラス・リーディングに時間を費やします。このとき，教師はすべての生徒が見える教室の前に立ちます。また，生徒に反復させるときに教師が生徒と一緒に音読してはいけません。なぜなら，生徒の口もとを見ながら音を聞き，正しく発音できているか確認することがこのときの教師の役目だからです。異音が少しでも聞こえたら，何度もその箇所を反復させます。基本的には1文ずつモデルを示して復唱させていきますが，長い文の場合には，次の例のように，まず1文を復唱させた後，意味のまとまり（sense group）ごとに文の後ろから前へと復唱させます。これをバックアップ・テクニック（back-up technique）と呼びます。また，全体で復唱させる

だけでなく，個々の生徒の発音を確認するとよいでしょう。

T：（音声モデルを示す）Our teachers gave us a lot of homework.
Ss：Our teachers gave us a lot of homework.
T：（バックアップ・テクニックを使って）a lot of homework
Ss：a lot of homework
T：gave us a lot of homework
Ss：gave us a lot of homework
T：Our teachers gave us a lot of homework.
Ss：Our teachers gave us a lot of homework.
T：（この後，個人を何人か指名して発音を確認する。）

　生徒が自力で文字を正しく音声化できると判断したら，次はバズ・リーディング（buzz reading）を行います。自分の音声を自己チェックさせたり，スラスラ読めるように各自のペースで音読練習させたりすることがバズ・リーディングの目的です。このとき，教師は生徒の間を回り，正しく発音できているか確認します。音読の苦手な生徒に対して指導をしてもよいでしょう。この後，個人を指名し，正しく音読できているか確認します（individual reading）。誤りや気になるところがあれば，全体に対して再度指導する必要があります。（⇨ 音読指導法の詳細は Q4-14）

② 前時の復習

　前時の復習における音読では，場面や心情に応じた音読を行い，その後の言語活動につなげる音読活動を行います。したがって，教科書本文の導入直後の音読のさせ方とは異なったり，個々の活動にかける時間も異なったりします。

　例えば，対話教材でスキットを行わせるのであれば，Read & Look-up などの手法を用い，暗唱できるように導きます。指導手順は音読の後に何をさせるかによって異なります。しかし，前時に行ったことができているとはかぎらないので，初めに生徒が正しく音読できるか確認してください。生徒の状況によっては①の活動を再び簡単に行わなければなりません。音声の確認ができたら，目的に応じてさまざまな読ませ方をさせます。最終的には感情を込めて読めるように具体的な指示を出しましょう。例えば，「ケンタの気持ちの移り変わりがわかるように音読しましょう」「ニュースキャスターになったつもりで読みましょう」などと指示します。

授業のまとめの活動は？

授業の「まとめ」が大切なことはわかっているのですが，ついつい時間がなくなってしまいます。このようなときはどのようなことをしたらよいでしょうか。

1．まとめを行う目的

　まとめ（consolidation）は授業の最後に，その時間に学習した事項について再確認させ，大切なことをまとめさせ，印象づけるために行います。

　よく時間が足りなくなり，まとめを省くことになりがちですが，新出文法事項などの確認や定着のためには，まとめのための時間を残して，確実に行いたいものです。

2．まとめとしての活動例

　まとめとしての活動は授業内容や残された時間により異なります。また，1つの活動で終えることもあれば，複数の活動を取り入れることもあります。

　新出文法事項，教科書本文，発展的な活動が主たる学習内容であった場合の一般的なまとめ活動例を紹介します。

① **新出文法事項の目標文（ターゲット・センテンス）の定着を図る活動例**
- 板書したことをノートに写させる。内容を理解しているか確認するために，質問したり，生徒同士で説明し合わせたりする。
- 目標文を復唱させ，板書や教科書を見なくても言えるようにさせる。板書した目標文を徐々に消しながら音読させたりする。
- 目標文を写させ，板書や教科書を見なくても書けるようにさせる。声に出して言わせた後，ノートに書かせる。
- 新出文法事項を使った文を自由に考えて書かせる。目標文は1文ではなく，脈絡のある2～3文で書かせる。この場合，つけ加える文は新出文法事項を使った文でなくてもかまわない。

② **教科書本文の定着を図る活動例**
- 教科書本文を再度聞いたり，音読を行ったりさせる。
- 本文から大切だと思われる文を教師が選び，生徒同士に説明し合わせる。
- 教科書本文を写させる。音読してから写すようにさせるとよい。

③ **発展的な活動を行った際の活動例**
- 口頭で述べたこと（発表したこと）の一部をノートに書かせる。
- 他の生徒の発表内容について3～4文程度の報告文を書かせる。

 **授業と家庭学習の関連づけは？**

授業と家庭学習をどのように関連づけたらよいのですか。具体的なアドバイスをお願いします。

1．授業と家庭学習の関係

　英語のような外国語学習の場合，習熟・習得・活用の段階まで高めさせるには授業時間だけでは不十分で，家庭学習が不可欠です。授業と家庭学習を一体化させ，授業をより充実したものにすること，また，学習方法を身につけた自律した学習者に育てることが重要です。

2．家庭学習の内容とさせ方

　家庭学習は，予習と復習，およびそれら以外の課題に分けることができます。

① 予習

　予習については必要か否か意見が分かれます。習熟度や授業の進め方，単元などによっても異なります。中学生の家庭学習時間を2時間と考えれば，毎日30分程度は英語にふれさせる課題を出したいものです。

　予習としては単語調べが多いようですが，まずは辞書を引かないで本文を読み，何が書いてあるか大意をつかませます。そして2年生頃からはわからない単語を辞書で引いて意味を確認し，内容をより正確に理解することを習慣づけたいものです。

② 復習

　授業で意味の確認や音読をした本文を何度も音読させます。できるだけ意味や情景を考えさせながら，相手に読み聞かせるように気持ちを込めて読ませます。そうすることで，内容を自分のことばで言ったり，重要な単語や表現を覚えるのに役立ちます。また，その日に習った単語はノートに書かせ，新出文法事項や表現を用いて文を作らせます。文法はワークブックやプリントで復習問題に取り組ませ定着を図ります。その場合，授業中に説明をして少し問題を解かせておくことが大切です。残りを家庭学習で仕上げてくるということにすると，生徒は取り組みやすくなります。

③ 一歩進んだ家庭学習の課題

　ときには教科書本文の内容の要約や感想を書かせます。扱われているテーマに関して自由に英作文をさせることも有効です。既習の表現を用いて，例えば1年生であれば自己紹介を4～5文で，2年生なら夏休みの思い出を6～7文で，3年生なら賛成・反対の意見を10文程度の英語で書かせるような課題を与えます。

なお，学習意欲の高い生徒には，自由学習として各自で英語学習の目標と計画を立てさせ（多読，ラジオ講座，テレビ英会話など），読書カードやラーニングログ（学習日誌）などに記録をつけさせ，ふり返り，自己評価をさせることも自律した学習者を育成するうえで役立ちます。

　いずれにせよ，授業と家庭学習をうまくつなげ，授業で習ったことを用いて家庭で学習させます。本文を導入すれば単語の練習，内容理解をさせれば音読，役立つ表現を習えばそれを使った自己表現作文，文法を習えばワークブックやプリントで問題をさせるなど，くり返し英語を使わせ習熟させることが大切です。

3．家庭学習のチェックの方法

　家庭学習のチェックの方法として，ノート点検，確認テスト，音読・暗唱テストなどが考えられます。また，教師が行う場合と，生徒同士が行う場合など，時間をかけず簡単にチェックする方法を考えるとよいでしょう。

① ノート点検

　家庭学習の状況を把握するとともに，大きな誤りをしていないかを確認するために行います。授業中ペア活動や小テストに取り組んでいるときに，机間を巡回し課題をしているかどうかをチェックします。しかし，週に一度，あるいは単元ごと，定期考査ごとなどに提出させ，ていねいにノートを点検することも重要です。1行でもよいので感想や助言を記入すれば，生徒の励みにもなるでしょう。
（⇨ Q6-12）

② 確認テスト（小テスト）

　生徒の理解度の把握に役立ちます。最も一般的な方法ですが，単語や表現を日本語から英語，英語から日本語に直す，英語の定義を読んで単語を書く，本文の空欄を埋める，ディクテーション，英作文など，さまざまな方法が考えられます。あまり負担にならず，生徒のやる気を高め，しっかり復習していれば満点が取れ，自信と達成感が持てるようなテストがよいでしょう。

③ 音読・暗唱テスト

　チェックシートなどを活用して，発音，イントネーション，ストレス，区切りなどが正確かつ適切に用いられているか，流暢に英語を読んだり，暗唱できているかをチェックし，すぐにフィードバックを与えましょう。（⇨ Q8-13）

4．家庭学習を学期の評価および評定に入れる方法

　家庭学習は本人の取り組みや意欲を表すものとして，平常点に換算するとよいでしょう。英作文や音読・暗唱は表現の能力に，単語テストなどは言語の知識・理解等で評価を行います。家庭学習を授業や評価に生かす工夫が必要です。

リーディングの扱い方は？

検定教科書ではリーディングの量が非常に多くなっていますが，どのように扱えばよいのか戸惑っております。

1．リーディングでめざすべき力とは

学習指導要領では，4技能を総合的に育成することが求められ，これまで以上に「読むこと」「書くこと」の指導が必要です。教科書では，リーディング教材が多くなっていますが，リーディングは4技能の要です。リーディングは精読，速読，多読などに分かれますが，教科書で扱うものは精読と速読教材です。

それぞれの教材を用いたリーディングで習得させる技能は異なりますが，大きな目標は同じです。読んで大意を把握する。書かれている内容や情景を思い描き，登場人物の気持ちになり，自分ならどうするかなど考えながら内容理解を深める。また，題材によっては，批判的に読んだり，論理的に考えて賛成・反対などの意見をまとめたりすることが求められます。目的に応じた読み方をして，速く正確に読んだり，聞き手に伝わるように音読や暗唱を行ったりするといったことも大切です。

2．リーディングの種類

リーディングのジャンルは，物語文，論説文，説明文，会話文，日記，手紙，伝言やスピーチ原稿など多岐にわたります。題材は，生徒に身近なもの（趣味や学校生活）から，社会的な問題を扱ったもの，環境問題，戦争と平和，健康，自然科学，歴史，言語とコミュニケーション，伝統行事，異文化理解などさまざまです。授業で教科書とは別に多読教材や本物の題材（authentic materials：広告，新聞記事，パンフレット，雑誌や漫画，インターネットの記事など）を扱う場合もあります。

それぞれのジャンルや題材で求められるものは異なりますが，リーディング・スキルやストラテジーを指導して，読み方を教え，自分で辞書を引きながら読めるように，自律した読み手を育てることが重要です。

3．リーディングの指導内容

以下に示すようなリーディング・スキルを指導し，自分で組み合わせて使えるようにすることが大切です。

タイトルを考える，大意を把握する，未知語や意味を推測する，ざっと読んで大意を把握するスキミング（skimming）や，情報を検索しながら読むスキャニング（scanning）を行う，テキストの構成を理解する（順序，例示，比較・対象，原

因と結果など），事実と意見を分ける，要約する，by the way, at first といった談話標識（discourse marker）を理解する，主題と支持文を理解するなどです。

4．リーディング教材の指導手順
　リーディング教材を扱う際はさまざまな指導が考えられますが，以下のような指導手順が一般的です。
① プレ・リーディング
　これから読む題材について簡単な質問をして，生徒が持っている背景知識を引き出し，読みたいという意欲を高め，題材に対する興味づけを行います。
② 新出語の導入
　読む際にキーとなる語彙を，絵やイラストなどを用いたり，英語での説明などを行って導入し，意味を理解させます。
③ オーラル・イントロダクション／オーラル・インタラクション（⇨ Q1-9 ）
　これから読むストーリーの概要に関する導入を英語で行います。その際，場面や登場人物を表す絵やキーワードを示しながら，ほぼ話の概要がつかめるように，教師がわかりやすい英語で生徒とやりとりをしながら進めます。
④ 大意把握と詳細理解
　段落ごとに主題や主要な考えを理解させます。その際，True or False や多肢選択，Yes-No / WH-Questions などを用いて本文の理解度を確認するとともに，細部まで理解させます。また，読んだ内容を深く理解させるために，場面ごとに絵を書かせたり，イメージを述べさせたり，登場人物の気持ちを考えさせたりします。文や文脈の理解とともに，背後にある意図をつかませることも大切です。
⑤ 音読（⇨ Q1-15 ， Q4-14 ）
　さまざまな音読活動でインプットした内容を取り込ませます（intake）。飽きさせないように工夫してくり返し読ませたり，相手を意識して読ませたり，感情を込めて読ませます。
⑥ アウトプット・自己表現活動
　内容の要約（summary）やリテリングをさせたり，登場人物にインタビューをする，ロールプレイをするといったタスクを与えて，読んだ内容を自分のことばでアウトプットさせます。また，感想を述べる，続きを考える，自分ならどうするかといった討論やライティングなどで，読んだ内容をまとめ，発表させます。
⑦ まとめ
　授業をふり返りポイントを整理したり，生徒の取り組みを褒め，もっと読みたいといった意欲につなげます。復習として家庭で音読してくるように指示します。

授業での上手な英語の話し方は？

できるだけ英語を使って授業を行っていますが，ときどき生徒は戸惑いや不安そうな表情を浮かべます。どのように対処すればよいのでしょうか。授業での上手な英語の話し方について教えてください。

英語を使って授業を進めることはよいことですが，生徒が戸惑いや不安そうな表情をする場合は，生徒にとって教師の話す英語が理解できていない場合です。その原因として考えられることは，英語が学習者のレベルに合っていなかったり，教師の話すスピードが速過ぎたりするからです。生徒が理解できる上手な英語の話し方について考えてみましょう。

1．授業で英語を使用する場面

英語の授業はすべて英語で展開しないといけないのでしょうか。文法事項の説明や教科書本文の内容の深い説明を無理に英語で行う必要はありませんが（⇨ Q1-20），文部科学省の「グローバル化に対応した英語教育改革実施計画」(2013)で述べられているように，英語授業は基本的に英語で行うことが大切です。要は，英語でできることは英語で行い，安易に日本語に頼らない姿勢を持つことです。授業の始まりや終わりの挨拶，出欠や日付などの確認，さまざまな活動の指示，文法事項の導入や練習，教科書本文の導入やリーディング活動，生徒の活動に対する評価などは英語で行いたいものです。これらの場面や活動で教師が日本語を使って授業を進めれば，生徒は英語よりも日本語を通して授業を理解しようとするでしょう。授業におけるこれらの場面や活動を，英語を通して行うことによって，英語授業の雰囲気作りに役立つだけでなく，生徒は自然に教師の話す英語を理解するようになり，自ら英語を使って活動する姿勢が身につくものです。

2．英語で授業を進めるために

英語で授業を進めるためには，1年生入門期から英語による授業を始めることが大切です。どの時期にどういう表現に慣れさせるのかを考え計画的に指導する必要があります。

例えば，1年生では "Please open your textbooks."，2年生では "Will you open your textbooks?"，3年生では "Why don't you open your textbooks?" などと表現のレベルを少しずつ上げていきます。また，2，3年生の学級編成替え後は，英語で進める授業に慣れていない生徒がクラスに含まれることが考えられます。その場合，最初から英語を多く使うのではなく，2，3か月かけて使用する英語の量を少しずつ増やしていくことが大切です（⇨ Q4-4）。

3．授業での上手な英語の話し方
① まず教室英語をマスターする
　英語を使って上手に授業を進めるためには，まず教室英語（クラスルーム・イングリッシュ）を使いこなすことです。そのためには，授業の流れに沿ってさまざまな活動場面をイメージして，それぞれの場面でどのような表現を使うのかを考え，練習することです。そして教室英語を授業でどんどん使用し，自分のものにしていきます。なお，場面に適した教室英語が浮かばないときには，例えば，次のような書物が役立ちます。
- 高梨庸雄，高橋正夫ほか（2004）『教室英語活用事典』研究社．
- 吉田研作，金子朝子ほか（2011）『現場で使える教室英語』三修社．

② 学習段階に応じ理解可能な英語を話す
　教師ができるだけ多く英語を使用して，生徒に多くの適切なインプットを与えることが大切です。生徒が理解できない英語を使ってはいけません。生徒にとって既習の語彙や文法事項を主として使い，生徒のレベルに合った英語，あるいは生徒のレベルより少し上の，しかし，全体の脈絡から推測して意味の理解が可能な英語を話すことが大切です。後者は Krashen(1982)の言う「i＋1」のインプットです。

③ 話し方を工夫する
　外国語の授業における教師の目標言語の話し方の特徴として，次の6点が挙げられています。(Krashen & Terrell, 1983)

　　(1) ゆっくりと話す　　　　　　　　　　(2) ポーズを長く入れる
　　(3) 具体的で易しい語句を使用する　　　(4) 短く単純な文を使用する
　　(5) 難しい文法構造を易しいものに言い換える　(6) くり返しを多くする

　授業で生徒に英語で話しかけるとき，特に初期の学習段階では，これらに十分留意しておく必要があります。
　次に工夫したい事柄は，絵や写真などの視覚教材を活用したり，ジェスチャーをうまく活用して，表情豊かに生徒に「語りかける」ことです。これらを上手に活用することによって，日本語を介在させないで，英語を聞いて英語で理解する力を生徒たちに養うことができます。
　3つ目は，教師が一方的に英語を使うのではなく，生徒とのインタラクションを図りながら英語を使用することです。特に small talk や，文法事項，教科書本文の導入などで教師がある程度まとまった英語を話す場面では，生徒とのインタラクションを図り，生徒の理解度を確認しながら英語を使うことが大切です。

日本語を使った方がよい場面は？

英語で授業をしていますが,ときどき日本語を使った方がと思う場面があります。日本語を使った方がよさそうな場面を教えてください。

1. 指導過程の中の日本語の使用場面

英語を使って授業をしていく中で,一部の生徒に誤解を生じさせないために確認したり,補足説明したりする場合には日本語の使用を考えます。ただし,長々と説明するのではなく,簡潔明瞭に的を絞って説明することを心がけてください。

指導過程の中では,新出文法事項の確認や教科書本文の内容確認では日本語を使うことが多くなります。

新出文法事項の確認は,口頭導入の後で目標文を文字で示しながら,形式,意味,機能などについて確認します。教科書本文の内容確認では,英文や語句の意味の確認,文法の確認などをします。本文内容についての質問では,生徒が英語では答えられないことについて日本語を使用します。例えば,「なぜケンタは"Don't read it now!"と言ったのですか？」のように,登場人物の心情を推測させたり行間を読ませたりする場合です（⇨ Q1-13）。

また,複雑な活動を行わせるときにも日本語を使うことがあります。進め方のモデルを示すことで活動の概要を理解させることは可能ですが,細かなことを説明する際,英語ではわかりにくいと感じるならば,思い切って日本語を使用します。生徒に英語を使った活動を誤解なくさせるためには,日本語で説明することでしっかりと活動方法を理解させる方がよいからです。

2. 日本語を使うことが有効な場面

日本語をはさむことが有効に働く場面があります。

例えば,与えた指示と別のことをしている複数の生徒がいるとき,「今,書く時間だよ」と日本語で注意します。また,生徒同士で英語を使った活動をさせる際,「日本語ダメ！」と注意します。このように,使用言語を英語から日本語に突然切り替え,短い日本語を発することが効果的に機能します。また,褒めるときにも日本語を使うとよいときがあります。Excellent！や Good job！などと英語で褒めることを基本としながら,「よく頑張ったね」と日本語をはさみます。また,机間支援をしている際,教えた内容の理解が足りない生徒には,状況に合わせて日本語で補足説明します。

英語で説明したことが生徒に理解できたか心配になることがあります。そんなときは,生徒同士で日本語を使って確認させてみるのも有効な方法です。

2章

コミュニケーションにつなげる文法指導

- **Q 2-1** コミュニケーション能力育成のためにつけるべき力とは？ ……41
- **Q 2-2** 中学生の英語学力の問題点は？ ……43
- **Q 2-3** コミュニケーションにつなげる文法指導とは？ ……45
- **Q 2-4** this, that, itの違いをどうわからせるか？ ……46
- **Q 2-5** be動詞と一般動詞の区別は？ ……47
- **Q 2-6** 人称代名詞の格変化を正しく使えるようにするには？ ……49
- **Q 2-7** 名詞の単数形と複数形の指導法は？ ……51
- **Q 2-8** 定冠詞theの用法についての指導は？ ……53
- **Q 2-9** 命令文のさまざまな機能を使いこなす指導は？ ……55
- **Q 2-10** 三単現を指導するコツは？ ……57
- **Q 2-11** 特別疑問文の指導のコツは？ ……59
- **Q 2-12** 品詞をどう指導すればよいか？ ……61
- **Q 2-13** 効果的な過去形の導入からライティングにつなげるには？ ……62
- **Q 2-14** someとanyの違いをどう教えるか？ ……63
- **Q 2-15** 不定詞の名詞的用法と動名詞の指導は？ ……65
- **Q 2-16** 助動詞の的確な指導方法は？ ……67
- **Q 2-17** 形容詞と副詞の比較表現の指導方法は？ ……69
- **Q 2-18** 接続詞 when, if, because 指導のアイディアは？ ……71
- **Q 2-19** to不定詞の副詞的用法や形容詞的用法の指導法は？ ……73
- **Q 2-20** 受動態の望ましい指導法は？ ……75
- **Q 2-21** 現在完了のものの見方と指導法は？ ……77
- **Q 2-22** 「It is (for 〜) + to 不定詞」の活動例は？ ……80
- **Q 2-23** 「tell / want ＋人＋ to 不定詞」を身につけさせるには？ ……82
- **Q 2-24** 間接疑問文を理解させるアイディアは？ ……84
- **Q 2-25** 現在分詞，過去分詞の後置修飾を教えるコツは？ ……86
- **Q 2-26** 関係代名詞と接触節の効果的な指導は？ ……87
- **Q 2-27** 後置修飾構造のまとめ方は？ ……89

 **コミュニケーション能力育成のためにつけるべき力とは?**

「コミュニケーション能力の育成」と言いますが,生徒たちに具体的にどのような力をつけてあげればよいのでしょうか。

1.「コミュニケーション能力」のある人は,何ができるのか?

「コミュニケーション能力を育成しよう!」と授業中にくり返し生徒たちに呼びかけているだけではコミュニケーション能力は育ちません。「コミュニケーション能力のある人は具体的にどのような能力を持ち,どんなことができるのか?」,その具体的なイメージを持って目標とする「ゴール」を定め,生徒の学力の「現在地点」を確認することが必要です。そこで初めてゴールへの「ルート」設定,すなわち授業設計がスタートします。

2.コミュニケーションを支える4つの能力

「コミュニケーション能力」(communicative competence)には,それを支える以下の4つの能力があると言われています (Canale & Swain 1980,髙橋 2011:173-176)。

① **文法的能力** (grammatical competence)

近年,中学ではコミュニカティブな指導の名のもとに,「文法間違いなんでも通し」の授業がかなり見られました。しかし,文法とは自分の伝えたいメッセージを誤解なく相手に伝えるための,また,受け取ったメッセージを正しく理解するためのことばの決まりであり,この指導なくしてコミュニケーション能力養成はありえません。文法指導とコミュニケーション能力育成は対立し二者択一すべきものではなく,文法的能力は,伝達を豊かにする語彙力や通じる発音能力(⇨ Q4-8 , Q8-14)とともに,コミュニケーションを実現するために不可欠な力なのです。

ただし,ここで言う「文法指導」とは,昔ながらの高校授業に見られたような,教師が文法用語を駆使して用語や用法の区別などを日本語で説明し,規則を覚えさせ,穴埋め・書き換えなどの問題演習を行わせるなどの文法のための文法指導ではなく,理解や表現に真に役立つ「コミュニケーションに生きて働く文法指導」です。このように文法的能力はコミュニケーション能力育成に不可欠ですが,「だからやっぱり,授業=文法指導なのだ」と先祖返りしては困ります。文法的能力以外にもコミュニケーションを支える以下のような能力があるからです。

② **社会言語学的能力** (sociolinguistic competence)

これは,時と場,目的や相手(TPO)に応じて,適切なことば遣いを選択して使用できる能力,すなわち言語使用の適切さ(appropriateness)に関わる能力の

ことを言います（⇨ Q8-4 ）。社会生活上重要な能力で，日本人の場合も，就職に際して敬語の使い方も心得ず「ため口」しかきけない人間は社会人として認知されず，仕事上の能力以前の問題として不合格になります。英語で相手の名前を知りたければ，What's your name? とたずねることができます。この文は文法的には正しい（grammatically correct）ですが，使う場面や話しかける相手によっては不適切となることもあります。例えば，ホテルのフロント係がチェックインするお客様に対して What's your name? と下降調イントネーションで「尋問」するのは不適切で，May I have your name, please? がより適切な表現です。

③ 談話的能力（discourse competence）

これは，1つの話題（topic）について，文と文とを適切に結びつけてまとまりのある文章（談話：discourse）を構成して書いたり，話したりできる能力のことです。この談話的能力については，次の Q2-2 で詳しく考察しますが，学力調査結果の分析から，生徒たちにほとんど育成されていない現状が見えてきます。

④ 方略的能力（strategic competence）

コミュニケーションの最中に障壁にぶつかったとき，それに対処するコミュニケーション方略（communication strategies）を身につけているかで，これにはさまざまな方略があります。コミュニケーション方略にはプラス・マイナスさまざまなものがあります。例えば，テストに自由作文を出すと，本当に伝えたい内容を書いてミスをして減点されると損なので，簡単で他愛ない内容を書く生徒がいます。「回避」(avoidance)という消極的方略を採用したのですが，こういう生徒は伸びません。我々が指導し伸ばしたいのは，ズバリ表現する単語を知らなくても，自分の持つ英語力でなんとか言い換えて相手に伝える（paraphrasing）などの「積極的方略」です。和英辞典と首っ引きで不慣れな構文をまねて，発音もおぼつかない難しい単語を並べるのでなく，「身の丈に合った英語で，自分の本当に言いたいことを伝えられる力」を育成したいものです。

以上4つの能力から，読者のみなさんの生徒たちの現在地点を確認してみましょう。あなたの生徒たちは「何ができて，何ができないのか？」「それぞれの能力はどの程度育っているのか，あるいは，いまだ指導しておらず手つかずの状態なのか？」「もし手つかずだとすれば，いつ指導を始める予定なのか？」

このように生徒たちの「現在地点」を的確に把握することから，授業設計や授業改善がスタートします。そして，「将来，育て上げたコミュニケーション能力を使って，何を考え，何をなそうとする人間を育てたいのか」，授業を通じて育てたい生徒の具体的なイメージが，あなたのめざす授業の「ゴール」となるのです。

中学生の英語学力の問題点は？

文部科学省の学力調査の結果，生徒たちの「表現の能力」「言語に対する知識・理解」が弱かったようですが，具体的にどのような問題が指摘されているのでしょうか。

1．中学3年生の「書くこと」の表現の能力

　全国の3年生を抽出して文部科学省の国立教育政策研究所（以下，国研）により実施された「教育課程実施状況調査」の中学校・英語科の結果では，技能別達成状況に関しては，「聞くこと」および「読むこと」は「おおむね良好」でしたが，「書くこと」については「おおむね良好とはいえない」という結果でした。「話すこと」に関しては，ペーパーテストでは判断できませんが，「おおむね良好とはいえない状況と間接的に推測される」と記されました。この技能別達成状況を観点別達成状況に移し替えてみると，「コミュニケーションへの関心・意欲・態度」と「理解の能力」は「おおむね良好」，「表現の能力」と「言語（や文化）に関する知識理解」は「おおむね良好とはいえない」となります（国研2003）。

　次は，ここで出題された「書くこと」のトピック指定問題です。

> 自分が「大切にしているもの」や「宝物」について，他人に英語で説明するスピーチの原稿を4文以上で書きなさい。ただし，最初の文はThis isに続けて書き始めなさい。

　(1)話題として「大切にしているもの」や「宝物」について書く，(2)目標とする分量は4文以上，(3)形式については，最初の文はThis isに続けて書き始める，という3つの条件を指定した自由英作文です。条件(2)で，「書こうとする意欲」すなわち「コミュニケーションへの関心・意欲・態度」を測ろうとしています。この種の自由英作文で，過去の調査では目立って多かった白紙答案が有意差をもって減少していました。また，「4文以上」と言われて実際に4文以上書いた生徒は，通過率45.5％と全受験者の半数近くいて，これをうけて「コミュニケーションへの関心・意欲・態度」（量的評価）は「おおむね良好」と判断されたのです。

　一方，その内容の自然さ，豊かさや文法・語法の正確さなどの「質的評価」では，全体の通過率は26.6％と「おおむね良好」にははるかに及ばず，それなりにたくさん書いてはいるが，個々の単語の綴りや文構造の大きな誤りがあり，何を伝えようとしているのか文意を推測することができないものも少なくありませんでした。「言語に関する知識理解」が「おおむね良好とはいえない」という評価はここから来ます。本章のQ2-1で取り上げたコミュニケーションを支える

「① 文法的能力」の不十分さが露呈します。

さらに，文章全体の構成（discourse）に視点を移してみると，仮に綴りや文法の誤りがゼロでも，次のようなものが典型的な解答例として被験者に共通して見られました。回答欄にいかに余白があろうと一切使わず，1文ずつ改行して文頭を揃えて書くところも共通していました。

> This is my important book.
> This is my important pen.
> This is my important bag.
> This is my important game.

4文を書いてはいますが，一貫したトピックのない「箇条書き羅列文」で文と文とのつながりも文章としてのまとまりもありません。 Q2-1 で述べた「③ 談話的能力」への意識の芽生えすら見られません。その後に実施された「書くこと」に特化した調査でも，4文以上書いた生徒の増加，内容のまとまりなど一定の改善は見られたものの，文構造の正確さ，文のつながりを工夫して文章を展開することなどについてはやはり不十分という分析結果が報告されています（国研2012）。

2．中学3年生の「話すこと」の表現の能力

スピーキング能力はペーパーテストでは測れません。そこで国研では「特定の課題に関する調査」として，全国から無作為に抽出した3年生1,090名を対象にパソコンとヘッドセットを使用したスピーキング能力測定テストを実施して結果を公表しました（国研2007）。この調査でも，上記学力調査のライティング分析結果からの推測を裏打ちして，まとまりある内容の即興スピーチ（impromptu speech）に対応できた生徒は全被験者の5.6％ときわめて少ないことがわかりました。また，5語を超える文になると生徒のリピートの精度が落ちること，7～10語程度の文を直聴直解で再生できない生徒に即興スピーチなど到底できないこともわかりました。（詳細は高橋2011：178-181参照）。

3．学力調査結果からの示唆

「積極的な表現意欲」は過去より伸びているにもかかわらず，なぜこうなるのでしょうか？ ——「生徒は，気づいていないこと，練習していないことはできない」のです。この調査結果は，全国的に見て，まとまりある文章を書いたり即興で話したりする指導が授業で行われていないことを示していると言えるでしょう。（上の「箇条書き羅列文」，もしかして，あなたの毎授業の文法導入の板書文と似てはいませんか？）「生徒の学力は，授業を映す鏡」なのです。（⇨ Q3-17,19 ）

コミュニケーションにつなげる文法指導とは？

コミュニケーションにつなげる文法指導が大切であると思います。そのために指導にあたって，留意すべき事柄についてアドバイスをお願いします。

　新出文法事項を教えるとき，教師は「形式」つまり語句の並べ方や語形変化を教えることを考えがちです。コミュニケーションにつなげる文法指導を行うには，その文法事項を用いて，生徒たちがどういう場面や内容を理解したり伝えたりできるようになるかを考えてみることから始めます。そして，その単元の終わりにプロダクトとしてどのような活動や作品の完成を目標にできるかを考えます。到達目標から逆算して授業を設計（backward design）するのです。そうすれば，どういう動詞や名詞を用いた文を中心に導入し，どのような場面を用いた練習を組み立てていけばよいかが決まってきます。それを使わないと対処できない場面があるから，その文法事項や語彙を教えるというように発想を転換するのです。

　場面設定で一番大事なことは，生徒たちが興味を持ち自分でも表現したくなる話題を選ぶことです。生徒たちの生活や地域の特徴を捉え，そのときの社会的な話題などを利用して工夫します。そうすれば生徒は，(1)言語形式（form），(2)意味（meaning），(3)使用場面とことばの働き（機能，function）の３つをしっかり結びつけて学習します。教師はルールを説明すれば意味も教えたと思い込みがちですが，生徒は使用場面を十分理解して初めて意味を理解し，その文法事項が必要だと納得するのです。

　ルール（語句の並べ方や語形変化）を導入時に網羅的に教えるのではなく，場面ごとに段階的に拡充していきます。場面と結びつけると，語句もルールも記憶しやすくなり，「使ってみよう」という意欲も高まります。また，新出文法事項を文脈の中で提示するとき，既習事項も対比して含めるようにします。例えば，一般動詞過去形は現在形と対比して使うことで，現在時制が習慣的行動を表すのに対し，過去時制は過去のある時点での出来事や状態を述べるという，動詞の語尾に -ed をつけるという構造上のルール以外のことも学ぶことができます。

　コミュニケーションにつなげる文法指導の３つの要点をまとめます。

> (1) 具体的な活動を目標として設定し，使うために学ばせ，使いながら学ばせる。
> (2) 明確な使用場面の中で意味と使い方に気づかせ，必要性・有効性を実感させる。
> (3) 関連する既習事項を含むまとまりある数文からなる文脈の中で目標文を提示し，形式と意味の違いに気づかせるとともに，くり返し使わせて習得を図る。

this, that, it の違いをどうわからせるか？

1年生の生徒たちが理解できるように this, that と it の使い方の違いを指導するにはどうすればよいでしょうか。

　this と that は，物理的・心理的な遠近を表す指示代名詞（形容詞）ですが，it は既出の名詞を受ける人称代名詞であり距離感を表す語ではありません。日本語が事物の位置を「これ」「それ」「あれ」の3分割で捉えるのに対し，英語は this と that の2分法なのです。this「これ」，that「あれ」，it「それ」と日本語訳を教えておしまいと考えているならば，生徒はこれらが単純な遠近を表す指示語と誤解して当然です。

　まず教えるべきことは，"this", "that"（＝指示代名詞）と聞けば目で対象物を探すこと。そして this, that が指すものが何かを確認した後は，その確認した物については it（＝人称代名詞）を用いて受けて語り続けられること。再度 this, that が使われたら新たな対象物を指しているので，それが何かを確認する必要があるという「this／that と it の使い方のルール」を理解させます。

　そのために教師は入門期から物や写真を用いて英語で生徒に語りかけ，インタラクションしながらひと続きの語りの中で this, that, it を使用します。楽しみながらたくさん聞かせ，ルールに気づかせてから，三者の違いを日本語で簡潔に説明しましょう。

　聞いて理解するだけでは不十分ですので，生徒自身にも実際に物を指し示しながら this, that や it を使う機会を多く与えます。show & tell や絵を用いたクイズ出題などの活動がよいでしょう。「一度目は this, that を使うけれど，二度目からは it になります」と説明するだけではだめです。指示代名詞は手や視線を伴って使えるように導かないと本当に理解し身につけることになりません。教室の前で話す活動をさせながら，どの生徒も this, that が自然に使えるようになるまで見守っていく必要があります。一度や二度のプレゼン練習では身につきません。指示代名詞と動作が合っていないときに，聞き手の生徒たちが「おかしい」と感じるようになるまで気長に指導します。指示代名詞を自然に動作化して使えるとよく伝わり，話し手のプレゼンテーション能力を高めます。

　これが these, those と they の理解につながることはもちろん，すべての代名詞理解につながっていきます。特定した物を代名詞で受けながら文脈がつながっていく英文の談話（discourse）ルールを習得すると，少々わからない単語があってもリスニングやリーディングにおいて安定した理解力を示すようになります。

be 動詞と一般動詞の区別は？

生徒たちは be 動詞と一般動詞を混同したり，be 動詞と一般動詞を並べて使ったりします。どのように指導すれば正しく使えるようになるでしょうか。

1．be 動詞と一般動詞の混同の背景

小学校での外国語活動の成果もあり，1年生はかなり多くの表現に慣れ親しんでいますが，その数はかぎられていて，教科書を音読するなど文字を媒介とした指導は一般に行われていないので，十分に定着しているとは言い難い状態です。

中学校では語彙も増えますし，練習の回数も多くなります。また，基礎トレーニングとして肯定文，疑問文，否定文を次々と作り出す練習も行われます。しかし，まだ英語の文や文構造の基礎が定着していない時期であり，文操作にも不慣れなので，動詞の混同がしばしば起こります。

次の(1)～(3)は，1年生入門期によく見られる be 動詞と一般動詞との混同例です。

(1) *Is that *is* your bag?（be 動詞の二重使用）
(2) **Are* you have a pen?（be 動詞と一般動詞の二重使用）
(3) *I *am* play tennis.（be 動詞と一般動詞の二重使用）
(4)（自由英作文などで）「私の大好きなスポーツはテニスです。」
　　*I *like* sports very much is tennis.（一般動詞と be 動詞の二重使用）

2．動詞使用の混同による誤りの原因

上記の誤文(1)，(2)，(3)は，be 動詞を導入し1か月以上練習した後，一般動詞を導入したときに見られる混同の例です。

(1)は，1文の中で be 動詞が重複して使われる例です。生徒は疑問文の学習に入る直前まで，This is … と That is … の区別に焦点を当てて練習しますので This is，That is の強い音声結合が生まれます。ここでは be 動詞の疑問文が指導の中心となっているので，生徒は先生の音や説明を聞いて Is を文頭に出します。すると本来は，Is that ☐ your bag? となるべきところが，今まで慣れ親しんで「口癖」になった that is の強い結合が Is [*that is*] your bag? の下線部に現れます。音声的には Is that ／ your bag? となってもよい文なのですが，強く結合した that is の前にポーズが入り，*Is ／ that is your bag? と発音されます。

このように既習事項の影響が色濃く現れることがあります。(2)の*Are you ＋[一般動詞]…? と(3)の *I *am*＋[一般動詞]の場合も同様です。「相手にたずねるときは，Are you …?」「自分のことは，I am ….」と口癖になるまで練習したこと

が，新出文法の定着に影響を与えます。特に分析的な文法理解ぬきに定型表現として指導することが多い小学校外国語活動の結果，この種の誤りの発生率は以前よりも高くなっているようです。しかし，これらの誤りは，それまでの口頭練習での定着率が高いことから生じるもので，悪性の誤りではありません。

　(4)の誤文は，生徒が be 動詞と一般動詞をかなり学習した1年生の1学期末から2学期初めに，自由作文などで多くの生徒に共通して現れます。「私が大好きなスポーツはテニスです」を，*I like sports very much is tennis. と一般動詞 like と be 動詞 is を並べて使う誤りです。英語の基本構造がまだ十分に定着していない時期に見られる母語である日本語の干渉（interference）と言えます。しかし，主部の部分［I like sports（very much）.］の部分は SVO の構造，その主部を受けた文全体も ▢ is tennis. と SVC の正しい語順になっており，この時点まで生徒たちが学習した文法はきちんと踏まえています。つまり，生徒にとっては先生から教わったとおりの文法を踏まえた正しい文なのです。このような発達途上の学習者に共通して見られる systematic な誤りを「中間言語」（interlanguage）と呼びます。当然ながら叱るべき誤りではなく，生徒の英語習得段階を確認できる，起こるべくして起こる良質の誤りと言えます。

3．指導上の留意点
① 音声を通して，状況の違いに気づかせる
　(1)は，That is your bag. と断定し説明しているのでなく，確信を持てず Is that your bag? と確認するために質問しています。音声は意味を伝えるものです。(1)なら，まず，Is that / your bag?（↗）というモデルの音声を聞き，その音調で意味を伝えられるように意識して練習させましょう。発話の際に意味を伝えることを意識させることが肝心です。教師の音声モデルの大切さを再確認しましょう。

② 口頭練習の後，文字で確認し補強する
　目標文を十分に口頭練習し全員が上手に言えるようになった後に，文字を提示して構造を確認することは正確な理解を促すうえで重要です。そのうえで，さらに活動を通じて自動化を図りましょう。

③ 誤りに対して寛容な姿勢で臨み，使わせながら文法を指導する
　2で述べたように，生徒の誤りには原因があります。また，ある時期に必ず生じる誤りもあります。(1)〜(4)の誤りについても，事後の指導で矯正することができます。目くじらを立てずに，誤りに対して寛容な姿勢を持ち，生徒たちのメッセージや気持ちをより正しく伝えるために文法を指導しましょう。

人称代名詞の格変化を正しく使えるようにするには？

人称代名詞の格変化表を暗記させても使用場面では主格，所有格，目的格の使い分けができない生徒がいます。正しく使用できるようにするよい方法はありませんか。

英語理解は動詞が要(かなめ)とよく言われますが，動詞の前に位置する主語，特に代名詞主語は日本語との違いが大きく，生徒は意外と動詞よりも先に代名詞でつまずいています。覚えてすぐ使える九九とは違い，変化表をそらんじるだけでは代名詞を使えるようにはなりません。まとめて教え，表の暗記を強制しても生徒を混乱させるだけです。

人称代名詞は用例にたくさんふれ，実際に使って初めて使いこなせるようになります。それぞれの段階で指導を工夫していきたいものです。

1．まず聴覚で理解させる

まず人称代名詞の1人称と2人称の主格，所有格までをオーラルで使用しながらしっかり理解させます。文法的に説明するだけでなく，聞く，話す，読むといった実際の使用場面をくり返し与え，音調も身につけさせます。

目的格は正式に指導に入るまでに，命令文や対話文の練習，teacher talk の中などで定型表現として意識的に使用し，簡単なものは生徒たちにも使用させます。Help me. / Me? / This is for you. / Please give her a big hand. / Do you know this man? Do you know him? という具合です。

人称代名詞は，誰かまたは何かに話題の焦点が当たった後，続けてその人や物について語るとき格変化しながら使われるということが理解できるよう指導することが大切です。また，「人称」という用語は生徒に「人だけを指す語だ」という誤解を与えやすいので，与えるインプットが人だけに偏らぬ注意も必要です。

2．スピーチ活動を通して代名詞に習熟させる

教師からのインプットだけでなく，生徒にアウトプットさせます。

例えば，I am Marie. I like tennis. I am on the tennis team. （中略）*My* hobby is cooking. I often cook lunch on Sunday for *my* family. のように，所有格も含むようにスピーチを構成させ，主格と所有格の違いを徹底します。

この時期，学力の低い生徒たちは日本語の影響で，「私は」がIなら「私の父は」はI father と発想しがちです。スピーチ活動によって使用場面を多く経験させます。

続いて3人称代名詞を用いた家族紹介や友人紹介のスピーチに取り組ませます。原稿を書き，しっかり音読練習し発表することで3人称の使い方が身につきます。

3．目的格の指導

　目的格を教えるときも文脈のある英文を与えることが大切です。教師が視覚的な資料を用いて話すのを聞きながら生徒は理解していきます。聞き取って理解できた内容を文字で確認させ説明します。1文のみのタスクは避け，まとまりのある文章にします。場面がわかる説明や絵をつけるのも効果的です。次の例は後で好きな有名人を紹介するスピーチ文のモデル文になっていて，すべてを代名詞にせず，どこをもとの名前のままにする方が効果的かを考えさせます。

[タスク例]下線を引いた名前を代名詞に変えなさい。（浜崎あゆみの写真を載せて）
　This is Hamasaki Ayumi. <u>Hamasaki</u> is a popular singer. <u>Hamasaki</u> has many hit songs. Many people in Japan know <u>Hamasaki</u>. Do you know Hamasaki's nick name? Yes, it is Ayu. I am <u>Ayu's</u> fan.

4．格変化表の使い方

　ほぼすべての人称代名詞とその変化形を学習する1年生の3学期頃，生徒は格変化表を目にします。生徒には表を暗記することよりも，忘れても辞書や教科書の巻末にはたいてい資料として載っているので，これらを利用することをまず教えてやりたいものです。筆者は1年生の定期試験では問題用紙に格変化表をつけています。表を暗記していることと，人称代名詞を使いこなす力は関係がないからです。生徒には表の暗記にエネルギーを使わせるのではなく，代名詞を使いこなす学習に向かわせたいものです。同じことは不規則動詞の過去形にも言えます。

5．教科書本文の理解

　代名詞を理解させるには教科書の使い方も重要です。「彼（女）らは」「それらは」などの日本語訳は代名詞の理解を曖昧にします。本文は質問により状況確認をしたり，対話文は内容を演じたりして，訳さなくても生徒が理解できるように指導します。対話文を演じさせると生徒は代名詞の使い方に納得がいくようです。

6．代名詞の指導を継続する

　1年生でひと通り学習した後も，代名詞の指導を継続します。代名詞の使い方が明示されたモデル文を与え，まとまりのある英文の中で意識して代名詞を使用して書かせるようにします。文章の流れの中で代名詞を格変化させながら使用することを学ばせるのです。このようなライティングとスピーチ発表の機会を多く経験することで生徒は代名詞の使いこなしの完成度を高めていきます。こういう練習を通して，1年生段階で代名詞理解が遅れている生徒も使いこなせるようになります。また，代名詞に着目して英語を読む練習も必要です。ストーリー性のある読み物などから始めるとよいでしょう。

名詞の単数形と複数形の指導法は？

1年生の生徒たちに名詞の単数形と複数形についてどのように指導すればよいでしょうか。また，どの程度使いこなせるようになればよいでしょうか。可算名詞と不可算名詞の違いもありいつも悩みます。

1．可算名詞と不可算名詞

英語には，「1つ，2つ」と数えられる名詞（可算名詞：countable noun）と，量で測るなどしなければ，「1つ，2つ」と数えられない名詞（不可算名詞：uncountable noun）の区別があります。個体としての形を持つ pencil は数えられる名詞で，容器に入れないと手に持つことのできない water は数えられない名詞だということは生徒たちにも直感的にわかります。しかし，次の chicken のように，同じ名詞が，あるときは可算名詞として，また，あるときは不可算名詞として使われることもあります。

(1) We have **many chickens** in our farm.
(2) We ate **chicken** in the backyard.

例文(1)の chicken は，many がついて複数語尾の -s がついていることからわかるように「可算名詞」で，"Cock-a doodle-doo" と鳴き farm を駆け回る，生きた「ニワトリ」のことです。一方，(2)の chicken には，不定冠詞の a も複数語尾の -s もついておらず「不可算名詞」として扱われています。つまり，ニワトリとしての個の形を失った「鶏肉（とりにく・かしわ）」のことです。(2) の chicken に a をつけると，生きたニワトリを捕まえて丸かじりに食べたというグロテスクな意味になります（ピーターセン1988）。

織田（2007），髙橋（2011）では，この chicken のような「無冠詞・ゼロ数形」を「個としての形を持たない無形量状のもの」と説明しています。この違いがわかれば，生徒たちは I want a basketball. と I play basketball. の意味の違いもわかるはずです。前者は可算名詞で「ボール」，後者は不可算名詞で，ドリブルやパスをしシュートを打つなど，ルールに基づいた「バスケットボールという競技」の一挙手一投足を表しています。このようにその名詞を人間がどう見て，どう認識しているかが言語の形として現れるのです。

2．数詞と不定冠詞 ─ a dog と one dog は同じか？

「不定冠詞の a / an は「ひとつの～」という意味だが，特に日本語に訳さなくてもよい」などと説明されると，生徒は混乱します。この説明では，a dog と one dog はどちらも「1匹の犬」でイコールとなってしまい区別できなくなります。

2匹でなく「1匹の〜」と数を述べるのは数詞 one の役目であって不定冠詞の仕事ではありません。Swan(1984)は，不定冠詞の働きを，We use *a / an* with a noun to talk about just one member of that class.「その種類グループの1構成メンバーであることを表示するために使う」と説明しています。つまり，
　　I have **a dog**. (not a cat or a rabbit)「（猫やウサギでなく）犬を飼っている。」
　　I have **one dog**. (not two or three dogs)
　　　　　　　　　　　　　　　「犬を（2匹・3匹でなく）1匹飼っている。」
ということで，伝える意味が変わってきます。よく似た2つの単語が併存しているのは意味の違いがあるからです。ここに数学の公式とは違うことばの豊かさ，おもしろさがあります。こんなことを感じられると文法学習も俄然楽しくなるのではないでしょうか。文法は決して無味乾燥な規則ではないのです。

3．単数形と複数形

　日本語では，「1本の鉛筆」，「10本の鉛筆」と，数量によって「鉛筆」という名詞の形が変わることはありません。しかし，英語では可算名詞の場合には，a / one pencil, ten pencils と不定冠詞や数詞とともに使うか，複数語尾の -s / -es をつけるなど名詞そのものの形を変える必要が生じます。可算名詞はそのまま単独では用いられません。安井（1996）は，「要するに，単数名詞が，いわば，裸のままでは用いられないという大原則を十分に認識することがきわめて重要である」と述べています。生徒たちにとって，母語にはない言語操作を求められるため，慣れない入門期には戸惑い，「英語って面倒！」と思うのも無理のない話です。気長に指導し，ここで述べた英語の名詞の感覚をつかませてあげましょう。

4．名詞の単数・複数の指導法 ── 教科書本文で何度もふれる

　1年生の教科書でもこの文法事項はくり返し出てきます。その例文に語らせましょう。例えば，初めて出てきたときは，「このような場面や状況のときにこのように使用する」ということを簡単に説明します。そして次に教科書で出てきたときに，発問して生徒に意識を向けさせ，簡単に確認します。最後に1年生の2学期後半か3学期，それまで出てきた文をふり返りながらまとめてあげましょう。ここで取り上げた名詞の使い方（次の Q2-8 の定冠詞 the の用法も含めて）は，不定詞，受動態，現在完了その他の主要文法事項のように，教科書の1つか2つの課で集中的に学習することはありません。しかし，英語という言語を学ぶうえでの基礎となる重要事項で，大学生になってもわかっていない人が大半です。それだけに教師が絶えず心にとどめ置き，折にふれて気長にくり返し指導していく必要があります。

定冠詞 the の用法についての指導は？

定冠詞 the の用法について，どのように，そしてどの程度詳しく指導すべきでしょうか。生徒たちが a と the を使い分けられるようになる説明をしたいのです。

1．定冠詞 the の基本用法

the にはいろいろな使い方があります。中学校段階では，まず次の2つの用法を理解させましょう。

1つ目は，「話題として不定冠詞とともに現れた既出の名詞に the をつけて特定する」（先行する名詞を受けた特定化）という基本用法です。

I'm in **a band**. —Really? What do you do in **the band**? (*TOTAL ENGLISH*（1年）Lesson 3)

I have **a toy** in my bag. This is **the toy**. It's a *kendama*.(*NEW CROWN*（1年）Lesson 3)
実際にカバンからケン玉を取り出しながら文を言うとわかりやすいでしょう。

2つ目は，先行する名詞がなくても Do you see **the girls** in colorful dresses? (*SUNSHINE*（1年）Lesson 5) や **The view** from Port Tower was beautiful. (*ONE WORLD*（1年）Lesson 10) など，同じ文中の修飾語によって「これだ」と特定される場合にも the が使われます（同一文中の修飾語句による特定化）。これも生徒には理解しやすいでしょう。

2．生徒にわかりにくい「いきなりの the」

生徒にわかりにくいのが，先行する名詞を受けるのでもなく，同じ文中にも限定する修飾語句もないのに，いきなり名詞に the がつく場合です。この「いきなりの the」には以下のようなものがあります（織田2007，髙橋2011）。

① 発話場面からの特定化

その場の状況から，聞き手と話し手の間で何を指しているのかはっきりとわかる場合にはいきなり the をつけます。次は博物館での客と係員の対話です。

Paul：Excuse me. Where is **the toilet**?
Clerk：It's under **the stairs**. (*NEW CROWN*（1年）Lesson 3)

"It's hot. Please open the windows."など，教室内でもこのような the を使った文をたくさん聞かせましょう。

② 社会常識からの特定化

the sun，**the moon** など，社会の常識としてその名で呼ばれるものがその1つにかぎられている場合にも the がつきます。**the USA** が定冠詞の初出用例として出てくる教科書もあります。**the Giants** などチーム名に the がつくのも同じです。

③ 種類メンバーの特定化

1年生で必ず出てくる I play **the piano**. がこれです。いろいろなピアノの中で，「（他のピアノとは違う）そのピアノ」と同一集合の中で個別に特定しているのではなく，「楽器」という上位集合の中から「私は（ギターやバイオリンでなく）ピアノ（というこの特定の楽器）をひきます」と種類を限定しています。

④ 全体の中の部分の特定化

I study in **the morning**. の the がこれです。③とよく似ていて，特定の「その朝に」と言っているのではありません。1日の人間の活動時間帯は，morning, afternoon, evening に3分されます。その中で，「私が勉強するのは，（afternoon や evening でなく）in the morning だ」と限定しています。1年を四季に分けて，夏を特定する in the summer（not in the winter）も同じです。

これら4つの「いきなりの the」は，1年生の教科書でもバラバラに登場します。大切なことは，これらも含めて，the は「名詞を特定化する」働きを持つという core meaning を生徒たちにつかませることです。教師は冠詞指導のグランド・デザインを持って指導する必要があります。

3．a と the の使い分け

a と the の使い分けは，「どの名詞のことかはっきりと特定されているときには the，その種類ならどれでもかまわないときには a を使う」というルールを生かします。例えば，犬好きで犬を飼っている先生なら次のように生徒たちに語りかけ説明することができるでしょう。まず，いろいろな犬が写っている写真を見せ，I like **dogs**.（私は［種類にこだわらず］犬が好きなの）と言い，次に I have **a dog**.（猫じゃなく［＝not a cat］犬を飼っている）と言い，さらに **The dog** is cute. と言って自分の飼っている犬の写真を貼ります。そしてその3つの文を板書して，それぞれの表現の表す意味を捉えさせましょう。

4．教科書本文を使った指導法

① 2度目以降は，「どうして？」と考えさせる

1文ずつ本文の意味を確認するだけでなく，文と文とのつながりを考えながら，なぜここでは，名詞に不定冠詞／定冠詞がついているのか考えさせましょう。

② 意味を考えながら空所を補う「穴あき音読」のすすめ

本文を加工して，名詞の前につく不定冠詞，定冠詞，代名詞の所有格などの決定詞（determiner）を（　　　）にしたプリントを作り，意味を考えながら音読させるのも有効です。

命令文のさまざまな機能を使いこなす指導は？

命令文は一見簡単なようですが，依頼，提案，手順の説明，励ましなどさまざまな機能があります。生徒たちがこのような命令文を使いこなせるようになるアイディアをご紹介ください。

命令文は通常１年生初期で扱われます。最初は Sit down. Don't touch! など単純に動作を指示する表現が中心ですが，次第に命令ではない依頼や願望を表す場面が出てきます。料理のレシピや道案内では命令文が多用されますが，命令しているわけではありません。命令文を「命令する文」だと誤解させないためにも You を省略した「動詞で始める文」として教え，簡潔な言い方で自分の思いを伝えることができる言い方であると捉えさせてはどうでしょう。また，慣用表現の Have a nice day. は祈願文の May you が省略された表現，See you later. は主語と助動詞の I'll が省略された表現，などと教えても役に立ちません。命令文と一緒に動詞で始める文として教え，気軽に使わせるとよいでしょう。

生徒がうまく使えるようになった後，まとめの学習として命令文という文法用語を教え，Have a nice day. や See you later. は形は似ているが異なるていねい表現であることに軽くふれます。いずれ学習が進むと助動詞 must や should を用いて命令する文や You go there.（あなたが行くのですよ。）という主語を強調した命令文とも出会います。形式と機能の関係を誤解させないよう，命令文は命令する文とはかぎらないことを学習初期にさまざまな機能にふれさせて理解させます。

命令文には「依頼」「提案」「励まし」「拒絶」などさまざまな機能があると説明するだけでは，生徒には理解できません。「動詞で始まる単純な形なのにいろんな場面で使えるんだなあ」と生徒が気づくよう指導します。

1．動作を中心に教える初期の工夫

実際に教室で動作をしながら教える際に，同じ文でも音調やスピードによって命令，依頼，懇願，叱責，強制などに変わることに気づかせます。生徒たちは教師の英語からさまざまな機能を持つことを学べます。例えば，生徒を指名し Stand up. Go to the blackboard. Write your name. と言って動作をさせます。最初は厳しく命令するように，２回目は優しく手伝いを頼むように言います。クラス全体に向かって１回目と２回目でどのような違いを感じたか話し合わせ発表させます。指名されて動作した生徒にもどのように感じたかを言ってもらいます。生徒たちは必ず正しく聞き取ります。それを褒めた後，その違いはどこから生じたかを観察させ，実際に練習させます。命令するように言う，お願いするように

言う，など指定してペアで練習させます。Eat this apple. を「毒リンゴを持った魔女が白雪姫に言う」「無農薬栽培の林檎園で栽培者が自慢してすすめる」「お客さんにむいたリンゴをすすめる」「おやつにリンゴではなくお菓子がほしいと言う子に，わがまま言うなと差し出す」など，細かく場面指定をして言わせます。

2．1コマ漫画，2コマ漫画の作成

　導入時に，「おばあさんがペンキ塗りたてのベンチに座ろうとしている絵」「汚い手のままおやつを食べようとする子どもの絵」といった状況がよくわかる絵を見せ英語で呼びかける活動をしておきます。そしていろいろな動詞を用いて表現することに慣れたら，動詞で始まる文を使ったセリフを用いた1コマないし2コマ程度の漫画を描く課題を出します。Eat this ice cream. とアイスクリームを渡された子どもが次のコマではアイスクリームを地面に落として泣きべそをかく，お母さんが Don't cry. と言う，といった例を絵入りで与えます。生徒たちはおもしろい場面を思いつき工夫して書きます。よい作品を選び英語の誤りを訂正して印刷配付すると，友人の作品からも学び，ますます使いこなせるようになります。

3．伝言メモの作成

　用紙もデザインさせ，ある人から誰かへ用件を伝えるメモを英語で書かせます。命令文だけでは書けない場合もあり，2の活動よりも難しくなります。1年生なら2学期後半以降，2，3年生で楽しめる活動です。かわいい形のメモ用紙に To Yoko, Please eat cookies on the table. They are delicious. Mom　そしてメモ用紙の下に（お母さんが学校から帰宅する陽子に宛てた伝言）と記入，ノートの切れ端のような紙に To Naoki, Let's play soccer after school. See you at the school gate at 3. Yoshi（学校の休み時間に回したメモ）といった例を教師が作って与えれば，生徒は喜んで書きます。優秀作品は全クラスで紹介します。

4．レシピの作成

　生徒がよく知る料理のレシピを，主語をなるべく入れ please も用いたていねいな説明と命令文中心の簡潔な説明のふた通りを聞かせ，どちらが聞き取りやすかったかたずねます。生徒たちは，レシピは簡潔な方が理解しやすいことに気づくでしょう。その後，個人かペアでレシピを英語で作成する活動に取り組ませます。

5．道案内

　レシピと同様，あまりていねいに言われるとかえって理解しにくいことに気づかせます。その後，道案内に必要な命令文を教え，地図を用いて行く先を説明する，学校の校門から特定の場所へ案内するといった活動を行います。活動は口頭でも行うこともできますし，ライティングの課題としてもよいでしょう。

三単現を指導するコツは？

いわゆる「三単現」ですが，用語自体が理解しにくいうえ，動詞の語尾に -s, -es をつけ忘れる生徒，疑問文，否定文の作り方に戸惑う生徒がたくさんいます。これはという指導法はないでしょうか。

まず，「三単現」を指導するまでに代名詞 he, she, it と be 動詞をしっかり使えるように指導しておくことが大切です。3人称ということばは使わなくても差し支えないのですが，he, she, it は「私」でも「あなた」でもなく，話題にされる存在であることを理解させます。そのためには教室で生徒に視線を合わせて，すなわち you という存在であることを示して，he や she を用いて誰かについて語ることを折にふれ実感させます。生徒たちには，簡単な家族紹介や持ち物紹介などの活動に取り組ませます。（例）This is my sister. Her name is Yukina. She is 17 years old. She is a high school student. She is a good dancer.

1．三単現導入のコツ

次に「三単現」を導入するときも生徒たちが興味を持つような誰かの紹介またはクイズを用い，生徒たちが「誰かを紹介する場面」と新しい動詞の形を結びつけて捉えられるようにします。このとき be 動詞を含む文で始めます。（例）Who is this boy? ―He is a student in elementary school. He lives in Tokyo. He likes baseball. He has a pet cat. He has two sisters, Sazae and Wakame.（カツオ）こうすると「is に対応する主語が一般動詞を取るとき -s, -es が必要である」，つまり「he, she, it に続く動詞は語尾に -s がつく」という記憶しやすいルールを生徒に与えることができます。筆者が初任の頃，大先輩の先生がこれを「三単現は -s が好き」というユニークなフレーズで生徒に教えておられました。

さて，「三単現」という用語は1年生には難しい文法用語です。この漢字の組み合わせから，この用語の表す意味は推測できません。教師にすれば「主語が he, she, it のときの動詞の形」といちいち言うのは面倒ですが，生徒が主語に応じて動詞に -s, -es をつける／つけないの操作に慣れるまでは「三単現」という言い方は避けて説明するようにしましょう。

続いて生徒に友人か家族を紹介するスピーチを書いて発表させます。この際，暗記して発表させると動詞の語尾をよく落とすので，原稿を見てから目を離し聞き手に語りかける Read & Look-up 方式がよいでしょう。（例）級友を当てるクイズ：This boy is one of our classmates. He likes sports. He plays basketball very well. He practices basketball every day. He lives in Higashi 4-chome.

He likes dogs. He has a dog. He walks his dog every day. Who is he? 音読練習を十分させてから発表させます。生徒たちは「三単現」の動詞の形と誰かを紹介する場面が結びついたかたちでたくさん英語を聞くことができます。

2．三単現の発音指導のコツ

y を i に変えて -es をつけるといった -s, -es のつけ方と疑問文・否定文の作り方は生徒にとって特に煩雑に感じられる部分です。こういった事項を生徒が煩雑と感じないように教える工夫をします。

-s, -es のつけ方は最初からすべてのタイプを網羅的に教えることを避け，1時間目は likes, plays, lives, practices, comes など単純に -s がつくものと has だけにとどめ，「-s をつければいいんだ」と感じさせます。そうすることで綴り字よりも音に着目させます。すでに名詞の複数形を学習しているので生徒は動詞の語尾の音により [-s] [-z] [-iz] のどの発音になるかは割合スムーズに発見するでしょう。そして２時間目以降に watches, studies などを特別なケースとして教えます。そのときも語尾の発音をしっかり教え，音の変化を文字で表すとこのような綴りになることを説明します。

もう１つ気をつけておきたい点は，名詞の複数形語尾の -s, -es と三単現の動詞語尾の -s, -es を混同する生徒がいることです。実際，「（主語が）単数なのになぜ複数の -s がつくのか」という質問をした生徒がいました。-s, -es のつけ方のルールはいろいろ覚えているのに，名詞と動詞の区別ができていないのです。品詞の区別も１年生から少しずつ教えていく必要があります。（⇨ **Q2-12**）

3．疑問文・否定文指導のコツ

疑問文，否定文を教えるときも使用例をたくさん聞かせ，音を記憶させるようにします。does, doesn't が併用されると動詞に -s がつかないことを生徒たちが発見するように指導します。そして文法説明をするときに「does, doesn't も含め，-s, -es を使うのは１文につき一度だけである」ことを教えます。このことは過去形の学習時にも役立つことです。三単現の動詞の形は英語母語話者の子どもでも習得に時間のかかる文法事項だと言われています。何度か教えても間違える生徒はもちろんいます。その度に「１つの文に，動詞の -s, -es は一度だけ」という単純なルールを思い出させるようにします。

疑問文，否定文の運用練習では，第三者に関するクイズやスピーチ発表を１時間数人ずつ行わせ，発表後，教師や慣れてくれば聞き手の生徒が Does your friend like 〜？ Does he / she 〜？の質問をします。クイズやスピーチ発表者には否定文の活用も奨励します。実際に使う経験をたくさんさせながら学習させましょう。

特別疑問文の指導のコツは？

特別疑問文とその応答を１つずつ指導しているときは問題ないのですが，生徒たちがそれらを実際に活用して運用する場面では，うまく使い分けることができません。どのような指導が必要でしょうか。

英問英答が苦手な中学生や高校生がたくさんいます。彼らはペーパーテストの英問英答にかぎらず，口頭での英問英答も苦手です。その理由はズバリ経験不足です。さまざまなトピックについて発せられる教師の問いかけに答える，さらには自分から教師や友人に質問する，質問を自分で考えて他者にインタビューする，といった経験が絶対的に不足しているのです。

教師は「疑問詞の種類はかぎられており，答え方も決まっているので，平叙文から疑問文への操作練習と応答練習のドリルをくり返し行えば特別疑問文を作ることも，それに答えることも難しくはない」と考えがちですが，生徒にすれば文法ドリルとして特別疑問文の形に着目して練習することと，場面や話題に応じて内容に焦点を当てて質問したり答えたりすることは別物なのです。また，質問したいことを英語で言うためには日本語と英語の発想の違いに慣れる必要もあります。例えば，「どのように考えますか」は How を用いず What do you think about it? ですが，動詞 feel を使えば How do you feel about it? になり，「鶴橋はいくつ目の駅ですか」「４つ目です」は，"How many stops are there between here and *Tsuruhashi*?" ―"Three." となり，日本語から訳して作ると間違えます。教室では英語で質疑応答を行うさまざまな機会を設けたいものです。そのための指導のヒントをいくつか紹介します。

１．入門期から疑問文を使用する機会をたくさん与える

疑問詞は，用例にたくさんふれさせ，生徒自身にも使う機会を十分与えます。最初に習うのは how と what ですが，what だけでも What is this/that? What is your (phone number)? What is your favorite (color)? What day is today? What time is it now? What time do you (get up)? What (sport) do you like? What is (*shamisen*)? などの疑問文があり，生徒たちは（　　）内の単語を置き換えることも学ばなければなりません。文法説明や操作練習だけにとどめず，授業で使用して英問への答え方に習熟させるとともに，生徒同士で互いに質問する機会を与えます。他の疑問詞も同様です。

２．疑問詞で要求されている情報にフォーカスして答えることを教える

特別疑問文に完全な形で答えることを要求せず，疑問詞に対応する部分が即答

できるよう指導します。例えば when の初出時に When do you usually do your homework? とたずねるとします。質問に続けて Before dinner or after dinner? とたたみかけると生徒は簡単に答えます。生徒が素早く答えられるようになったら，短い答えに続けて I usually do my homework after dinner. と主語と動詞の揃った文の形で答える，または，情報をつけ加えて答えるよう指導します。続けて Where do you do your homework? In the living room or in your room? と質問し同様に指導します。教師との練習後にペアで練習するなどして口頭で十分練習したら，同様の質問をワークシートにして与え，短い答えと完全な文の2文で応答を書かせます。この2文で答える方法は，実際の場面でコミュニケーションを円滑にする効果があります。完全な文1文で答えようとすると答える前に沈黙の時間を生みやすく対話がぎこちなくなりがちですが，短くても素早く答えてからより完全な形で答えるようにすると，相手は次の応答をしたり，あいづちが打ちやすくなるからです。

3．取材やインタビューの必要な課題に取り組ませる

自分で質問を考えて級友10人にインタビューし，結果をまとめ口頭でまたはレポートのかたちで発表する，新しく着任した ALT にインタビューして新聞を作る，といった課題に取り組ませます。

その際，質問を考えなさいというだけでなく，「参考英問リスト」を教師が作成して与えます。リストは，質問例を多くし，別の質問にするための語句の置き換え箇所を明示し，生徒が思いつかないような質問を加えます。自分で質問を思いつかなくても，たくさんの質問を読み，取捨選択し，質問文を自分用に変えることでよい学習になります。インタビュー後に他の生徒の発表を聞いたり書かれた作品を読んだりすれば，実際に使われた質問とそれに対する応答のしかたが学べ，生徒たちの理解が深まります。

4．生徒の生活に即した疑問文とその答え方のリストを与える

既習の文法事項を用いて，生徒の生活に沿った英語の質問と答え方の例をまとめたプリントを作ります。スポーツ，学習，家庭生活，休日の過ごし方など，トピックごとにまとめます。学習の進度を見ながら学年ごとに1，2回，このようなプリントを出すとよいでしょう。

まとめたプリントは教師と生徒で練習した後，ウォームアップや帯学習で，ペアで練習させます。プリントなしでもできるようになったら前に出てペアで対話をさせます。また，誰か一人が有名人役になり，他の生徒が記者になってたくさん質問する「有名人にインタビュー」といった活動をするのも楽しいでしょう。

品詞をどう指導すればよいか？

favorite と like の使い分けなどのように，品詞の概念を理解しないと英語の文法を使いこなせるようになりません。品詞をどのように指導していけばよいでしょうか。

　品詞の概念については，筆者は以下に紹介するように１年生から計画的に少しずつ指導していきます（⇨ Q2-10）。動詞，形容詞など概念を理解しやすいものから始め，冠詞，前置詞など日本語にはないものを後にします。教えるときは，その品詞の単語をいくつか指導してから品詞名を紹介し，文中での位置や使い方を確認します。そして同じ品詞の単語を置き換えれば別の文が作れることを教えます。さらに，「遅刻する」が be late であるように，日本語と英語では同じ品詞にならない場合があることや，talk, visit など名詞と動詞の形が同じ単語があり，文中での使い方で品詞がわかることなども機会を捉えて教えます。

　品詞の指導では，教科書の教材配列によりますが，まず動詞を理解させます。命令文に入る前に「動詞」という品詞名を教えます。その頃には like, have, want を用いた表現に加え，生徒たちはクラスルーム・イングリッシュでかなりの数の動詞を知っており，主語の次に動詞が来る英語の文構造をおよそ理解しているからです。既習の動詞を列挙させ，これらをまとめて「動詞」ということを教えます。生徒がよく間違える like と favorite も，先に品詞が違うことを説明するよりも，自己紹介文の中でむやみに I like ～をくり返すのを避け，My favorite movie is ～. や～ is my favorite. の表現も使わせ，使い慣れた後に違いを説明します。

　前置詞は，at 8 o'clock, after school, with my friends など，前置詞句をひとまとまりの表現として使用するのに慣れた頃，「前置詞」というくくりを教えます。そして日本語には存在しない品詞であることも併せて教えます。

　ほぼすべての品詞名を紹介したら，教科書で習った語について品詞を言わせます。黒板に品詞名のリストを提示してやれば生徒たちは答えやすくなります。その後は，新語をノートに整理する際，意味だけでなく品詞も書くよう指導します。

　また，特定の品詞に限定して，できるかぎり多くの単語をリストアップさせるグループ活動も効果的です。「動詞」であれば，教師が，グループのメンバーが言う単語を「自動詞」と「他動詞」に分けて板書し，後で生徒たちに２つの語群の違いを考えさせます。「形容詞」なら，板書された単語を自分たちで意味のカテゴリーに分類させ，どのように分けたかを説明させると理解が深まります。

効果的な過去形の導入からライティングにつなげるには？

動詞の形を過去形にするだけの機械的な練習ではなく，過去時制を使用する必然性があり，1年生でも楽しんで書けるような指導方法を教えてください。

1. 現在時制と対比させて導入する

動詞の過去時制を指導する際には，現在時制と対比させて導入することが効果的です。現在時制は，現在の習慣や状態を表しますが，過去時制は過去に起きた出来事や動作を表します。現在時制と過去時制を対比しながら，"I always go to bed at ten, but last night I went to bed at one o'clock. I couldn't stop watching a movie." "Ken eats a lot, but he ate only a little today. He looked sick." などと導入すると，その違いに気づかせることができます。不規則動詞の場合も，go-went, eat-ate などとくり返すだけでなく，使用場面がよくわかり，意味を伴ったインプットで使い方を身につけさせましょう。

2. まず，身近な事柄を表現してみる

過去時制を学習し使えるようになると表現内容が爆発的に増えます。昨日したことを時間順に書かせてみるとよいでしょう。書かせる前に，十分に口頭で練習しておくことが大切です。"I watched TV." で終わるのではなく，"What TV program did you watch?" "Did you enjoy the program?" などと教師がさらに質問をすることで，どんなことを書けば文章を続けられるのか生徒に気づかせましょう。慣れてくれば，旅行や行事について書かせてみるのもよいでしょう。

3. 視野を広げる

生徒たちの目をより広い世界へ向けさせてみましょう。例えば，歴史上の人物の伝記や歴史的な出来事を，過去時制を使って書かせることで，生徒の知的関心に適う活動にすることができます。最後に，どうして自分がその人物や出来事を選んだのか，その理由もつけ加えるように指導するとよいでしょう。

4. 物語を書いてみる

物語文では過去時制が多用されます。物語を読ませたうえで，物語を書かせるのも生徒の興味・関心を引きつける効果的な活動です。いきなりオリジナルの物語を書かせるのではなく，教科書で学習した対話文を，過去時制を使って物語風に書き直すことから始めましょう。読んだ物語の続きを考えさせたり，結末を変えて書かせたりすれば，個性溢れるより創造的な活動になります。

some と any の違いをどう教えるか？

「肯定文では some，疑問文・否定文では any」などと思い込んでしまっている生徒に，some と any をどのように指導すればよいでしょうか。

　1年生での初出から some と any を自然な文脈でていねいに教えていても，どこかで習ってきて「肯定文では some，疑問文・否定文では any」と唱える生徒が必ず出てきます。簡単明瞭でわかりやすく響くこの説明は，生徒にとっては便利な反面，some，any の持つニュアンスの違いを考える機会を奪います。その結果，学年が進むと英文の意味が正しく取れなくなることが起こります。some，any の単体だけでなく something，anyone などの複合語も頻出するので，早めに正しい感覚を育てたいものです。

　理解しやすい場面と文例を用意して教え直します。その際，some，any の例にかぎらず，文の背景にはそのことばを発する人間の心理が存在し，その気持ちが表現の違いとして表れてくることを教えましょう。

1．疑問文でも some の例

　教科書にも掲載されている，客を招いた食卓の場面などがよいでしょう。

A：（サラダをすすめながら）Please help yourself.
B：Thank you.
A：<u>Would you like *some* more?</u>
B：Yes, please. It's delicious.
A：What would you like to drink?
B：<u>May I have *some* water?</u>
A：Of course.（以下略）　　　（*NEW HORIZON*（3年）平成20年版）

　下線を引いた文について，話し手が込めた意味と別の英文での言い換えを生徒に考えさせます。それぞれ疑問文の形を取っているが「サラダをもっと召し上がれ」"Have some more, please."，「お水をください」"I'd like some water." であることに気づくでしょう。形は疑問文でも実際は質問しているわけではない場合があることを説明します。そして，人に物をすすめるときや依頼するときなど相手から Yes の返事をもらうことを期待している場合は，疑問文でも some が用いられることを説明します。

　そして，別の場面を設定して考えさせます。例えば，公衆電話を使いたいが小銭がなく傍らの友人にたずねるセリフとして，Do you have some coins? と Do you have any coins? では，話す人の心理にどのような差があるか，などです。

2．肯定文でも any の例—some と any は意味が違う！

　生徒にとっては肯定文中の any も案外難しいものです。肯定文でも any が使われ，その場合「（種類や数量にはこだわらず）どんな〜でも」という意味になることを教えます。2, 3文で構成した文脈のある例を使って考えさせます。
（例）"Bring something to read. *Any book* will do."
　　　（何か読み物を持ってきなさい。本ならどんな本でもよろしい。）
　　　"I'm in the library from 9 to 5. You can come *any time*."
　　　（9時から5時の間は図書館にいます。いつでも来ていいよ。）
　　　"We have the Japan Night. *Anyone* can come."
　　　（ジャパンナイトを開催します。どなたでも参加いただけます。）

　この any の意味がわかれば，Do you have *any brothers*? —Yes. I have one brother. / No. I *don't* have *any brothers*. など疑問文や否定文で使われる any が「何人かの（some）」とは異なる意味であると生徒にもわかるはずです。否定文の not 〜 any が「まったく〜ない」（＝ゼロ）という全否定になることにも納得するでしょう。
　すでに形容詞の比較変化の学習が終わっていたら，ここで Mt. Fuji is higher than any other mountains in Japan. など，比較級を用いて最上級の意味を表す文のおさらいをします。この文も肯定文ですが any が使われ「他のどんな山（よりも）」という意味になっています。「some と any は異なる意味を持つ別な単語なのだ」ということを理解できれば，あらゆる用例の意味を正しく理解できるようになります。（髙橋2011：88-89）

3．条件を表す if 節

　条件を表す if 節の中でも，some を用いる文例があり any を使った場合とニュアンスが異なりますが，中学校段階では「一般的に any を用いる」ことをまず教える必要があります。If you have *any questions*, please ask me. / If *anyone* calls, let me know. I'm in the yard. といった程度の例文を，機会を捉えて教えればよいでしょう。生徒たちが望むなら some と any の違いでニュアンスが異なる文例を教えてもよいですが，状況の差が理解できるよう1文ではなく次のような2, 3文のまとまりで文例を与えるようにします。（江川1991：111）

ア　Now you know how to use this PC. Try yourself. If you need *some help*, just let me know.（「助けが必要になる可能性があるかも」というニュアンス）

イ　This is your desk, and this is your computer. If you need *any help*, let me know.（「助けは要らないかもしれないが」というニュアンス）

不定詞の名詞的用法と動名詞の指導は？

to 不定詞の名詞的用法と動名詞を指導するポイントについてアドバイスをお願いします。また，動名詞を１年生からどんどん使用させてもよいと思うのですが…。

　生徒は他動詞を学ぶときはその意味だけでなく，目的語として別の動詞を使用するときの形（(1) to 不定詞か (2) 動名詞か (3) どちらでもよいのか）も学ばねばなりません。そこに至る最初の学習が to 不定詞の名詞的用法と動名詞です。不定詞はどの教科書でもていねいに扱われますが，動名詞は必ずしもそうではありません。以下の１～３を念頭に，必要な内容は補足して指導します。

１．先行する動詞とセットで指導する

　to 不定詞も動名詞も，先行する動詞とのセットで「使い方」を指導します。動名詞は前置詞句も同様に扱います。to 不定詞の名詞的用法の導入でよく使用される動詞は want, like, hope, begin です。その学習後に would like to ～ や be 動詞を用いる want to be が導入され，try, wish, mean, decide, agree, promise などの動詞が，次々と本文で使用されます。初出後，これらの動詞が出てくる度に，to 不定詞の名詞的用法を確認するようにします。

　一方，動名詞は like, enjoy, finish などの動詞の目的語として導入され，その後，thank you for ～ing, without ～ing, look forward to ～ing などの前置詞の目的語としての用法，stop, learn, start といった動詞と共起する用例が出てきます。しかし，like ～ing の形で新出文法事項として紹介するだけで，enjoy, finish, stop などの先行する動詞を明示的に取り扱っていない教科書もあります。like は to 不定詞とも使える動詞なので，enjoy, finish など動名詞のみと共起する動詞も使って練習させ，口頭練習やライティングを通して連語としての語感を養います。

２．動詞の目的語としての to 不定詞と動名詞の違いを説明する

　動名詞を導入する最初の時間から違いを説明する必要はありませんが，to 不定詞の名詞的用法＝動名詞と教えることや，like ～ing の文を like to ～ へといった単純な書き換え練習は避けます。両者の違いを中学生に説明するにはいささか骨が折れますが，動名詞の使用に慣れた頃，あるいは３年生で forget や remember が出てきたら，生徒が理解しやすい文例を用意して違いを説明します。to 不定詞の to は go to school の前置詞 to と同じで，進行方向や目的地を示します。「to 不定詞はこれから先の未来を指向し，一方，動名詞は時間的に中立であるが過去を指向することもできる」（江川1991：362, 370, Swan 1984：134）と説明すると生徒にもイメージしやすいようです。

- Don't forget *to mail* the letter. / Remember *to mail* the letter.
  （忘れずにこの手紙を投函してね。）
- I will never forget *meeting* you. / Remember *meeting* me sometimes.
  （あなたと会ったことは忘れません。／私と会ったことを思い出してね。）

「～するのが好きだ」と普段よくやっている好きなことを言う場合はどちらも可能ですが，enjoy ～ing と同様の意味で動名詞の方がよく使われます。like to ～は would like to ～と同じで「～したい」というこれからの気持ちを表します。

- I like *playing* the guitar but I don't like *to play* it now.

3．主語や補語としての to 不定詞と動名詞

be動詞の主語や補語になるto 不定詞の名詞的用法と動名詞です。教師には動詞の目的語として使用されるものと同じということは自明ですが，生徒にとってはそうではありません。教科書の文例 Reusing is to use things many times. / Playing soccer is more exciting than watching soccer on TV. などをもとに語句を置き換えて作文させる，といった練習をさせます。この場合も両者は同じ意味ではないので，動名詞を to 不定詞にするといった書き換えをさせることは避けます。

- My hobby is *collecting* stamps.
  （過去も含めてくり返し行う行為なので to 不定詞よりも動名詞）
- My wish is *to fly*. / My dream is *to be* a musician.
  （これから起こることなので to 不定詞）

Living is *sharing*.（生きるとは分かち合うこと。）このことばは，アジア諸国を支援する NPO のスローガンです。*sharing* の部分を各自に考えさせて作文させ，その意味するところを詳しく英語で説明するといった課題を与えるとよいでしょう。

4．動名詞を1年生から使用させる指導

生徒の表現意欲を考えると1年生からjogging, scuba divingなどカタカナ語を英語の発音にすればよいものから積極的に取り入れ，jog → jogging, dive → divingと，動詞から作られた名詞であることを教えます。その延長として，「鉄道写真を撮ること」「ガンダムの模型を集めること」などを言いたい生徒に，目的語を伴う動名詞をひとまとまりの表現として教え，My / his/ her hobby is ～の形で使用させ，～ingで始まる語句が名詞と置き換えられることを理解させます。併せて動詞 enjoy も教えましょう。1年生では自分のことや周囲の人の好きなことについてよく書かせますが，数行の文章に何度もくり返して like ばかりを使いがちです。I enjoy ～ing.やI'm good at ～ing. も使って変化をつけさせましょう。

助動詞の的確な指導方法は？

3年間に学習するほぼすべての助動詞を2年生で習います。助動詞の特徴を捉え，表現活動に上手に利用できるように指導するにはどうすればよいでしょうか。

中学校で扱う助動詞として，can, will, must, may, should, shall, could, would などがあり，これらの法助動詞（modal auxiliary verbs）を使うことによって，話し手が頭の中で描いている気持ち（期待感，義務感，確信や可能性の度合いなど）を表現することができます。例えば，"It is sunny today." は「今日は晴天です」という事実を表した文ですが，その文に続けて "It *will* be sunny tomorrow, too." と言えば，「明日も晴れでしょう」と推量を表す未来時表現となり，"It *may* be sunny tomorrow." とすれば「明日は晴れるかもしれない」，"It *must* be sunny tomorrow." なら「明日は晴れるにちがいない」という意味となり，話し手の確信の度合いを表現することができます。

1．主な法助動詞の表す意味

will （1）単純な予測（話し手の意志に関係なく，自然の成り行きで起こる未来の予測を表現する）I *will* be fourteen years old next July.
　　　（2）意志（I や we が主語の場合，話し手の「〜します」という意志やその場での判断を表す）I *will* make a phone call tomorrow. We *will* do our best.

can 　（1）能力（「〜できる」）Mary *can* ride a unicycle well.
　　　（2）可能性・推量（「〜でありうる」）It *can* be true. He *can* be a genius!

may 　（1）許可（「〜してもよい」）*May* I come in?
　　　（2）推量（「〜かもしれない」）Tom *may* be in the library.

must 　（1）義務（「〜しなければならない」）同様に義務を表す表現に have to がありますが，次に示す例のように，「〜しなければならない」という義務感が，話し手自身の判断や意思なら must，法律や慣習，やむを得ぬ事情，他者の命令など外部要因によるものなら have to を使います。(Swan 1984：156)
　　　　　　例：This is a terrible party. We really *must* go home.
　　　　　　　　This is a lovely party, but we *have to* go home because of the baby-sitter.
　　　（2）推量・確信（「〜にちがいない」）The man *must* be hungry.

should （1）義務・助言（「〜するべきだ」）You *should* be kind to animals.
　　　（2）推量（「〜のはずだ」）My friend *should* come here soon.

Shall I ～?　申し出「～しましょうか？」It's cold. *Shall I* turn on the heater?
Shall we ～?　提案「(一緒に)～しませんか？」*Shall we* go there together?
　Would you like ～?　ていねいに物をすすめる，希望をたずねる。「～はいかがですか？」*Would you like* a cup of coffee? / What *would you like* to drink?

2．助動詞を自然に使って，話し手の気持ちを表現する活動例

　対話文の下線部の語句や文を自由に書き変えて，オリジナル会話を作成し，発表する活動例で，自分の選んだ話題や場面で，話し手の気持ちを表現する会話作りを楽しむことができる活動です。助動詞を1つずつ別々に学習するだけではなく，このように場面や話し手の気持ちに合った助動詞を使う表現活動を授業に取り入れることが大切です。

① 誘いの会話

　Mai ： Can you go shopping with me this Saturday?
　Jane ： Sorry, I can't.　I have to finish my science report.
　Mai ： I see.　How about this Sunday?
　Jane ： OK.　May I take my friend, Cindy?
　Mai ： Of course.　Shall we meet at ten at Minami Station?
　Jane ： OK.　See you then.

② 道案内の会話

　Nancy ： Excuse me.　I'd like to go to the city library.　How can I get there?
　Man ： Take the bus for Kita Park.　The bus stop is over there.
　Nancy ： Where should I get off?
　Man ： You should get off at Toshokan-mae.　It is the third stop from here.
　Nancy ： I see.　Thank you very much.
　Man ： You're welcome.

③ 電話で伝言をお願いする会話

　　　Naomi ： Hello.　This is Naomi.　May I speak to Tom?
　Tom's Father ： Hi, Naomi.　I'm sorry.　He is out right now.
　　　　　　　　Would you like to leave a message?
　　　Naomi ： Yes.　My family will have a barbecue this Saturday, and we would like to invite him.　Please ask him to come.
　Tom's Father ： Sure.　He must be happy to hear that.　Nice talking to you, Naomi.
　　　Naomi ： Nice talking to you too, Mr. Smith.　Goodbye.

形容詞と副詞の比較表現の指導方法は？

形容詞と副詞の比較表現を指導するときの注意点を教えてください。また生徒が比較表現を使いたくなるような活動をご紹介ください。

　比較表現の指導に際し，具体的な形容詞や副詞を取り上げて原級・比較級・最上級の形を提示し，規則変化と不規則変化を説明していくことが一般的ですが，このような語形変化の指導とともに忘れてはならない注意点を考えてみましょう。

1．比較級の文が表す意味

　比較表現を指導するとき，比較表現の文が表す内容を生徒は正しく捉えているか確認しておく必要があります。

　例えば，My dog is big. という文は，私の犬が一般的に見て「大きい」とされる基準に達していることを意味しますが，My dog is bigger than your dog. という比較級の文は，「私の犬とあなたの犬を比べたら，私の犬の方がより大きい」という意味で，私の犬が一般的基準に照らして「大きい」とはかぎらない，ということを理解させておく必要があります。

2．生徒の理解を深め，定着を図る

① good と well の比較級・最上級

　good と well の比較級は better，最上級は (the) best ですが，生徒は実際に使用する際に語順を間違えやすいようです。したがって，例1，例2のような身近な話題を使った例文をモデルとして与え，模倣・反復を行わせます。その後，モデルを参考にして生徒自身に英文の創作活動をさせ，正しい使い方ができるように指導していくとよいでしょう。

例1　Masako is a *good* tennis player.
　　　She is a *better* player than I.（以下，than I の部分は than me でもよい。）
　　　She is *the best* player in our school.

例2　Kenta plays baseball *well*. He plays baseball *better* than I.
　　　He plays baseball (*the*) *best* in our school.

② like … better と like … the best の文

　「2つの物を比べて，どちらが好きですか」や「あなたにとって何が一番〜ですか」という話題は互いに好みや考えが一致するかどうかが聞けるので，生徒にとっても楽しい活動です。

　次の例3では，下線部を自由に入れ替えて対話させます。一問一答でなく，お互いのインタラクションが続くようなモデルを示すとよいでしょう。

例3　A：Which do you like *better*, reading books or watching TV?
　　　B：I like reading books *better*.
　　　A：Why do you like reading books *better*? / Why do you like it *better*?
　　　B：Because I can read books on the bus. I come to school by bus every day.
　　　A：I see.

　このように生徒が好きそうな話題，例えば食べ物や映画のジャンル，スポーツなどを話題にすれば，生徒も答えやすく，一問一答ではなく，インタラクションを活発に行います。

3．生徒が比較表現を使いたくなる活動のモデル例

　生徒たちの創作意欲を刺激するクリエイティブな課題を与えましょう。そのためには生徒をやる気にさせる楽しいモデルを示すことがポイントです。

① TV コマーシャル作り
　まず，働き者ロボットの CM モデルを紹介します。

例　Hello, everyone. Do you like to clean your house? If you don't, you should buy this cleaning robot, Clirobo. Clirobo is *the best cleaner* for you. You will have *the most beautiful room* in the world! Clirobo is only $98 right now. Don't miss it!

　コマーシャル作りは，比較表現を使って新製品の特徴を説明する英文を作りやすいため，生徒はいろいろな製品を扱った創作活動を楽しみます。

② 買い物場面のスキット作り
　スキットを創作する場合，生徒は「フッフッ」と笑えるような微笑ましい会話を作って，聞き手を楽しませる工夫を好むようです。以下は，「困ったお客さん」というタイトルのモデル・スキットです。

例　Clerk：Hello. May I help you?
　　 Tom：Yes, I want to buy a T-shirt.
　　Clerk：How lucky you are! Today is *the best day* to buy T-shirts, because all T-shirts here are now on sale. How about this one?
　　 Tom：This is too big. I want a *smaller one*.
　　Clerk：Well, how about this? This color is good for you.
　　 Tom：Hmm, this is fine. How much is it?
　　Clerk：It's $50.
　　 Tom：50 dollars? Can you make it *cheaper*? I have only 50 cents.

接続詞 when, if, because 指導のアイディアは？

when, if, because といった文と文をつなぐ接続詞が使えると表現の幅が広がります。これらの接続詞を自分のものにさせるよいアイディアをご紹介ください。

接続詞を使いこなせることは，まとまりある英文を書くための基礎・基本の1つです。特に従属接続詞を用いた複文も書けるようになると，生徒の作文は単調さが減り，より読み応えのあるものになります。

しかし，and, but などの等位接続詞に比べ，従属接続詞の定着度は低いようです（国研2012）。教科書本文などで折にふれて注目させるとともに，実際に使いながら身につけさせましょう。

1. when を使うアイディア

when は中学生が最初に学習する従属接続詞です。日本語では「〜したときに」と句の末尾に来る部分が，英語では節の頭に来ることを理解させるのが大切です。最初は when で始まる節を与えて生徒に主節を書かせる1文作文で，多くの文例にふれてからは日記などで when 節を積極的に使うよう指導するとよいでしょう。

指導例①「家に帰ってみたら，なんと…。」

さし絵つきで When I came home, my mother was dancing in front of the TV. といった愉快な文例を与え，生徒にも絵と主節部分を考えさせます。例示する主節部分は President Obama was talking with my father. といった有名人が登場するものなどいくつか用意するとよいでしょう。作成後は，前で発表させる他，ユニークな作品を集めてプリントにして配付します。

指導例② Life Story

自分の子ども時代について，3つの異なる年齢時の思い出を When I was 〜 (years old), で始まる文を3文書かせます。

（例）When I was 5 years old, I got my first bike. When I was 7, my best friend was Tatsu. When I was 9, I joined the baseball team.

提出された文を添削して返却し，間隔を取って3文をノートに清書させます。それぞれの文の次にその文に関係する思い出をつけ加えさせます。生徒が書くのに困っていたら，教師から「何色だったの？」「辰くんと何して遊んだの？」といった質問を投げかけたり，生徒同士で質問し合わせたりします。すると3つの段落からなる「思い出エッセイ」が完成します。amazing, happy, lucky, wonderful などの形容詞から気に入った語を選ばせ，ノートの一番上に "Haruki's Amazing Life Story" といったタイトルを入れさせて完成です。

2．if を使うアイディア

　if の指導で気をつけるべきは，if 節内では未来のことを言うときにも動詞は現在形を使い，主節では will など助動詞を用いるか命令文にすることが多いことです。用例をたくさん与える工夫をして指導します。また，if 節も含めて自由に書かせると，生徒は直説法と仮定法を区別せずに書きがちです。if 節を与え，主節部分のみを考えさせるようにして直説法 if の使い方を理解させます。

指導例① カード合わせ

　If it is rainy tomorrow, I will read books at home. If you eat too much, you'll get fat. など If 節と主節の組み合わせが入れ替えにくいように作った英文を10文用意します。教科書の用例も加えます。画用紙に印刷し10文すべて If 節と主節を切り離してカードにします。ペアやグループごとに1セット（10枚）ずつ持ち，教師の合図で一斉に並べます。完成したら教師に見せて判定してもらいます。ゲーム後，正しい組み合わせの10文をノートに清書します。次時に4人で2セットずつ使い，用意したジョーカーを加えて「ババ抜き」をすることもできます。

指導例② 日常生活の「もしも」

　If I forget my lunch, / If my parent can't cook dinner, といった生徒の日常生活にある「もしも」を与え，そのときどうするかを考えさせます。先に答えた人が言ったのとは異なる解決手段で言わなければいけないルールで発表させます。

3．because を使うアイディア

　明確な理由や事実があるときに使う because ですが，日本語の「なので」と同じだと誤解し，*I am happy because I like spring. / *I went to the park because I was free. といった because を使う必要のない文を書く生徒がいます。because の指導は，好き嫌い以外の理由を挙げて意見を書く課題を用意して行います。

指導例 For or Against

　「あなたの学校が次のような案を出しています。下の賛成・反対それぞれの意見の書き方を参考に，学校の案に賛成か反対か述べその理由を書きなさい。」

（案）Our school is going to Hawaii for the school trip. So each student should save 300,000 yen for the trip.

（意見）• I am for the plan because we can practice English in Hawaii.

　　　　• I'm against the plan because I can't spend that much money on my trip.

「制服を廃止する」「土曜日にも授業をする」といった身近にあるテーマでも，「夏は浴衣で登校する」といった突拍子もないテーマでも可能です。また，もう1文つけ加え，より詳しく説明させてもよいでしょう。

to 不定詞の副詞的用法や形容詞的用法の指導法は？

to 不定詞の副詞的用法や形容詞的用法の意味を文脈の中で理解したり，表現活動でそれらを使いこなすことは，生徒にとってなかなか難しいようです。よい指導法はないでしょうか。

耳で聞くとよくわかりますが，to 不定詞の副詞的用法も形容詞的用法も，より細かい情報が後からつけ足されていきます。例えば，I went to New York to see my friend from Mexico. / I bought some books *to read* on the train during my trip to Aomori. という具合です。英文が聞こえてくるままにまず大まかに意味を捉え，後から聞こえる情報は先に捉えた内容をさらに詳しく説明していることに生徒が気づくように，リスニング活動から指導します。生徒が聞き取れるようになったら英文を見せ，解説し，表現活動に進みます。

1．to 不定詞の副詞的用法

指導例①「これはどの場所？」

駅，コンビニ，図書館などさまざまな施設が描かれた街の地図を用意し，施設の名前を発音練習した後，教師がクイズ "What is this place?" を出題します。

- We go there *to read books* or *to borrow books*. Many students go there *to study* or *to do their homework*.（答：It's a library.）
- We go there *to buy things* because they are in our neighborhood. Some people go there *to make copies*.（答：It's a convenience store.）

3題ほど出題したら，黒板に文を書いて to 不定詞の説明をし，We go there to 〜の文がスラスラ言えるよう口頭練習します。その後，生徒はペアになってクイズを作り出題し合います。

指導例②「学校に来る目的は？」

Why do you come to school? という問いに3文以上で答えを書かせますが，現実のこととしてではなく，ユニークな理由も書くことにし，"I come to school to 〜" の形で理由を1つ書いた後，詳しく説明させます。または，First, Second, Third, を用いていくつかの目的を書かせてもかまいません。このときは「大事な目的から書くこと」という指示を与えます。図書館やショッピングモールを例に口頭練習してから書かせると，生徒はより取り組みやすいでしょう。

（生徒作品例）First, I come to school to study. I don't like to study, but I have to. Second, I come to school to meet a boy. I like to see his smile. I'm happy when I see him.

2．to 不定詞の形容詞的用法

　What's this? It is something to eat. で始まるクイズ "It's something …?" を行います。答えは写真や実物で用意し，正解が出た瞬間に見せると盛り上がります。ヒントを1文ずつ読み上げながら，「something ＋ to 不定詞」だけでなく「名詞 ＋ to 不定詞」の使用例を聞かせます。

（例）It's a kind of *noodles to eat* on a special day in Japan. We eat it and hope we will live long. We eat it on the last day of December.

　最初のヒントで当てたら5点，次のヒントなら3点，それ以上なら1点と決め，班対抗で行うこともできます。答えになる事物が描かれたプリントを配付し，その範囲から答えを選べるようにすれば活動は易しくなります。後で，クイズの文をプリントで配付し，音読練習した後，それをモデルにクイズを作らせます。

　また，「It's time ＋ to 不定詞」を1文と絵の組み合わせで指導する方法はいかがでしょうか。It's time to go to bed. / It's time to stop eating sweets. といった英文とそれを表すユーモラスな絵をセットで作成させます。「私から母へ」といったように，誰が誰に向かって発しているメッセージなのかも添えさせます。

3．to 不定詞の用法はあえて問わずに

　to 不定詞の用法が副詞的用法か形容詞的用法かを厳密に説明するのは難しいものです。生徒に習得させるべきは，分類よりも，不定詞を用いて後へ補足的な内容をつけ加える表現力です。

　次の例は不定詞の学習の最後に行ったライティング課題です。生徒は自分の使う不定詞が何用法かは意識していませんが，不定詞を用いて後ろへ後ろへと情報をつけ足して書いています。

（課題）　I want a lot of money to ～の形を用いて，地球環境や世界平和のため，または自分以外の人々を幸せにするためにお金がほしい，という文を作りなさい。2文以上になってもかまいません。

　実際に2年生が書いた文を紹介します。語彙選択，単数・複数などの間違いはありますが，意欲的に書いています。

- I want a lot of money *to build* schools in poor countries. In poor countries, they don't have good environments *to study*. But there many children want *to study* at school. So I want *to build* a school for them.
- I want a lot of money *to help* people in trouble. I want *to see* their smile.
- I want a lot of money *to give* a lot of food and clear water to people in Africa.
- I want a lot of money *to plant* a lot of trees *to reduce* CO_2.

受動態の望ましい指導法は？

能動態と受動態の文は単純に置き換えられる関係にない、と言われます。では、受動態をどのように指導していくべきか、導入から表現活動まで指導上の留意点を教えてください。

受動態の指導といえば、「タスキ掛け」による能動態との書き換えが定番です。しかし、この教え方では、言語の形式（form）のみ教え、その使い方は教えません。書き手は文脈の中で能動文か受動文かを選択して使用しています。何を話題に伝えるのか、主語の選択によって後に続く述部の形が変わることと、能動態と受動態がそれぞれ何について何を伝える表現構造なのかを理解させることが指導のポイントです。これをわからずに能動態と受動態を好き勝手に書き換えようものなら、文の流れが台無しになってしまいます（髙橋2011：95-99）。受動態が使用される自然な場面を設定し、受動態の文をたくさん聞かせ、言わせ、書かせましょう。習った受動態の文がそのまま表現活動に使えるように話題を選びます。

1．食材を話題にして

① 導入：乳製品と牛乳パックを用意し、乳製品を話題に導入する

（牛乳を見せながら）We drink milk every day. Also we make many kinds of food from milk.（チーズを右手に持ち、牛乳を左手に持って）For example, cheese is made from milk. What food is made from milk other than cheese? 教師のそれぞれの手にある2つの食品の位置が、受動態の文構造を示します。生徒が「バター」と答えたらバターの箱を見せ、Yes! Butter is made from milk. と答え、バターと牛乳を見せながら文を復唱させます。以下、生徒が乳製品名を言えば完全な文で復唱します。「マーガリン」などの誤答は否定文を使うチャンスです。Margarine? Is margarine made from milk? No. Margarine is not made from milk. 否定文を復唱させ、続けて Margarine is made from vegetable oil. と教えます。乳製品名が出つくしたら、板書して説明します。この説明の中で他の過去分詞を用いる例も紹介します。

② 練習：日常よく目にする食品とその原材料を使って練習する

かまぼこ、豆腐、パン、チョコレート、餅、醬油、ワインなどの絵を左に、その原材料名を右に並べたワークシートを与え、作文して発表させます。

続いて「食品名当てクイズ」を行います。What food is this? It is made from rice. It is eaten on New Year's Day in Japan. A special kind of rice is used to make it. というように、made 以外の過去分詞を使うのがポイントです。クイズ

が終わったら，原稿を配付し文字で確認させます。家庭学習課題として，米，大豆などから作られる食品を主語に，できるだけ多くの受動態の文を作成させます。

③ **表現活動：お米から作られる食品を外国人に紹介する作文，および日本食について質問する外国人に答える Q&A を考える**

②の続きとして生徒に「食品クイズ」を作成させ，発表させます。また，「外国人に和食を説明する」という設定で Q&A を作成させるのもよい方法です。外国人が湯葉やつみれ団子を指して，"What is this made from?" とたずね，日本人が "It's made from soybeans." また，"What is *otsukuri*?" "*Otsukuri* means *sashimi*. Sometimes *sashimi* is called *otsukuri*." といった会話を考えます。

2．話される言語をテーマにして

黒板に外国語名のカード（左側）と国名カード（右側）を用意します。生徒に指名して言語名と国名をマッチングさせます。French-France や Chinese-China のように推測しやすいものだけでなく，Spanish に対して Mexico といった組み合わせも混ぜます。カードの組み合わせが正しければ Yes. French is spoken in France. 間違っていれば，No. Dutch is not spoken in Mexico. といったふうに言い，復唱させます。その後，英語がさまざまな国で使われていることを話し，English is spoken in（国名）. でたくさん文を作らせます。カナダやニュージーランドのように 2 言語が使われる国や，インドなど多言語の国にも話題を広げます。その日の課題として Spanish is spoken in（国名）. の文を 5 文以上書かせます。

3．立場を変えて書く

何かについて自分の立場で書いてから，逆の立場から自分について書きます。教師は導入に用い，生徒には表現活動として取り組ませます。

（例）エミの立場：I'm Emi. I don't like cockroaches. I set many roach motels in our kitchen, but it doesn't work. So I hit the cockroach with my slipper.

ゴキブリの立場：I'm a cockroach. I am not loved by human beings, but I love their kitchens. Many traps are set to catch me. But I am not caught. Oh, no! I was hit with something very big.

その他，廃れつつある道具，まだ普及していない新商品をテーマに，過去形や疑問文を含んだ応答を展開できます。生徒たちにさし絵つきで次のような対話文を考えさせます。

（例）蚊帳の絵を見せて A：Is *kaya* used these days?　B：No, it isn't. It was used when my grandmother was a child. Air-conditioners are used these days, because we have to close the windows when we sleep at night.

現在完了のものの見方と指導法は？

現在完了と過去時制や現在時制との違い，現在完了の３用法の違いを理解させるためにどのように指導すればよいでしょうか。また，どのように指導すればこれらを正しく使い分けられるようになるでしょうか。

　現在完了は「過去の出来事とのつながりで現在の様子を表す」という特性があります。ここでは現在完了を中心にすえて，過去時制や現在時制とどのように違うのか，また「ほのめかされている現在の状況」について明らかにします。
　現在完了の３用法については，特徴がよく現れている場面設定を提示することによって，伝える意味の重点が違うことを理解させることができます。

１．現在時制と過去時制

① 単純現在時制（simple present）とは？

　現在の事実を述べるものですが，表している事柄や事実は現在を中心として過去から未来までを含んでいます。

1) 現在の事実を表す

　My parents *live* in Tokyo.（先月も，今も，来月も住まいは東京である。）

2) 現在くり返して起こることや習慣的動作を表す

　Aki *plays* the piano on Sundays.（先週も，今週も，来週も日曜日にはひく。）

3) 一般的な真理を表す

　Water *boils* at 100°C [100 degree Celsius].（水は摂氏100度で沸騰する。）

② 単純過去時制（simple past）とは？

　単純過去時制は現在とは切り離された過去の事実を述べます。

1) 過去のある時の動作・状態を表す

　Tom *broke* the window yesterday.

　Judy *was* tired after the meeting.

2) 過去のある期間の動作・状態を表す

　When my father went to Osaka, he *took* me with him.

　Mr. White *worked* at the office in 2013.

２．現在完了（present perfect）とは？

　過去の出来事や状態が現在につながりを持っていることを示し，言外に現在の様子が示されます。現在の視座から過去をふり返って述べる言い方です。

① 現在の状態を示している／ほのめかしている例

　I *have finished* my homework.（完了の用法）

（宿題は終えた。→だから、遊びに行ける／TV を見られる／早寝できる）

I *have been* to China many times.（経験の用法）

（中国へは何度も行った。→だから、よく知っている／なんでもたずねて）

Ken *has been* sick in bed since last week.（継続の用法）

（先週から病気で今も闘病中。→だから、宿題できない／今日も欠席）

現在完了は、日本語にはそれに相当する文構造はなく、生徒には理解が難しい文法事項です。学習指導要領で述べられているように、完了／継続／経験といった用法の区別のみに終始することなく、次のように「過去の事実を切り取り、現在と切り離して述べる過去時制」と対比しながら、「現在の状態を示し、ほのめかす現在完了の真の意味」を生徒につかませましょう。

② 過去形との相違点

a. There *was* a traffic accident in front of my school last month.

b. There *has been* a traffic accident in front of my school.

a. の過去時制の文は、「先月、学校の前で交通事故があった」という過去の事実を述べています。もう、そこには事故の痕跡はありません。一方、b. の現在完了の文は、まさにその事故現場に現在居合わせている人の発言です。「学校の前で交通事故があった。重傷者が出ている。すぐに救急車をお願いします！（Send an ambulance as soon as possible!）」と通報するなど緊迫した状況です。

3．現在完了の3用法の導入アイディア

［対比すべき既習の文法事項を意識づけながら明確な状況を設定する→生徒の状況理解→そこに新出文法事項を含む目標文を重ねるように提示する→文脈および関連する既習文との対比から目標文の形式と意味、さらに使い方（機能）に気づかせる→口頭での基礎練習で定着を図り言語活動へ→まとめ］という一連の道筋は、導入過程に共通する手順ですが、特に現在完了では大切です。

① 完了用法の導入例

英語科または他教科で近々提出すべき課題について、その進捗状況を過去時制を使って何人かの生徒にたずねて事実確認を行い、ここで現在完了を導入します。

（例）T：Aki, did you do your homework? Aki：Yes, I did. T：Ken, how about you? Ken：No, not yet.

T：Class, *has* Aki *finished* the homework *yet*? Yes, she has. She *has already finished* it. She can enjoy her free time today, because she *has already finished* it. *Has* Ken *done* it *yet*? No, *not yet*. He *has not done* it *yet*. So he will be busy today to finish it. Good luck, Ken!

② 経験用法の導入例

　遠足や修学旅行の行き先を訪れたことがある生徒を過去時制を使って探します。回数も確認しましょう。ここで目的地を知るその生徒への質問コーナー開始です。
（例）T：Ken, did you visit USJ?　Ken：Yes, I went there with my family.　T：How many times did you go there?　Ken：I went there three times.　T：Class, let's ask Ken some questions about USJ, because he *has visited* there three times and he knows a lot about USJ.　S₁：Did you visit the Wizarding World of Harry Potter?　Ken：Yes, of course.　It was great!

③ 継続用法の導入例

　部活動の試合を取り上げます。事前に週末に試合のあった部活と勝敗情報を入手し，試合のあった生徒に，勝敗やいつ競技を始めたかなどを質問します。
（例）T：Ken, how was the game yesterday?　Ken：We won the game!　T：Congratulations!　He started playing it last year, and he plays it hard this year, too.　He *has played* it *for* two years.　That's why he is a good player!

4．現在完了のまとめ—「現在完了はひとつ！」

　用法，先にありきではなく，native speaker にとって「現在完了のものの見方」はひとつで，次の図のように現在に視座を置いて，過去をふり返って述べる言い方です。（五島・織田1977：84）

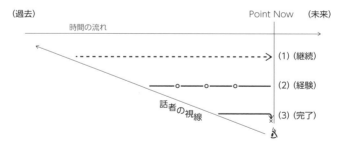

　過去をふり返ったときに，(1)ある状態が現在まで「継続」していることを伝えるときには，期間を表す for 〜や起点を表す since 〜と，(2)過去をふり返って自他の「経験」を述べるときには，その回数が興味の的となるので，three times, many times, never などの語句と，(3)過去から続いてきた動作や状態が今「完了」したことを伝えるときには，just, already や yet などの副詞とともによく使われます。それが用法分類の判断基準となるだけのことで，現在完了のものの見方は1つ。この感覚（core meaning）を生徒につかませましょう。

「It is (for ~) ＋ to 不定詞」の活動例は？

「It＋be 動詞＋(for)＋to 不定詞」の文はライティングの活動で便利に使えます。この文構造を自然な文脈で使用させる活動例をご紹介ください。

「It ... to 構文」と呼ばれ定型表現として教えられる文構造です。結論を早く明確に伝える「前方決定型言語」の英語では，主部が長い「頭でっかちの文」は好まれず，形式主語の it を使ったこの構文がよく使われます。

この構文の利点を理解して用いるとライティングのレベルが上がります。「入試に出る定型表現」としてではなく「ライティングで便利に使える表現」として教えたいものです。

1．活動例「私には簡単だけれど，○○さんには難しい」

It is easy for me to send an e-mail, but it's not easy for my grandmother. / It is easy for us to read long *katakana* names quickly at a cake shop, but it is difficult for old people. といった文例を与え，「自分や自分たちには簡単にできるが，違う人には難しいことは何か」を考えさせます。1文作文なのでどの生徒も取り組みやすい活動です。少し難度を上げて，対になるもう1文「○○さんには簡単だが，私（私たち）には難しい」をつけて2文作文にすることもできます。

It is easy for my grandmother to make a nice cup of green tea, but it is difficult for me.

生徒たちができるようであれば，上記の1文作文の後に具体的な思い出や例を挙げてさらに説明させるとよいでしょう。

(生徒作品例) It is easy for me to send e-mails, but it's not easy for my grandmother. My grandmother lives in Kyushu. She has a mobile phone, but she is not good at sending e-mails. I want to visit her and teach her how to send e-mails. Then I can send her my messages and photos every day and make her happy.

2．活動例「私の弱点」

真主語を構成する to 不定詞句が短く単純な It's difficult for me *to study math*. といった例文がよく使われますが，最終的に It ... to 構文で生徒に身につけさせたいのは，この構文にふさわしい長く複雑な to 不定詞句を構成することです。といっても生徒は最初から付加情報の多い to 不定詞句が書けるわけではありません。to 不定詞句の例をたくさん与えて利用させることで理解を深めさせます。

また，いきなり「私の弱点」という題で書くように指示しても生徒は戸惑うば

かりですが，生徒の生活を観察し，できた方がよいが難しそうな行動を to 不定詞句で与え，選んで説明させる方法だと生徒はおもしろがって書きます。書いた作文を生徒同士で読み合い，意見交換をすれば，教室に笑い声が響く活動になります。

(課題)「次の中から自分の苦手なことを選び，例にならって，説明しなさい。作文の最後は級友に問いかける形式にしなさい。」

(事例) to keep a diary every day / to practice the recorder / to get up by myself / to cook lunch by myself / to study for 2 hours every day / to keep my room neat and clean / to come to school early / to sew buttons on など

(生徒作品例) It is difficult for me to cook lunch by myself. I don't know how to cook. I eat cup noodles when no one cooks for me on Sundays. Is it easy for you to cook? Can you make a *bento* by yourself?

　生徒は作文を書いた後，ペアの相手に自分の作文を読み上げ，そして相手の意見を聞きます。もちろん生徒同士で活動をさせる前に，生徒の一人に作文を読み上げてもらい教師が意見を述べてみせます。

3．活動例「若者にとって大切なことは」

　生徒たちがある程度この文構造に慣れてきたら，to 不定詞句をできるだけ長く構成するライティングに取り組ませます。

(課題)「What is important for young people to do? この答えを，to 不定詞部分が 7 語以上になるように工夫して書きなさい。」

　生徒たちは 7 語以上という条件をクリアするためにさまざまに工夫をします。それがますます表現意欲を高め，プラス 1 文の作品を書く生徒も現れます。生徒たちの力作をプリント 1 枚にまとめて与えると，熱心に読み，友人の優れた点を次回の自分のライティングに生かそうとします。また，リーディング教材での It is ... to 構文の不定詞部分にもよく注意を払うようになります。そうして，後ろへ後ろへと情報を付加する英語の表現方法を身につけていきます。

(生徒作品例)

- It is important for young people *to watch news on TV and read newspapers every day*. We must open our eyes to the world.
- Which do you read, books or comic books? It is important for young people *to read more books and not to read comics*.
- It is important for young people *to write more letters and postcards, not e-mails*. We have to write formal letters and cards when we become adults.

「tell / want＋人＋to 不定詞」を身につけさせるには？

「主語＋tell, wantなど＋目的語＋to 不定詞」の文構造を理解させ，自分のものにさせるよいアイディアはありませんか。

これは教師にすればさほど難しいと思えないのに，生徒が苦手とする文構造の1つです。誰が，誰に，どのようなことを依頼したり，命令したりしているのかが明快に理解できる場面を用いて教えたいものです。

1．昔話を使って導入

昔話のよく知られた場面を用います。仙女がシンデレラに12時までに帰るように言う場面，浦島太郎が子どもたちに亀を自由にしてやるように頼む場面，乙姫が浦島太郎に竜宮城にとどまるようすすめる場面，お母さんが赤ずきんちゃんにおばあさんのお見舞いに行くように言う場面などの絵を用意します。

例．舞踏会に出かけるシンデレラと見送る妖精の絵を見せて，
T：What did the fairy say to Cinderella?
Ss：Come back by 12 o'clock.
T：That's right. The fairy *told* Cinderella *to come back by 12 o'clock*.
Ss：The fairy told Cinderella to come back by 12 o'clock.

用意した絵について同様に対話と復唱を行い，生徒が今日の目標文の文構造をだいたい理解したら，板書し説明します。

2．アニメのキャラクターや身近な人物を使って練習

(1) 生徒たちが幼い頃から親しんでいるアニメの登場人物を，主語や目的語に自由に選んで用いる「主語＋ask＋目的語＋to不定詞」の1文作文の活動例です。

誰が	頼む / 頼んだ	誰に	to ＋動詞 (～してくれと)
Nobita		me	buy
Maruko		Doraemon	help
Katsuo	ask / asked	her mother	cook
Luffy		Sazae	make
Anpan-man		Chopper	give
I		Uncle Jam	let me use

ワークシートは文字だけでなく，アニメのキャラクターを絵で示すのが生徒を乗せるコツです。教師が次ページの例のように作文してみせると，生徒は喜んで文を作り発表します。班ごとに1枚の紙に書いて傑作を選び，黒板に書きます。

クラス全体で読み，間違いを訂正し，アイディアを出し合ってさらにおもしろい文にします。

　　例．Maruko asked Doraemon to open Dokodemo Door for her.
(2) tell は親の小言と先生の説教場面を用います。親が子どもに "You are always watching TV. Study more! Study harder!" と叱っている絵と My father tells me to study harder. という文を，また，図書室で騒ぐ生徒たちに "Be quiet here, or you must leave the library." と注意する先生の絵と The teacher told the students to be quiet. という文をモデルとして与え，生徒に作文させます。

(生徒作品例)　• My mother told me to sleep in my bed, not in *kotatsu*.
　　　　　　• Mr. Toda told me to clean our classroom.

　なお，「not to 不定詞」は中学校では扱わなくてもよいのですが，生徒は「〜しないように言った」という文を書きたがります。例として教室で野球をしていてガラスを割り，先生に "Don't play catch in the classroom." と叱られている生徒たちの絵と The teacher told them *not to play* catch in the classroom. を与えて，not to 不定詞を用いた文を書かせてもよいでしょう。

3．家族への願い，家族の願い

　生徒に "What do you want your (mother) to do? Doesn't your (mother) want you to get up early?" とたずね，さらに "What does your (mother) want you to do? Your (mother) wants you to live happily every day, doesn't she?" などと問いかけて文を書かせます。これは1文作文でもかまいませんが，なぜそういう願いがあるのかについての説明を書かせ，数行のエッセイにしてもよいでしょう。

(生徒作品例)　My mother wants me not to fight with my sister. She is always noisy when I am studying. I want my sister to be quiet. If she is quiet, I won't have any argument with her.

4．人間や社会への訴え

　動物や社会的弱者の立場になって，「I want you ＋ to 不定詞／not to 不定詞」の文を用いて，社会に向かって行動の変化を呼びかける文を書きます。

(生徒作品例)　I am a dugong living in Okinawan Sea. I want you to stop destroying our beach. We need the beautiful ocean to live. We want you to make efforts to keep the nature of Okinawa.

　また，「I want more young people ＋ to 不定詞」の形を与え，同年代の若者に呼びかける文を書かせてもよいでしょう。

間接疑問文を理解させるアイディアは？

3年生で学力中位から下位の生徒が最も苦手にするのが間接疑問文です。間接疑問文をわかりやすく指導するためのよいアイディアはありませんか。

　間接疑問文は，疑問文の書き換えを中心に学習すると，語順操作，時制の一致など注意すべき事項が多く，学力中位から下位の生徒の多くはついて来ることができません。一方，上位の生徒も単なる書き換え練習だけだと間接疑問文の必要性がわからず，その場しのぎの学習になっていることがあります。その結果，高校で間接疑問文を含む文の語順正序問題が出されてもできないことが多いようです。通常の疑問文とのニュアンスの違い，使用場面の違いを教え，間接疑問文の使い方に興味を持たせましょう。

1．2つのタイプの疑問文を比べる

　質問に対してYesかNoで答え，Yesの場合は自分にわかる範囲で答えをつけ加えるよう指示して間接疑問文を用いて質問します。「関西の動物園」などのトピックを用意し，写真や物を見せながらDo you know what these are? Could you tell me where I can see koalas in Kansai area?といった間接疑問文を含む質問をどんどん与えます。生徒が答えられそうな質問にし，文の形式よりも意味に注目させます。

　次に，この日の授業で用いている疑問文は今までのものとは異なることを伝え，「今までの疑問文と新しいタイプの疑問文を比べてみよう」と言います。

　質問に答えられそうな生徒を選び，インタビューを受けるという設定で前に座らせ，教師が質問します。"What is your hobby? / How long do you usually study at home? / What are you going to do next Sunday?" など。

　同じ生徒に「インタビューをやり直します」と言って，次のようにもう一度質問します。"Excuse me, could you tell me what your hobby is? / I'd like to know how long you usually study at home. / May I ask you what you are going to do next Sunday?"

　2回のインタビューの後，どのような印象を受けたか生徒同士で話し合わせ，発表させます。インタビューを受けた生徒にも感想をたずねます。生徒たちが「後のタイプ（間接疑問文）の方がていねいな印象がある」と答えるとはかぎりませんが，両者の違いを考える機会を与えることが大切なのです。

2．違いを説明する

　ドリーム・キャッチャーやセパタクロ用のボールなど珍しいお土産品を用意し，

土産物店で客が商品についてたずねる場面を設定します。(1) What's this?　(2) Could you tell me what this is? の２つの問いを示し，(1)でたずねると子どもっぽい響きがあること，(2)でたずねると商品名だけでなく，「何に使うものか」といった情報も添えて返事が得られやすいことを説明します。日本語でも問答してみせるとわかりやすいでしょう。板書した２つの疑問文を復唱した後，生徒が客になって教師と対話します。珍しい小道具があると，生徒たちは喜んで取り組みます。

(1) S₁：*What's this?*（これは何ですか。）
　　 T：A dream catcher.（ドリーム・キャッチャーです。）
(2) S₁：Excuse me. *Could you tell me what this is?*
　　　　（すみませんが，これって何なのか教えていただけませんか。）
　　 T：It is a dream catcher. Please hang it over your head at night. It will catch only good dreams you have, and let bad dreams go away.
　　　　（ドリーム・キャッチャーっていいます。寝るとき枕元につるしてください。あなたの見るよい夢だけ捕まえてくれて，悪い夢は追い払ってくれますよ。）

３．間接疑問文の作り方の説明と練習

単純に Who are you? → who you are, What do you mean? → what you mean といった，疑問詞で始まる疑問文を間接疑問の語順に変える練習も必要です。その際，生徒は "Who broke this window?"（→Do you know who broke this window?）など，疑問詞が主語になっている特別疑問文が苦手なので，それ以外の疑問文とは分けて練習問題を作ります。

できた間接疑問文に I wonder / Do you know / Could you tell me / I don't know などをつけると，もとの疑問文で質問するよりも大人としてふさわしいたずね方になることを教えます。

４．スキット練習

間接疑問文を作る練習だけでは定着しません。生徒同士で間接疑問文を用いたスキットや，１．で行ったようなインタビューを行います。

(観光案内所での会話のスキット例)
A：Excuse me. <u>Can you tell me where I can buy some souvenirs?</u>
B：Sure. Look at this map. <u>Do you know where you are?</u> You are here, and this is Midori Department Store. There are a lot of shops around it.
A：OK. I will go there. <u>Can you tell me what I should buy?</u>
B：Well ..., how about (　品物名　)? It's (　説明を入れる　).

現在分詞,過去分詞の後置修飾を教えるコツは？

形容詞の働きをする現在分詞,過去分詞の用法の指導のポイントを教えてください。

1．進行形と受動態で,動詞の -ing 形と -ed / -en 形の復習を！

分詞の形容詞用法の指導に入る前に,形容詞の働きの用法で使える分詞を含む文を中心に進行形と受動態の文を復習しておきます。指導で使いそうな動詞をピックアップした「原形―現在分詞―過去分詞」の変化表を作って活用します。

2．指導は聞き取りから

現在分詞,過去分詞のいずれから指導してもかまいませんが,聞き取り中心の活動から入ります。現在分詞は目で見える動作や動きが多いので,たくさんの人物が何かをしているパノラマふうの絵を用い,人物に番号をふります。そして英語で説明し,どの人物かを当てさせます。

(例) Which boy is Sam? He is the tall boy throwing a ball to Ken.

過去分詞は視覚的に表せないものが多いので,3択ないし4択のクイズにするとよいでしょう。

(例) 問1．What is this? It is the language spoken in Hawaii.〔ア．French　イ．English　ウ．Japanese〕

　　問2．What is this? It is the symbol used for a post office?〔ア．⊕　イ．〒　ウ．⌂〕

　　問3．Which one is this? It is the song sung by Michael Jackson.〔ア～ウ,異なる歌手の歌の一部を流す。〕

クイズの答えはさまざまなジャンルから選び,生徒を飽きさせないようにします。

3．聞いて理解できた英文を文字で確認する

過去分詞や現在分詞による後置修飾を含む文は,それぞれよく似た受動態の文や進行形の文と比較して意味や文構造の違いを確認させます。

4．名詞をさまざまな語句で修飾する

例えば,車の絵を黒板中央に貼ります。red / super / used / stolen / rattling / made in Italy / running along the river / in front of the bank などの修飾語句をカードに書いて用意しておきます。前に置くカードと後置するカードに分けながら車のまわりに貼りつけ,例えば,The police found *the **stolen** car*. / Tom had *a car **made in Italy***. / Look at that ***red super** car **running along the river***. などのように文で言わせます。

関係代名詞と接触節の効果的な指導は？

関係代名詞は話しことばではあまり使用されませんが，書きことばではよく使用されます。中学校段階ではどのように，どの程度まで指導しておくべきでしょうか。接触節の指導と併せてお願いします。

中学校で扱う関係代名詞は，主格・目的格の who, which, that で，目的格の whom と所有格の whose は扱いません。接触節については，どの教科書も「接触節」という名称は用いておらず，その指導順序は，母語話者の言語習得の順序に沿って関係代名詞より先に扱う教科書と，伝統的な学校文法の枠組みで関係代名詞の学習後に目的格関係代名詞の省略として扱う教科書とに分かれます。

1．聞いて理解することから指導する

関係代名詞の文の読み書きは難しいですが，語彙さえわかれば聞いて理解するのは容易なので，指導は聞き取りから始めます。3択クイズ形式で与えれば，生徒は聞き取りを通して，関係代名詞を使った文の特徴を理解していきます。
（例）〔ア. Nohara Shin-no-suke　イ. Isono Katsuo　ウ. Nobi Nobita 〕

クイズは "Who is this boy? He is a very active boy who lives in Tokyo with his two sisters. One of his sisters is older than him and the other is younger than him." です。生徒は in Tokyo でアを除外し，two sisters でウを除外して正解に至ります。このように，クイズは生徒におなじみの人物から始め，歴史上の人物や科学者など3年生にふさわしい話題に移り，その中でさまざまな文例を与えます。多くの用例を聞くことで，生徒たちは関係代名詞節によって修飾される名詞句（NP：noun phrase）の音調やポーズについても注意を払うようになります。

2．情報をつけ足して名詞の意味を狭め限定する働きを理解させる

関係代名詞の指導では2文を1文につなぐ操作を最初に教えがちですが，これには自動詞と他動詞の区別や主語，目的語の理解が求められ，生徒にはハードルが高い練習で，先行詞が主語のいわゆる「埋め込み型」の関係代名詞節では，誤りを誘発します（髙橋2011：164-167）。補語か目的語を先行詞とする「文末追加型」の文を用意し，主節と従属節（関係代名詞節）に分けて生徒に与えてマッチングさせたり，主節だけ与えて従属節部分を作文させたりしながら，先行詞を修飾し，その対象を制限・限定していく関係代名詞の機能を理解させます。

（課題）「Mother Teresa was a ［the］ Catholic sister ... に続く文の後半を who ＋動詞の形を用いて作文しなさい。」

　〜 who was given the Nobel Peace Prize in 1979. ／ who worked for the poorest people with love all her life. など工夫して作文させます。従属節部分を自由に作る経験をさせた後，2つに分けて表現できる単文を関係代名詞でつないでいることを教えます。冠詞 a と the の選択を学び直すチャンスでもあります。十分に慣れ親しませた後，主語を修飾する文の指導へ進むとよいでしょう。

3．素早く意味を捉える方略を教える

上記のマザーテレサに関する英文を例に取ると，「マザーテレサは1979年にノーベル平和賞を授与されたカトリックの修道女です」という訳し方だけでなく，「マザーテレサは，カトリックの修道女で，ノーベル平和賞を授与された，1979年に」と，前から後ろへ一方向に素早く直読直解していく方略も指導しましょう。

4．関係代名詞を使うにふさわしい内容で書かせる

関係代名詞を使って2文を1文にする練習では I have a friend *who is very tall.* といった文がよく見受けられますが，I have a very tall friend. と書けばよい内容です。関係代名詞は書きことばで多く用いられ，関係代名詞を用いて書くに足る情報を運ぶためにあることを生徒に教えましょう。例えば，こんな文を与えます。I have a friend *who can dunk a basketball like an NBA player.*

5．関係代名詞を文脈の中で使用させる

関係代名詞を含む文の練習ばかりではなく，文脈の中で用いる練習も大切です。3文程度のモデルを与え，生徒に書かせましょう。

(例) I have a friend who plays the piano very well. He wants to be a pianist and practices very hard. I hope I can listen to his performance in a big hall someday.

6．接触節は口語表現として使わせる

目的格の関係代名詞を省略するのは「先行詞と修飾する文の関係が簡単明瞭なとき」で「口語文では関係代名詞を省略した文が好まれ」(織田2010：326-327) ます。「目的格関係代名詞は省略できる」という説明で済ませず，接触節の文をしっかり口頭練習させ，Q&A やスピーチの中で実際に使う機会を与えましょう。また，音声指導として，先行詞の次に来る主語はポーズを置かず弱く発音され，その後に来る動詞に強勢が置かれることをきちんと身につけさせましょう。

(課題ショートスピーチ) What is the movie you want to see again?

(生徒スピーチ例) The movie I want to see again is *Roman Holiday*. It is a very old, black and white movie, but the most beautiful movie I have ever seen. I want to visit Rome someday and walk around like the heroine of this movie.

Q&A の場合も映画名ともう一度見たい理由を1〜2文つけ加えて話させます。

後置修飾構造のまとめ方は？

to 不定詞の形容詞的用法や関係代名詞が導く形容詞節による名詞の後置修飾構造は，生徒にとってなかなかの難物です。これらを一括してプリントにまとめて説明してみようと思いますがどうでしょうか。

1．文法指導のグランド・マップを頭に描く

　新しい文法事項を導入する際には，関連する文法事項を復習して一層の定着を図るとともに生徒たちにそれを強く意識させてから，目標文法事項を提示すると効果的です。そうすることで，生徒たちは既習事項と新しい事項を「対比」して，それらの表す形式，意味，機能（form, meaning, function）の違いに気づきます。

　新しい事項だけを目を皿のようにして見ていてもダメで，既知の似たものと対比することで，その正体が明確にわかるのです。教師にとって，関連する文法事項を適切かつ的確に取り出し，対比しながら提示することが重要になります。また，いわゆる「文法のまとめ」の際に，関連する文法事項を適宜まとめて整理してあげることの重要性は言うまでもありません。

　学習指導要領（2008年公示）でも，文法事項の取り扱いについて，「英語の特質を理解させるために，関連のある文法事項はまとまりをもって整理するなど，効果的な指導ができるよう工夫すること」と記されています。しかし，教科書では関連する文法事項が順番に連続して登場するわけではありません。教科書の配列順序のみにとらわれず，教師自身が自分の頭の中に3年間で指導する文法事項のグランド・マップとグランド・デザインを持っていることが求められます。

2．英語の修飾構造をまとめる

　例えば，関係代名詞を指導する際，多くの教科書でその直前の課に出てくる現在分詞や過去分詞による後置修飾構造がそれと関連することには誰しも気づくでしょうが，本稿の質問者のように「形容詞用法の不定詞」と関連づける目を持っている教師は多くはないかもしれません。「to 不定詞」と聞けば，すぐ名詞的用法・副詞的用法・形容詞的用法と to 不定詞の中だけの視野になりがちですが，視点を変えて「どんな○○？」と名詞のまとまり（NP）に着目すれば，形容詞的用法の to 不定詞も名詞を修飾する構造の1つであることに気づきます。ここでは，「どんな犬？」を例にして考えてみましょう。

　以下にまとめるように，英語における「名詞の修飾のしかた」は，易から難まで中学校3年間ですべて出てきます。最初は，a *white* dog, a *big black* dog, a *big awful black* dog のような形容詞1語もしくは2，3語による日本語と同じ語順の

前置修飾で，現在分詞や過去分詞も1語の場合は形容詞と同じ感覚で，a *running dog*のように名詞の前に置かれます。英語における前置修飾（pre-modification）はここまでで，その他はすべて後置修飾（post-modification）となります。

1年生が接する最初の後置修飾構造を持つNPは，a dog *in the yard* のような前置詞句です。この後，通常2年生に登場するのが a dog *to feed* のような to 不定詞を使った動詞句。3年生では，a dog *running in the yard*, a dog *caught in the town* のような現在分詞・過去分詞を使った動詞句を学習します。そして，最後に学習するのが，より複雑で長い修飾を可能にする「文による名詞の修飾」，a dog *that leads a blind person*（盲導犬）のような関係代名詞を使った節（clause）による後置修飾構造です。

中学校で学習する名詞の修飾構造を次にまとめてみます。

英語の名詞修飾テクニック：「どんな犬？」

(1) 形容詞で修飾：a *white* dog, a *big white* dog
　　（現在／過去分詞1語での修飾）：a *running* dog, an *abandoned* dog

(2) 前置詞句で修飾：a dog *in the yard*, a dog *on the sofa*

(3) 動詞句で修飾：a dog *to feed*, a dog *to walk with*
　　　　　　　　〜 to 不定詞の形容詞用法
　　a dog *running around in the yard*, a dog *sleeping on the sofa*
　　a dog *loved by kids*, a dog *caught in the town*
　　　　　　　　〜現在分詞／過去分詞

(4) 文（節）による修飾：a dog *that* [*which*] *leads a blind person*
　　　　　　　　〜主格の関係代名詞節
　　the dog *my father bought in German*　〜接触節
　　= the dog *that* [*which*] *my father bought*　〜目的格の関係代名詞節

関係代名詞といえば「2文を1文につなぐ」指導法や練習が定番ですが，このような「どんな○○？」というNPの視点を持てば，伝統的指導法の固定観念を打ち破る新たな指導法の発想が浮かんでくるかもしれません（髙橋2011：164-167）。「教わったとおりの教え方／慣れ親しんだ教え方」からの脱却を図りましょう。

3章

4技能の指導
── 学習活動, 言語活動と統合的活動

- **Q 3-1** 学習指導要領を反映した4技能到達目標の作成方法は？ ……… 92
- **Q 3-2** 答え合わせで終わらないリスニング指導は？ ……… 94
- **Q 3-3** 英語を話すスピードに慣れさせるには？ ……… 95
- **Q 3-4** 聞く力を伸ばす英語の聞かせ方は？ ……… 96
- **Q 3-5** 聞く力を伸ばすのに効果的な活動は？ ……… 98
- **Q 3-6** コミュニケーション活動に生きるドリルとは？ ……… 100
- **Q 3-7** 生徒たちを引き込む意味のあるドリルとは？ ……… 101
- **Q 3-8** 自分のことや意見を話す活動のコツは？ ……… 102
- **Q 3-9** 単語レベルから文レベルの発話に持っていくには？ ……… 104
- **Q 3-10** スピーチやスキットのさせ方は？ ……… 106
- **Q 3-11** スピーチ指導の到達目標や指導計画の立て方は？ ……… 108
- **Q 3-12** 詳細理解のさせ方は？ ……… 110
- **Q 3-13** Pre-, While-, Post readingの効果的な発問は？ ……… 112
- **Q 3-14** 多読指導の始め方は？ ……… 114
- **Q 3-15** 3年間を見通したライティング指導計画の立て方は？ ……… 116
- **Q 3-16** 「書く内容がない」という生徒への指導は？ ……… 118
- **Q 3-17** 文のつながりがあるライティング指導とは？ ……… 120
- **Q 3-18** 日頃の授業で行うライティング活動の進め方は？ ……… 122
- **Q 3-19** パラグラフ・ライティングを指導するコツは？ ……… 124
- **Q 3-20** 統合的な活動の意味とよい具体例は？ ……… 126
- **Q 3-21** 教科書に出ている統合的な活動のやり方は？ ……… 128
- **Q 3-22** 教科書本文の内容を生かした統合的な活動の方法とは？ ……… 130

 **学習指導要領を反映した4技能到達目標の作成方法は？**

学習指導要領には到達目標という表現が使用されておりませんが，学習指導要領を反映した4技能の到達目標を作成すればどのようなものになりますか。本校の到達目標設定の参考にしたいのです。

1．学習指導要領から4技能の到達目標への考え方

　学習指導要領の抽象的な文言を，英語で「何をできるようになればよいのか」，生徒たちにもわかりやすい具体的なことばに置き換えていきます。最終的には「生徒が…できる」という学習到達目標（CAN-DO）に置き換えます。「学習到達目標」は，教師の指導目標であり，生徒のめざすゴールです。その目標を見ると教室でどのような活動を行い，何ができるようになればよいのかがわかる目標にすることが大切です。(⇨ Q1-1)

2．学習指導要領の目標をより具体的な学習到達目標に変える例

　まず指導要領の目標の「親しみ」「話し手の意向」「自分の考えなど」を具体的に定義し，何をどのようにすれば到達できるのかがわかる文に変えていきます。
(1) 英語を聞くことに慣れ親しみ，初歩的な英語を聞いて話し手の意向などを理解できるようにする。
　　　例えば，「聞くことに慣れ親しみ」を「先生やCDなどの英語を細かいところがわからなくても曖昧さに耐えて，聞き続けることができる」という到達目標にすることができます。以下，他の目標も同様に考えていきます。
(2) 英語で話すことに慣れ親しみ，初歩的な英語を用いて自分の考えなどを話すことができるようにする。
　　⇒「今まで習った英語を使い，1文でも多く自分のことを話すことができる」
(3) 英語を読むことに慣れ親しみ，初歩的な英語を読んで書き手の意向などを理解できるようにする。
　　⇒「まとまった英語の文章を抵抗なく読み，5W1Hの概要をつかむことができる」
(4) 英語で書くことに慣れ親しみ，初歩的な英語を用いて自分の考えなどを書くことができるようにする。
　　⇒「今まで習った英語を使い，1文でも多く自分のことを書くことができる」

3．4技能の言語活動をより具体的な学習到達目標に変える例

　学習指導要領で言語活動に関して述べられている各項目も同様に，何をどのようにすれば到達できたと言えるのかがわかる文に変えていくとよいでしょう。以

下,各技能につき2つずつ取り上げ,学習到達目標の例を示したいと思います。
ア　聞くこと
　(ウ)　質問や依頼などを聞いて適切に応じること。
　　　⇒「質問の意味や質問者の意図を理解して,適切に答えることができる」
　(エ)　話し手に聞き返すなどして内容を正しく理解すること。
　　　⇒「先生や友達のことばがわからないときや,くり返してほしいときなどに,適切な表現を用いて対応し,引き出した相手の応答を理解することができる」
イ　話すこと
　(ウ)　聞いたり読んだりしたことについて,問答したり意見を述べ合ったりすること。
　　　⇒「教科書本文を読み,感想など自分の意見を述べることができる」
　(エ)　つなぎことばを用いるなどいろいろな工夫をして話が続くように話すこと。
　　　⇒「1文で終えてしまうのではなく,つなぎことばを用いて,考える時間を作り,考えながら話を続けることができる」
ウ　読むこと
　(ウ)　物語や説明文などのあらすじや大切な部分を読み取ること。
　　　⇒「物語を読み,登場人物がいつどこで何をしたかなど,話の筋を読み取ることができる」
　(エ)　伝言や手紙などから書き手の意向を理解し,適切に応じること。
　　　⇒「伝言や手紙を読み,書き手の意向を理解して,返事を書くことができる」
エ　書くこと
　(ウ)　自分の考えや気持ちなどが読み手に正しく伝わるように書くこと。
　　　⇒「日記などを書く際に,事実だけでなく,自分の感想や考えなどをつけ足して書くことができる」
　(エ)　伝言や手紙などで読み手に自分の意向が正しく伝わるように書くこと。
　　　⇒「依頼状を書くときなど,何をしてほしいかが相手に明確に伝わる文章を書くことができる」

　以上,ここでは「学習指導要領」の目標を具体化した例を示しましたが,実際の指導では,取り扱う文法事項,教科書の題材や言語活動の内容,学年の発達段階に応じて,学習する生徒自身に「できた／できなかった」がわかる具体的な学習到達目標を提示することが大切です。

答え合わせで終わらないリスニング指導は？

リスニング活動を行いますが，答えを合わせて終わりになってしまっています。より有意義な活動にするために，答え合わせの後，どのように指導したらよいのかを教えてください。

1．リスニングテストとリスニング指導は別物

リスニング活動でよく見かけるのが，答え合わせをして終わりというものです。これではテストになってしまいます。この場合，答えが合っていた生徒はよいのですが，間違った生徒には聞き取れなかった箇所がそのまま放置されることになります。どこが聞けなかったのか，どうして聞けなかったのかを確認し，次の機会に聞けるようになるための指導が必要です。

2．答えが合っていなかった生徒への手立て

まず，もう一度聞かせてみましょう。答えがわかった後でもう一度聞くことで答えにあたる部分が聞きやすくなりますので，この段階で「ああ，そうだったのか」と気づく生徒が出てきます。

その際にどこが聞けなかったか，どうして聞けなかったかがわからなかった生徒たちへの対処として，次のようなことが考えられます。

① ポーズを取る

ある程度のかたまり（段落など）でポーズを取ってあげれば，生徒にそこまで聞いたことを処理できる時間が与えられるので，理解の助けになります。

② ヒントを与える

どこが大切なポイントかわからなくなっている場合があります。そこで「意味を伝えるために大切な語句は強く発音されるので，強く発音される語句に注目してごらん」など，聞くポイントを絞るためのヒントを与えた後，もう一度聞かせることも理解の助けになります。

③ スクリプトを配る

スクリプトを見ながら聞かせ，自分が聞けなかった箇所にアンダーラインをさせます。語句の意味自体がわからない場合は，辞書を引いて確認させたり，その意味を教えたりした後，もう一度聞かせます。読めば意味がわかるのに聞き取れなかった箇所は，弱化や音変化が原因です。この場合は，発音のしかたを教え，音読練習させます。その後，スクリプトを見ないでもう一度聞かせます。

このように聞き取れなかった原因を見つけ，それへの対処法を教えることが大切です。

英語を話すスピードに慣れさせるには？

授業で私が英語を使うと、「先生、話すスピードが速い」と言われてしまいます。スピードに慣れさせるためには、どうしたらよいでしょうか。

1．まずは慣れさせるための teacher talk から

生徒は英語を聞くことに慣れているでしょうか。つまり生徒に英語を聞かせる頻度の問題です。先生はどのくらい英語を教室で話していますか。先生が率先して英語を話すことが、生徒が英語をたくさん聞く環境、英語に慣れ親しむ環境作りに不可欠で、それがひいては自ら英語を使う生徒の育成につながります。

話す内容は "Repeat after me." のような指示（いわゆる「クラスルーム・イングリッシュ」）だけでなく、small talk など担任の先生が学活で話すようなちょっとした雑談をイメージしてください。生徒にとって身近な話題で話すことも理解を促すコツの1つです。身近な話題を聞いているときは、生徒たちは話題の背景知識（schema：スキーマ）を利用し、推測しながら聞くことができます。これが理解の大きな助けになるのです。（⇨ Q1-19 , Q3-4 ）

2．スピードに慣れさせるための話し方の工夫

次に話し方を変えることです。「速い」と言われたからスピードを落とすのではなく、ポーズを取るなど話し方を工夫してみましょう。

大切な語句はくり返して言う、パラフレーズする、具体例を挙げるなど、スピードを落とすのではなく、何度もくり返すことで生徒に理解できることを実感させましょう。

さらに話し方の工夫で大切なのは、one way でなく、生徒と interactive に話すことです。一番簡単にできるのは、「生徒に質問を投げかけること」です。投げかければ生徒が理解しているかどうかがわかります。理解していなかったら、上に挙げたくり返す工夫をしてみましょう。

3．生徒を active listener にさせる

生徒たちに、聞いてわからないときに聞き返す表現（Pardon? / Sorry. I don't understand. / Could you repeat that again? / Could you say that again? など）を教えることも1つの方法です。

また、こういう表現が使えなくても、わからないときは表情など non-verbal で示すことを奨励してあげるのも大切です。

このようなコミュニケーション方略（⇨ Q8-9 ）の指導で生徒を active listener に育てましょう。

聞く力を伸ばす英語の聞かせ方は？

日々の授業を通して生徒の聞く力を伸ばしたいと思います。教師の話す英語や教科書本文の聞かせ方など，工夫すべき場面や活動，工夫のためのヒントをご紹介ください。

授業で生徒にできるだけ多くの英語を聞かせることがリスニングの力を伸ばすことにつながります。では，どのような場面でどのように英語を聞かせるのがよいのでしょうか？ 生徒の聞く力を伸ばす英語の聞かせ方について考えてみます。

1．Small Talk を取り入れよう

授業中の教師の英語での語りかけを教師発話（teacher talk）と呼びますが，その多くは教師による生徒への指示になりがちです。教師が身近な話題について，できるだけ自然な英語を使って生徒に聞かせる活動を日々の授業にもっと取り入れてみてはどうでしょうか？ "Let's start today's lesson." と言って授業を始めるのではなく，教師が，最近経験した出来事や身近なニュースについて平易な英語を使って話すこと（small talk）から始めましょう（⇨ Q3-3,5 ）。ALT との TT であれば，生徒にとって興味深い ALT の経験を対話から聞き出すことができるはずです。必ずしも，その内容を学習する文法事項と関連させる必要はありません。大切なことは，生徒に自然な英語をできるだけ多く聞かせることです。teacher talk は，生徒に多くのインプットを与えるだけではなく，英語を聞く楽しさを味わわせることもできるのです。

2．教科書本文の聞かせ方

次に，生徒の聞く力を伸ばす英語の使用場面として，教科書本文の聞かせ方について考えてみましょう。

① 生徒の興味・関心を引き出す

"Open your textbooks and listen to the CD." と言って教科書本文の英語を聞かせることも可能ですが，もっと生徒の興味・関心を引き出しながら教科書の学習に取り組ませることを考えてみてはどうでしょう。教科書本文を聞かせる前に行いたいことは，本文の内容に関するオーラル・イントロダクション／インタラクションです。オーラル・イントロダクションでは，教師が本文の内容を絵や写真などの視覚教材も必要に応じて提示しながら生徒に理解可能な英語で伝えたり，生徒とのインタラクションを行ったりして生徒の持っている背景知識を引き出すようにします。新出単語や語句の意味もこのときに導入しておくと，本文を読むときに理解しやすくなります。（⇨ Q1-9 ）

② 聞き取るポイントを示す

　オーラル・イントロダクションを行った後に，教科書準拠のCDを使って教科書本文を生徒に聞かせます。生徒はオーラル・イントロダクションですでに本文の概要や新出語句についてある程度理解しているので，本文の英語を聞き取りやすくなっているはずです。CDの代わりに教師が本文を読み聞かせてもよいでしょう。この場合，ただ漠然と聞かせるのではなく，聞く前に生徒に聞き取りのポイントを提示しておくことが大切です。内容のポイントに関する質問をいくつか与えておきます。そうすることによって生徒の聞き取りの負担を軽減することもできますし，何が聞き取るうえで大切なのかを理解させることも可能になります。

③ まず教師の話す英語を聞かせる

　生徒にできるだけ自然なスピードの英語を聞かせることは必要ですが，生徒がそれを理解できるようになるまでに，ステップを踏んで指導することが大切です。いきなり教科書準拠のCDなどを聞かせるのではなく，まず，教師の話す英語をたっぷり聞かせましょう。なぜなら，教師は生徒の理解度を確認しながら，生徒の理解度に応じて話す英語を調整することができるからです。教科書の音読指導の場合も，CDばかりではなく，できるだけ教師の範読（model reading）を聞かせながら指導を行いたいものです。（⇨ Q4-13）

3. ディクテーションやディクトグロスに取り組ませる

　生徒の聞く力を伸ばす活動にディクテーションがあります。英語を聞いて，それを書き取る活動です。英文の一部を聞き取らせる場合もありますが，英文全体を書き取らせることをすすめます。生徒にとって，冠詞や前置詞など弱く発音される語や連結・同化・脱落など，音が変化する箇所の聞き取りは難しく，それができないために文の意味が理解できないことがよくあります。ディクテーションに継続的に取り組ませることによって，生徒の聞く力だけでなく表現力をはじめ英語の総合力を伸ばすと言われています。聞き取らせる英文の量は学習者のレベルに応じて変えます。

　生徒がディクテーションに慣れてきたら，ある程度まとまりある文章を聞かせ，その後ペアやグループで聞いた文を再生させるディクトグロス（dictoglos）に挑戦させましょう。教師は自然なスピードで文章を2回読みます。生徒は，1回目は聞くだけですが，2回目はメモを取りながら文章を聞きます。そして，メモに基づいて個人で文章を再生します。その後，ペアやグループで意見交換を行いながらテキストの再生を行います。この活動は，文の意味とともに形式（form）にも注目させる方法で，生徒の表現力も大いに高めます。

 **聞く力を伸ばすのに効果的な活動は？**

「聞くこと」の言語活動として，ディクテーション，ノートテーキングやサマリーなどさまざまな活動が考えられますが，中学生の聞く力を伸ばすのに効果的な活動の具体例をご紹介ください。

1．「何を，どのように」の視点から活動をトータルに考える

聞く力を伸ばすには，まずなんといっても聞くことに慣れることです。そのためには思いつきでときどきリスニング活動を「特設」するのではなく，授業の全体を通じていつも豊富に英語を聞く機会があることがポイントです。「何を聞くか」「どのように聞くか」の2点から聞く活動を考えるとよいでしょう。

2．活動例

① teacher talk

聞く力を伸ばすために一番必要なのは先生が英語で話すことです。一方的に話すのではなく，生徒に「語りかける」という気持ちが大切です。teacher talk の一番のおすすめは small talk です。授業開始後にちょっとした雑談を英語でしてみましょう。最近の話題，学校行事，お天気のことなど，生徒たちにとって身近な話題を「ねえ，聞いてよ」という感じで気軽に語りかけてみましょう。日本語でする雑談をたまたま英語で行ったという感じです。話す際には最近習った語彙・文法事項を意識的に使って話をすると，生徒たちにはよい復習にもなります。

聞き方としては話題と概要がつかめればよしとするのがよいでしょう。

② ALT の話を聞く

ALT にも気軽に話してもらいましょう。ALT の国や中学生活，学校行事，年中行事など，ALT だからこその話題がよいでしょう。「ALT がいることは，教室内に異文化が存在すること」です。TT（ティーム・ティーチング）では，この利点を大いに生かしましょう。

ALT には，授業の主たる教材である教科書の題材についても話してもらいましょう。例えば，教科書の話題が「日本に住んでいる外国人への行政サービス」の場合，ALT には日本に住み始めて困ったこと，そのときにしてもらった行政サービスの経験などを話してもらいます。生徒たちに教科書本文は実際にあることなのだと実感させる，つまり教科書題材を生徒に引き寄せることはとても大切です。さらに，日本人の先生も同じ話題について外国と対比して話せば，生徒にとっては聞く量が倍になり，文化比較としても非常に効果的です。

聞き方ですが，細かいところは気にせず概要をつかむようにさせましょう。よ

く見かけるのは日本人の先生が逐一通訳をしてしまうことです。これではせっかくの学習の場を奪い，生徒たちは英語を聞かなくなってしまいます。「日本語に直さないと生徒たちはわからない」と思う場合は，日本人の先生がALTに「もう一度言うように頼む」「その単語の意味は何？」など，わからないふりをして質問をするとよいでしょう。そうするとALTはくり返す，パラフレーズをするなど意味の明確化を図ります。このことが生徒たちの理解の助けになります。

③ **教科書準拠のCD**

　CDを使って教科書の本文を何回聞かせているでしょうか。このことをまず自分に問いかけ，ふり返るとよいでしょう。意外と回数を聞かせていないことに気づくと思います。くり返し何回も教科書CDを聞かせる1つの例を示します。

　1回目：概要をつかませるために聞かせる
　　　　（5W1Hで聞き取らせたい内容をあらかじめ質問してから聞かせる。）
　　　　例．「登場人物は誰？（Who?）」「どこにいる？（Where?）」
　2回目：要点をつかませるために聞かせる
　　　　（1回目でたずねなかったより詳細なポイントを質問してから聞かせます。）
　3回目：開本して聞かせる
　　　　（1回目・2回目のポイントを確認するために，教科書本文を見ながら聞かせます。ここで聞けなかったことを確認させます。）
　4回目：音読の前に聞かせる
　　　　（どの語を強く読むか，文の区切りや抑揚など，発音を意識して音読のモデルとして聞かせます。）
　5回目：前時の復習として聞かせる
　　　　（4回目までは本時，5回目は次時にその本文を復習として聞かせます。）

　いかがでしょうか。ちょっと工夫するだけで何度も聞かせることができます。また，6回目以降もぜひ聞かせることをすすめます。授業の最初の帯活動の1つとして，3か月前，半年前，1年前の本文を聞かせます。とてもよい復習になります。

④ **モデルとしてのスピーチ，Show & Tell**

　生徒たちにスピーチやshow & tellをさせる前にモデルとして先輩のスピーチやshow & tellをビデオで見せるのはよい聞く活動になります。教科書と違って自分たちの先輩が同じ学年のときに行ったものを見ることは，生徒たちにとってとても身近で刺激を与えます。聞かせ方としては，内容（5W1H）の後，形式（自分のスピーチに役立つ表現）に注目させるとよいでしょう。

コミュニケーション活動に生きるドリルとは？

基礎・基本が大切だと思い基本文のドリルをしますが、そのときは活発に活動していても、コミュニケーション活動など他の場面では生かされていません。どうしたらよいでしょうか。

1. ドリルの役割

ドリルにはどのような役割があるでしょうか。基本文の語句を変えるなどして短時間に基本文をたくさん言う練習は、基本文を口で言うのに慣れる、つまり口慣らしの役割があります。

しかし、さまざまな研究の結果から、ドリルは短期的な効果はあっても、その効果は持続しないことが明らかになっています。そのときは活発に活動していても、機械的な練習だけではことばの習得に結びつかず、コミュニケーション活動など実際の運用場面では生かされないのです。

2. ドリルの文自体を見直す

まずドリルの文自体を、form – meaning – function（形式 – 意味 – 機能）の3点から見直してみましょう。ドリルで生徒たちに使わせている文を吟味し直してみましょう。form には意識が行っていても、meaning と function、つまりどんな場面で何のために使うのか、どのような意味なのかが、生徒たちに明確に意識される文になっているでしょうか。意外と明確な場面と意味を伴わない文も少なくないはずです。

特に語句を入れ替えて基本文を練習する置き換え練習（substitution drill）では要注意です。生徒が文の意味を考えなくても言えてしまう練習になっていませんか。生徒の活動を観察する際には、「活発に言っているように見えるけれども、生徒の頭の中はどうだろう？　意味を考えながらことばを使っているだろうか？」と自問自答するとよいでしょう。「この基本文はこういう場面で使うんだ」と生徒に meaning と function を意識させる文を使って、意味を伴ったドリル（meaningful drill）を与えるように心がけましょう（⇨ **Q1-11**）。

3. コミュニケーション活動など他の場面で生かさせるドリル

もう1つのポイントは「コミュニケーション活動につなぐドリル」という意識を持つことです。例えば、「自分の街を紹介する」活動につなぐドリルでは、There are some convenient stores in my town. There are ～. などの文を十分練習させ、慣れさせます。ゴールとなる言語活動から逆算して backward design で活動をつないでみましょう。

生徒たちを引き込む意味のあるドリルとは？

機械的なドリルがしばらく続くと，生徒たちは退屈でつまらなそうな表情になります。どうしたら生徒たちを引き込む意味のあるドリルができるでしょうか。

1．引き込むための工夫　その1 ― 文自体を身近に

生徒たちが退屈でつまらなそうな表情になる原因を考えてみましょう。1つは機械的なドリルの文自体がつまらない場合です。She plays tennis. She plays softball. という文での練習の場合，she とは誰でしょうか。現実的で知的な意味を伴わない，つまり生徒にとってリアリティがない文は練習がつまらなくなる原因の1つです。

引き込むためにできることの1つは，she が誰かをはっきりさせることです。例えば，「学年の先生方がするスポーツは？」という設定でドリルをさせるのはどうでしょうか。

Ms. Tanaka loves sports. She plays tennis. She plays softball, too. とすれば，ドリルが現実的な意味を持ちます。

次に他の先生を主語にして考えさせます。

How about Mr. Suzuki? He plays tennis. He doesn't play tennis. のどちらになるかを生徒に考えさせ，どちらかを選び文を言わせます。

さらにドリルの文を生徒自身のことに近づけてみます。上の文でドリルをした後に，How about you? とたずね自分のことを言わせます。

Ms. Tanaka plays tennis, but I don't play it. I play volleyball. などと言うことができるでしょう。

ドリルの文自体を生徒にとって身近なものにすることで，無味乾燥なドリルがリアリティある自己表現へとつながり，生徒は活動に引き込まれていきます。

2．引き込むための工夫　その2 ― ドリルの位置づけ

退屈でつまらなそうな表情になるもう1つの原因は，ドリルをすることの意味，つまり生徒にとってのドリルを行う価値です。必要性を感じないと，「どうしてこんな練習をさせられるのだろう？」と生徒は思います。

「やらされている」と感じさせるのではなく，ドリルをする意味と必要性を感じさせるようにすることが大切です。一番手軽にできるのは，ドリルの位置を考えることです。コミュニケーション活動をしてうまく言えず，練習のニーズを感じたときにドリルをするのはどうでしょうか。部活動で試合をした後に，足りないことを感じ，それを補う基礎練習に戻るというイメージです。

自分のことや意見を話す活動のコツは？

自分のことや意見を話す活動をしますが，生徒たちはうまく言えず，結局コントロールした活動になってしまいます。どうしたらよいでしょうか。

1．うまく言えないときこそチャンス！

教える方としては，生徒たちがうまく言えないとがっかりしてしまいますね。「こんなに練習したのにどうして？」と思ってしまうかもしれません。しかし言語の習得は時間がかかるもので，「教えた＝身についた」とはいきません。そこで，「うまく言えないときこそチャンス！」と発想を変えてみましょう。うまく言えないときは，なぜだめだったかを生徒に考えさせ，原因を突き止め，そこを練習する必要性を感じさせる絶好の機会です。したがって，うまく言えないときにどうするかが大切です。ここでは２つの流れを考えてみましょう。

① うまく言えない⇒コントロールした活動⇒自分のことや意見を話す活動

質問の「コントロールした活動になってしまう」ことは必ずしも悪いことではありません。ポイントは，コントロールした活動（＝基礎練習）が，生徒たちがうまく言えないことを解消することに役立つ活動になっているかどうかです。

例えば，「夏休みの予定を話す活動」をしているときを考えましょう。なぜ生徒がうまく言えなかったかの原因を考え，どのようなコントロールした活動をするかを決めます。予定やすることを表す動詞が不足している場合には，教科書巻末の「不規則動詞変化表」などに出ている動詞，今まで習った動詞，予定を表す動詞を選んでプリントにし，その動詞を使って自分の予定を言うというコントロールした活動を行います。

大切なことは，このようなコントロールした活動だけで終わらないことです。このような活動で使える動詞に慣れた後に，再び同じ活動，つまり「自分のことや意見を話す活動」に戻ります。最初にしたときと比べてどのくらいできるようになったかを，生徒たちにふり返らせてみるとよいでしょう。

一度コントロールした活動を行っただけで，自分のことや意見を話す活動がスムーズにできるようになるとはかぎりません。しかし言語の学びはそのようなものです。「うまく言えない⇒コントロールした活動⇒自分のことや意見を話す活動」——このサイクルを何度も続けていく姿勢が大切です。「一度で言えなくてもそれは当たり前である，徐々にできるようになっていく」ということを生徒たちに話すことも大切です。まじめに頑張ろうとする生徒ほど，努力がすぐ結果に出なくてはいけないと思ってしまいがちです。くり返し粘り強く行っていくことが

成功への道であることを理解してもらうようにしましょう。
② うまく言えない⇒インプットに戻る⇒自分のことや意見を話す活動
　もう1つの方法は,「インプットに戻る」ことです。すなわち,モデルを示すことです。どのようなモデルがよいでしょうか。いろいろありますが,一番手軽で生徒にとって役立つものは教科書です。例えば,次の英文はどうでしょうか。

> The summer vacation will soon come. What are you going to do? I am going to visit Japan with my family. My mom and dad are interested in Kyoto and Nara. We are going to visit those two cities first. Then, we are going to visit Osaka and Tokyo. I think it will be a lot of fun.
>
> I am interested in Japanese food. I will try a lot of Japanese dishes. What foods are delicious in Japan? Please tell me.

(*TOTAL ENGLISH*（2年）p.43)

　教科書の英文をモデルとして出すことの利点は,すでに授業で取り扱っているので意味がわかっていて,さらに音読をしていることで文にある程度親しみを持っている点です。その本文を「自分の夏休みの予定を言うのに役立つ表現にアンダーラインをしましょう」と指示をして読ませます。
　「うまく言えなかったら教科書本文に戻る」という発想は,いろいろな活動で役立ちます。

2.「i−1」(iマイナス・ワン)の活動をする
　「自分のことや意見を話す活動」をする場合に,習ったばかりの言語材料を使った活動をするのでなく,今まで習った教科書の範囲の活動,つまり3か月前,6か月前,1年前の教科書に出ている本文の題材をもとに「自分のことや意見を話す活動」をすることです。以前に習った範囲であれば,当然易しくなります。つまり「i(生徒の今のレベル)−1」になります。以前に習ったものですので話す際にも余裕ができます。もちろん,その後に学習したできるだけいろいろな言語材料を総合的に活用するように励まします。いつでも新しく習っている本文と文法事項を使ってという発想を変えると活動の幅はぐっと広がります。

単語レベルから文レベルの発話に持っていくには？

チャットなど自由に話す活動をすると、単語レベルの発話になってしまいます。生徒たちは楽しそうに話していますが、これでやる意味はあるのでしょうか。文レベルのやりとりに発展させたいのですが…。

1．語句レベルと文レベルの発話の使い分け

　主語と動詞のある文レベルの発話を常に要求する必要はありません。日本語での日常会話でも、重要な情報だけを語句でやりとりすることが多いはずです。例えば、「昨日何した？」「映画見たよ」「何見たの？」「ハリー・ポッター」「どこで？」「渋谷」「誰と？　Aくんと？」「そう」のように話します。これを「あなたはどこで映画を見たの？」「私は渋谷で見ました」のように言ったのでは会話らしくありません。英語でも、Who did you go with? を Who with? と、I went there with my brother. を With my brother. と言ったりしても、会話として自然であればかまいません。生徒たちが日頃行っている身近な話題の会話を英語で行わせ、即興でも自分の言えることを増やしていくことがチャット（chat）を行わせる目的の１つです。継続的に活動させる中で、会話技術やさまざまな表現を学ばせることができます。練習を積んで学習段階が進んでいくと、文レベルでないと言えないことがわかってきて、「今の自分が言えること」から「言いたいことを伝えたい」というより積極的な欲求が出てきます。また、最初は文法的に正しく言えなかった表現も、誤りが徐々に減ってきます。中学の段階では、語数の多い文を即興で言うのはかなり難しいことです。文レベルの発話や正確さにこだわり過ぎると、自分の伝えたいことが言えなくなり、話そうとする意欲が薄らいで、活動が楽しく感じられなくなるおそれも出てきます。

2．事前の指導

　即興で言い慣れていない文を使おうとすると、文の組み立てに時間がかかるものです。あまりたどたどしくなると、生徒に成功感を持たせることができなくなります。したがって、チャットでよく使う表現については事前に口慣らしをしておくことが大切です。例えば、１年生で「週末に行うことについての話題でチャットを１分以上続ける」という到達目標を立てたとします。この目標を達成するにはいくつかの表現を指導しておかなければなりません。まず、話題の切り出しとなる最初の質問を考えます。例えば、How do you spend your weekends? または What do you usually do on weekends? の質問から始めることにします。次に、チャットの最中に使うとよさそうな質問文（What TV program do you watch on weekends? What time do you usually get up on Sundays? Do you often go shopping on weekends? Do you study on Sundays? What do you do on Saturday night? など）を考えます。これらの質問と応答例を書いた次のようなワークシートを作成し，「帯活動」として毎時間継続して定着を図ります。質問と応答例を復唱させ，言えるようになったら，数日間，生徒同士でパートナーを替えて質問と応答の練習を行わせます。応答する側に２文で答えさせると，チャットで話が続くようになります。また，応答者にはワークシートを見ないようにさせます。応答に困ったら，質問者が応答のヒントを出すように指示し，助け合いながら会話を継続・展開することを教えます。

ワークシートの例

	質　問	応　答　例
1	Do you often go shopping on weekends?	Yes, I do. I often go to Shibuya. No, I don't. I usually stay home.
2	Do you study on Sundays?	Yes, I do. I do my homework. No, I don't. I study on Saturdays.
3	What time do you usually get up on Sundays?	I get up at seven. I walk my dog in the morning.
4	What do you do on Saturday night?	I usually play video games. I like video games very much.
5	What TV program do you watch on weekends?	I watch "Saturday Night Theater". It's fun.

「今日はチャットの途中で，Do you often meet your friends on weekends? と聞いてみよう」などと，チャットごとに使う表現を示すのも使える英文を増やすための有効な方法です。

3．事後の指導

生徒のチャットをひと組だけ録音し，全員で聞きながらアドバイスを与えてみてください。単語レベルで発話しているのであれば，文レベルの表現を紹介し，全体に復唱させます。例えば，"*Homework study?" のように言っていれば，"Do you do your homework?" と正しい文を与え復唱させます。"How do you spend your weekends?" の応答が "I listen to music." だけで止まってしまったら，どんなことを続けて言えるだろうか，また，相手はどのような質問ができるだろうかを考えさせ，文レベルで言える表現を少しずつ増やしてあげてください。

スピーチやスキットのさせ方は？

スピーチやスキットをさせる際にどのようなことに気をつけて行えばよいのでしょうか。生徒たちは一生懸命暗記して行っていますが，それでよいのだろうかと思っています。

1．スピーチやスキットの種類

スピーチには，分類のしかたにより次のようにいくつかの種類があります。

① スピーチ

A：スピーチの形式や内容，目的に関しての分類

(1)	public speaking	スピーチの総称として使われることあり。特に，演説，弁論，比較的長いスピーチ
(2)	presentation	提案，発表などを目的としたスピーチ
(3)	show & tell	絵，写真，実物等を見せ，それについて説明するスピーチ
(4)	short speech	自己紹介などの簡単なスピーチ
(5)	informative speech	聞き手に何かを教える，情報を与えることを目的としたスピーチ
(6)	persuasive speech	聞き手に自分の意見・提案などを納得させることを目的としたスピーチ

B：スピーチの準備や発表の方法に関しての分類

(1)	prepared speech	あらかじめ原稿を準備してあるスピーチ
(2)	memorized speech	スピーチの原稿を暗記して行うスピーチ
(3)	extemporaneous speech	スピーチのアウトライン，要点のみをメモにし，そのメモを見ながら行うスピーチ
(4)	impromptu speech	その場で与えられたテーマについて行う即興のスピーチ

② スキット

(1) 教科書の対話文をそのまま演じるスキット
(2) 教科書の対話文の一部を替えて，あるいは加えて演じるスキット
(3) オリジナルのスキット原稿を書いて，演じるスキット

これらの他に，現実的な場面で役割と伝達内容についての指示に従って演じるロールプレイ（role play）があります。

中学校で行われているスピーチは，Aの(2)(3)(4)，Bの(1)(2)が多く，スピーチ，スキットともに暗記させて行わせることが一般的です。暗記型の活動を中

心に計画しながら，生徒の学習段階に応じて即興の発話を取り入れた活動を加えていくとよいでしょう。スピーチの終了後に，聞き手が話し手に質問したり，感想を生徒同士で述べ合ったりすることでも，即興の活動を加えることができます。

2．スピーチやスキット発表までの手順

原稿を準備し暗記させて行う場合の指導手順と留意点を説明します。

① モデルの提示

スピーチに慣れていない生徒にはていねいな指導が必要です。過去に録画した先輩のスピーチの映像を見せれば，どのようなスピーチを求めているのかを生徒に理解してもらえます。特に創作スキットでは，過去の生徒の映像がよいモデルとなります（⇨ Q7-10）。映像がない場合には教師がモデルを示すとよいでしょう。ワークシートを作成し，スピーチの説明，モデル文，補充語彙などを載せて配付します。

② 原稿指導

ワークシートを参考にして原稿を書かせます。スキットではペアやグループを指定して協力させるとよいでしょう。原稿の添削は，回収して生徒のいないところで行うのではなく，生徒を目の前に置いて指導します。誤りを説明することが生徒のよい学習機会となるからです。何を伝えたいのか理解できない英文があれば，生徒に直接確認しながら直すこともできます。

③ 音声指導

個々の生徒に原稿を音読させ，アドバイスを与えます。音声指導を行った生徒から原稿を覚えさせます。

練習方法については，「音読を十分に行った後，徐々に原稿から目を離し，内容を考えながら話せるようになるまで練習しなさい」などと具体的に指示します。スキットの場合には，演技も考えさせます。

④ 発表

まず，発表や聞く態度の指導を行います。スピーチであれば，話し手の立ち方や視線の送り方などを指導します。発表のできは聞き手の態度によって左右されるので，聞き手にも発表者の顔を見ながらしっかりと聞くように指導します。

即興での発表を促す場合（Bの(3)や(4)）には，段階的な指導が必要です。最初は，話す内容について5つまでの語句をメモさせて自己紹介や友人紹介をさせる，数名のグループ内で順番にサイコロを振り，1～6の出た目の数ごとに前もって設定しておいた話題を3文程度で話す，などの活動から始めるとよいでしょう。

スピーチ指導の到達目標や指導計画の立て方は？

スピーチ指導と言っても，話題，内容構成，話し方など，学年によって異なると思います。3年間を見通したスピーチ指導の到達目標と指導計画についてアドバイスをお願いします。

1．スピーチの到達目標（指導項目）

学習指導要領に，3学年間を通して行わせる「話すこと」の言語活動として「与えられたテーマについて簡単なスピーチをすること」が加わり，どの教科書でもスピーチは必ず取り入れられています。時間をかけて準備させた長めのスピーチを年間1回だけ行わせるより，短めのスピーチをさまざまなテーマや方法で行わせた方が学習効果は高くなります。では，どのような到達目標を設定して指導をすればよいでしょうか。

〈話し手に関する到達目標〉
  (1) 声量，目線，立ち方など，話し手としての基本的な態度を理解し実行できる。
  (2) はっきりとわかりやすく，適切なスピードで話すことができる。
  (3) 写真や図などの視覚情報を効果的に用いて説明することができる。
  (4) 聞き手にわかりやすい構成で話すことができる。
  (5) 抑揚をつけたり間を置いたりして，聞き手を引きつけることができる。
  (6) 聞き手が興味を持てるような構成や演出ができる。
  (7) 必要に応じてジェスチャーを用いて表情豊かに話すことができる。
  (8) 伝えたい内容をメモにまとめて話すことができる。

〈聞き手に関する到達目標〉
  (1) 話し手を見ながら集中して聞くことができる。
  (2) 内容に関する質問を考えながら聞くことができる。
  (3) 内容に関する感想や意見を考えながら聞くことができる。
  (4) 必要に応じてメモを取りながら聞くことができる。

2．学習段階による指導計画

1で示した到達目標を念頭に置いて3年間のスピーチの指導計画を立てます。教科書に載っているスピーチをもとにして，生徒の興味を引くテーマを設定します。年間3回程度の機会を与えると，スピーチに慣れさせることができ，さまざまな表現や技術を習得させることができます。3年間のスピーチ指導計画を示しますので，これを参考にして先生独自の計画を立ててみてください。

スピーチの指導計画

	No	テーマとその内容	指導内容
1年次	(1)	「自己紹介」…教科書で扱った言語材料をもとにして，簡単な自己紹介を行う。	・話し手の基本的な態度 ・明瞭に話す ・聞き手としての基本的な態度
	(2)	「家族紹介」…家族の一人について写真を見せながら紹介する。（Show & Tell）	・視覚情報の示し方 ・適度なスピードで明瞭に話す ・質問を考えながら聞く
	(3)	「教科書の登場人物紹介」…その人物になったつもりで創造を加えながら自己紹介を行う。（Role play）	・聞き手を引きつける内容を考える ・質問を考えながら聞く
2年次	(4)	「ある日の出来事」…最近の一日を選び，いつ・どこで・何をした，その感想などの情報を織り込んで説明する。	・時間の流れに沿ったわかりやすい説明を行う ・感想の述べ方 ・質問を考えながら聞く
	(5)	「10年後の私」…10年後の自分の姿を絵に描いて説明する。（Show & Tell）	・理由をわかりやすく説明する ・うなずくなどして積極的に聞いていることを示す
	(6)	「Survey & Report」…「好きなスポーツ」など，アンケート調査を行い，その結果を図表に表して説明する。（Presentation）	・資料を用いての説明 ・単調にならない話し方 ・話の構成 ・感想を述べる
3年次	(7)	「修学旅行の思い出」…訪れた1か所を選び，写真などを見せながら説明する。（Extemporaneous speech）	・聞き手を引きつける構成 ・メモを見ながら話す ・必要に応じてメモを取る
	(8)	「TV コマーシャル」…聞き手が買いたくなる魅力的な CM を創作して演じる。（Persuasive speech）	・顔の表情やジェスチャーの効果的な用い方 ・商品の感想を述べる
	(9)	「即興スピーチ」…サイコロを振り，出た目によってあらかじめ設定されたテーマについて即興で話す。（Impromptu speech）	・3文以上で，聞き手にわかりやすくできるだけ長く話す ・さまざまなテーマについて即興で話すことに慣れる

詳細理解のさせ方は？

概要をつかませることまではできるのですが，細かいところは訳して解説してしまいます。そうなると生徒たちの表情はよくなく，なんとかしたいのですが…。

1．なぜ生徒たちの表情は曇るのか…？

ピクチャー・カードなどを使って，オーラル・イントロダクションを通して口頭で教科書本文の状況を理解させ，生徒たちに本文の背景知識を与え，内容を推測させるなど，pre-reading 活動をします。その後，概要や要点をつかむ質問をして本文を読む活動をさせます（⇨ Q1-9 ）。

ここまではよいのですが，質問の答えを合わせた後，先生が「さて，では1文ずつ解説していくよ」と言いながら，1文ずつ説明をしながら日本語訳を与えてはいませんか。

この段階で生徒の表情は変わります。どうしてそうなるのでしょうか。

生徒の頭の中を想像してみると理由が見えてきます。ここまでの活動では教師の語る英語を聞く，本文の英語を読解するなど，生徒たちは英語と格闘しています。ところが，先生の解説が始まってからは英語を聞くのではなく，日本語を聞くだけになります。自分で能動的に英語の意味を理解しようとする姿勢から，ただ日本語での説明を聞くだけの受け身の姿勢になります。生徒たちの表情がさえなくなるのは，生徒が受け身になる，つまり，自ら主体的に思考しなくなるからなのです。

「説明しないと生徒たちはわからないだろうと思ってしまうのです。そして，ついあれもこれも解説しないと，と思ううちに説明が長くなってしまい…。そうするうちに生徒たちがだんだん沈んでいくのです」―よく耳にする先生方の嘆きです。

2．説明を聞くだけからの脱出

さて，どうしたらよいでしょうか。1で述べた教室の様子，生徒の頭の中，先生の嘆きを，もう一度読んでみると答えが見えてきます。

1つは「解説する部分を選ぶ」ことです。すべての文を訳し，解説する必要はありません。「ここは英語で理解できる」というところ，具体的にはオーラル・イントロダクションや質問して読ませることによって生徒たちが理解できるところはどこで，日本語で説明しなくてはいけないところはどこかを選ぶ。これが大切です。本文を理解するための言語的，文化的な背景知識を与えてあげる必要が生じることもあるでしょう。

2つ目は,「どの段階まで解説するのかを決める」ことです。新しい事項の場合と既習事項の場合でも説明のしかたは変わってくるでしょう。教師としてはつい説明したくなり,「ところでこれには例外があるんだ」「この同意語は…」など一度に説明したくなります。説明する教師はよいのですが,説明を聞く生徒たちには消化しきれず,いきおい「一方通行の情報伝達」になってしまいます。

　3つ目は,「肯定文で言わず疑問文にする」ことです。教師が説明するのでなく,生徒にたずね,生徒から引き出すのです。「There is の後は単数形,are の後は複数形の名詞が来る」と説明したい場合,説明するのではなく,「There is の後,are の後は何が来るかな?」と生徒にたずねます（つまり疑問文）。そしてペアで考えさせます。答えを伝授するのではなく,問いかけることで生徒の主体的思考を促すのです。

　最後に教師の説明の意味は何かを考えます。説明すること,つまり明示的な知識（explicit knowledge）を与えることにより,解説した文法事項や語彙が次に出てきたときに気づきやすくなります。また,アウトプットする際（特に書く際）に正しく使えているかを意識するようになります。大切なことは知識を与えるだけではなく,また出会う機会（聞く・読むなどのインプットの機会）や,使う機会（話す・書くなどのアウトプットの機会）を用意し提供することです。授業の中で教えた「知識を生かす機会を設ける」という発想です。

3．何を取り上げ，どう考えさせ，理解させるか？

　それでは何を説明する,または生徒たちに問いかけるとよいのでしょうか。具体的には次のような事項になります。

- 代名詞の指す物
- 難しい語句
- 日本語で直訳しても結局何を言いたいのかわからない箇所

　代名詞は「それ」など日本語にして終わりがちになります。「何を指す?」とたずねるとそれまでの流れを読むことになり,生徒たちの視野（eye span）が1文レベルから談話レベル（discourse level）に広がり,理解が深まります。例えば,I didn't know that. の「that は何を指す?」とたずねるとそれまでの本文の流れを読むことになり,文章全体の理解が深まります。

　難しい語句は訳させる前に,パラフレーズして提示し,そして意味を考えさせることをおすすめします。継続すれば,生徒に英語の表現力がついていきます。

　日本語で直訳しても結局何を言いたいのかわからない箇所は,「要するに何を言っているの?」とたずねて,本文をもう一度読ませてみましょう。

Pre-, While-, Post reading の効果的な発問は？

読む力を育成するために教科書本文を読む前，読んでいる最中，読んだ後の発問に工夫が必要だと思います。各段階の発問のねらい，内容，方法について具体的に教えてください。

1．教科書本文を読む前の Pre-reading 活動

　私たちが何かを読む際は，ふつう何らかの目的を持って読みます。ところが，「教科書本文を読みなさい」と教師が命じるだけでは，何のためにそれを読むのか生徒たちには読む目的がありません。Pre-reading の活動のねらいの1つは生徒に「読む目的」を持たせることです。

　また，日常ものを読む際には，読む内容についてのスキーマを使い，内容を予測しながら読んでいきます。Pre-reading の活動は生徒が持っているスキーマを活性化させ，内容を推測させることも目的にします。このことで生徒と教科書本文の内容を結びつけることになります。

　例えば，*ONE WORLD*（2年）Lesson 7 "Homestay in Australia" では，生徒たちにオーストラリアについて知っていること，オーストラリアで人気のスポーツなどについてたずねることなどができるでしょう。

　また，中学校の教科書では新しい語句が多く出てきます。そこで概要を読み取る際に，最低限必要な新出語句の意味を導入しておくことも Pre-reading のねらいの1つになります。新出語彙をすべて導入するのではないことに注意してください（すべての新出語彙を一度に導入しても，記憶にとどめるのは困難です）。

　スキーマを活性化させ，いくつかのキーになる語句の意味を導入した後，最後に行うことは Guiding questions をすることです。Guiding questions は名前のとおり読むガイドになる質問です。一度目の読みですからさっと読み概要をつかむための質問をするとよいでしょう。生徒はこの質問に答えるために読み始めます。

2．読んでいる最中の While-reading 活動

　While-reading では，「概要から要点へ」そして「詳細理解」へと進んでいきます。ここでは Q&A がよく行われる活動ですが，中学校では教科書本文の内容を表すピクチャー・カードを使い，その絵に関して質問をすると生徒にとって取り組みやすくなります。例えば，Australian football の写真を見せて，What is this sport? Is this popular in Australia? などの質問をして本文を読ませることができます。

　また，読んだ内容を別の形にするというタスクもあります。次の例は，教科書

本文とその内容に合うようにアヤの日記の空所を埋めるタスクです。

> *George:* Are you coming to my Australian football match on Saturday?
> *Aya:* Australian football?
> *George:* It's like rugby. But it's more popular than rugby at my school.
> *Aya:* Is it more exciting than rugby?
> *George:* Of course!
> *Aya:* Then I'll be there! Thanks for inviting me.
> *George:* What's the most popular sport at your school?
> *Aya:* Basketball. But I'm a baseball fan myself. It's more interesting.
> *George:* Baseball? That's for kids!

(*ONE WORLD*（2年）pp.100-101)

Tuesday, January 16
　I think George likes Australian football the 4._____.
At his school, Australian football is 5._____
6._____ than rugby. I'm going to watch his Australian football match on 7._____. I can't wait!

(*ONE WORLD*（2年）p.106)

3. 読んだ後の Post-reading 活動

　While-reading の内容理解が終わった後によく行われる活動は音読です。音読以外では，題材を生徒たちに近づける参照質問（referential question）をするとよいでしょう。具体的には，How about you? とたずねられる文を探すことです。本文の内容に関連して生徒自身の経験や考えをたずねることで，表現・伝達活動へと広げることができます（⇨ Q1-13 ）。このレッスンでは，本文中にある次のやりとりをとらえて How about you? とたずねることができるでしょう。
George：What's the most popular sport at your school?
　Aya：Basketball. But I'm a baseball fan myself. It's more interesting.

多読指導の始め方は?

多読をさせたいと思っています。何からどう始めたらよいでしょうか。また、おすすめの多読用教材があればご紹介ください。

1. 多読を始める前に確認したい2つのポイント

多読(extensive reading)は言語の習得に必要なインプットを大量に得ることができる非常に優れた活動です。指導上のポイントは2つ。1つは何を読ませるかということ。もう1つは多読で読ませる教材のレベルです。

まず「何を読ませるか」という点です。授業で使っている教科書以外に読ませる場合、全員に同じ教材を与えて読ませるということがよくあります。多読ではたくさん読むことが目的ですので、生徒が自分に合った、自分が読みたいと思うものを読ませることが大切です。生徒は一人ひとり好きなものが違います。ミステリーが好きな生徒、ロマンスが好きな生徒、物語でなくノンフィクションが好きな生徒、それぞれが自分で読みたいものを選び、自分のペースで読み進めるようにしましょう。おもしろくないと思ったら途中でやめるのもOKです。目的は楽しみながらたくさん読むことであることを、多読を始める前に確認しましょう。

次のポイントは「教材のレベル」です。「読む」=「難しいものを(辞書を引きながら)読む」というイメージを持っている生徒がよくいます。何度もくり返しますが、多読はたくさん読むこと、したがって読むもののレベルは「i-1」(i=生徒自身の英語力)、多少易しいと感じて(スラスラと)読めるレベルであることです。多読では易しいものを大量に読むことで英語を身につけていくことがポイントとなりますが、生徒は自分のレベルよりやや易しいものを見つけるのに最初苦労します。ここで先生の出番! 本選びの適切なアドバイスが必要になります。

以上の2点—「何を読ませるか」と「読ませるもののレベル」は、多読を始める際のオリエンテーションでしっかり確認しておきたいことです。

2. 多読の第一歩は教科書を使う

オリエンテーションが終わった後は、いよいよ多読開始です。何を読ませたらよいでしょうか。まず第一歩として「教科書」をおすすめします。中学生が多読を開始するのは、2年生の3学期か3年生だと思います。したがって、その生徒たちにとっての「i-1」は1年生や2年生の教科書になります。旧版の教科書の1・2年生の教科書は易しく、ストーリーや取り上げている題材が現行版と似ているものも多いので第一歩として最適です。「今の教科書に似ているなあ」「意

外と簡単だ」「私でも読める」などと生徒が感想をよく言います。自分の力で読めるという気持ちを味わわせることが多読の第一歩になります。

3．多読の第二歩は海外の出版社の Graded Readers

　教科書を読み終えた後は海外の出版社の多読用リーダーに移ります。いろいろな出版社からさまざまなレベルの教材が出版されています。見本を取り寄せて，生徒のレベルや興味を考えて注文するとよいでしょう。

　次に，中学生でも読める多読用シリーズ（出版社名）を紹介します。
- *Classic Tales, Bookworm*（Oxford University Press）
- *Penguin Readers*（Penguin Longman / Pearson ELT）
- *Macmillan Readers*（Macmillan）
- *Foundations Reading Library*（Cengage Learning）
- *Page Turners*（Cengage Learning）

4．読み終わったらどうする？

　読み終わった後は，下の例のような report card に概要・要点を簡単に書かせるとよいでしょう。多読ですから report card に書く時間をたくさん取るのではなく，簡単に書きその分を読む時間に充てるように指示しましょう。

Report Card

Class（　）No（　）Name（　　　　　）

No.	Date:	Hour:
Title		

〈読んだ感想〉（該当するものに○をつけよう）

おもしろかった
5　　　3　　　1

つまらなかった
5　　　3　　　1

内容がよくわかった
5　　　3　　　1

全然わからなかった
5　　　3　　　1

辞書を使わずに読めた
5　　　3　　　1

辞書を何度も引いた
5　　　3　　　1

この本のおすすめ度とその理由を簡単に書こう！
　　＊おすすめ度の最高は五つ星（☆☆☆☆☆），最低は一つ星（☆）で表そう。10分以上かけないこと。
　　　その時間があったらどんどん読もう。
　　この本のおすすめ度は（　　　　　　　　　　　　　）
　　その理由は

3年間を見通したライティング指導計画の立て方は？

3年間を見通し，書く活動を普段からどのように計画していけばよいでしょうか。高校入試対策にもなる指導法について教えてください。

1．各学年の到達目標と3年間を見通した指導計画に基づく指導

どのような技能を扱う場合にも共通しますが，特にライティングに関しては，指導者が3年間を見通した指導計画を持つことが重要です。「自分の考えや気持ちなどが読み手に正しく伝わるように，文と文のつながりなどに注意して」書く力（学習指導要領）をつけるためには，中学入学時から卒業時まで，他技能と関連づけ，計画的・継続的・発展的に段階を踏んでていねいに指導していく必要があります。指導計画を立てる，すなわち長期的な指導のグランド・デザインを描く際に留意したいことは，卒業段階，2年生終了時，1年生終了時に「英語を使ってこんなことができる力をつけさせたい」というゴールを具体的に設定し，そこから逆算してゴールに至る適切なルートを描き，今なすべきことを指導するという視点です。このような計画を「バックワード・デザイン」と呼びます。

では，中学校各学年の到達目標（ゴール）を中学校検定教科書6社のタスクや高校入試問題の分析から提案してみましょう。

〈3年生〉「社会問題なども含むより広いトピックに関して，100語程度のまとまりのある文章を書くことができる。」

3年生では，社会で起こっている話題に広く目を向けることが必要です。話題によっては，関係代名詞などある程度フォーマルな書きことばも使用できること，「事実」と「意見」を分別できることも大切です。100語ですから，1文10語程度と考えると，10文程度を一貫したテーマでつながりに留意して書くということになります。トピックには「地球環境を守ろう」「絶滅危惧種について」「日本の伝統文化や行事」などが考えられます。

〈2年生〉「話題を広げながら文章の構成や文と文とのつながりも意識して60〜70語程度のまとまりのある文章を書くことができる。」

因果関係や意見—理由など，論理的な関係や，「導入（introduction）— 展開（body）—結び（conclusion）」という文章全体の構成にも留意することが大切です。トピックについては，「行ってみたい国や地域」「住んでいる地域の名所」「将来の夢」などが考えられます。

〈1年生〉「身近な話題について5〜6文のつながりのある文を30〜40語程度で書くことができる。」

箇条書き羅列文にならないように留意しましょう。たとえ２文であっても，接続詞やつなぎことばなどを考えさせ，つながりを意識させることができます。文の展開のしかたを指導し，楽しみながら意欲的に書く習慣をつけましょう。トピックについては，「自己紹介／友人紹介」「私の大切な物／人」「私の日課／学校生活」「余暇の過ごし方」などが考えられます。

　実際の指導では，他技能と絡めて指導するという視点も大切です。英語で聞いた内容の要約，読んだ文章の感想を英文で書いてみる，１人称で書かれた英文を３人称に書き直す，会話文を物語文に書き直すなどが考えられます。書く目的や誰に向けて書くのか，具体的な場面はさまざまです。そのような多様性が反映されるように計画しましょう。クリエイティブ・ライティングの指導では，適切なモデルを豊富に与えることが重要になります。また，教師からの訂正ばかりでなく，書いた作品をペアやグループで読み，アドバイスをし合わせると誤りに気づき，考えや発想も広がります。その後に書き直しの時間を与えるとより内容が充実します。３年生などでは，このような協働学習（⇨ Q7-6 , Q8-15 ）を取り入れた「プロセス・ライティング」の手法も効果的です。行き当たりばったりの「点」の指導でなく，このように到達目標を見定めた継続性・発展性のある「線」の指導が求められます。いきなり「シラバス」を作るのは難しいかもしれません。中学３年間で生徒が受ける定期考査のライティング問題をまず作成してみてはどうでしょうか。同僚の先生と意見交換するきっかけになると思います。

２．高校入試への対応

　公立高等学校の入試問題に，いわゆる脈絡のない１文の和文英訳ではない，ある程度のまとまりある条件自由作文が出題される傾向が全国的に強くなっています。また，長文を読んだうえで，そのトピックについて意見や提案を求めるなど，読解問題と組み合わされた作文問題も頻出傾向にあります（⇨ Q10-6 ）。いずれにしろ，１つのトピックについてまとまりのある文章を書くことが大切です。また，留学生，ホストファミリー，ALTなど，誰宛てに英文を書くのか，読む相手が指定されていたり，例えば，「教室でスピーチをする」「手紙を書く」，あるいは「コマ漫画」などによって伝達場面の状況が与えられていたりすることもあります。状況に応じて適切な表現を使える力も求められます。実際の入試を想定して，制限時間を決め，辞書なしで書かせてみましょう。その際，同じ事柄でもさまざまな表現が可能であることに気づかせましょう。さらに，「書きたかったけど書けなかったこと」が頭に残っている間に，辞書を使わせたり，教師がアドバイスをしたりして，生徒たちの表現力と表現意欲の一層の向上を図りましょう。

「書く内容がない」という生徒への指導は？

自由に書かせようとすると「書く内容がない」と言われてしまいます。そのような生徒への対処方法を教えてください。

まとまりのある英作文をさせる際には、書き始める前段階の指導が大切です。まず、書かせたい話題についての teacher talk や教科書本文の深い理解などを通して、生徒が「書きたい」と思う動機づけを行い、「伝えたい」内容を生徒たちの中にたくさん沸き上がらせること、すなわち書くためのレディネスを作ることです。書き始める際にも「自由に書きなさい」と言うだけでは、生徒は「何をどのように」表現し、「どの程度の分量」を書けばいいのか戸惑います。参考とすべきモデルや参照物がなく、完成のイメージが持てないことが原因です。例えば、ある程度の量を求めるクリエイティブな英作文では、次のような手順を踏みます。

(1) モデルの提示 → (2) アイディア出し → (3) 構成の決定 → (4) 英作文（writing） → (5) 教師・生徒からのフィードバック → (6) 校正 → (7) 完成

(1) 「このような内容・構成・分量で書こう！」というモデルを示します。生徒のアウトプットを引き出す良質のインプットを与えられるかが最初の勝負です。過去の生徒のよい作品があれば、それを示すのも動機づけに有効です。
(2) アイディア出し（brainstorming）の段階では、枝分かれ図（mapping）やメモを利用するなど、そのテーマに関するアイディアを出す支援を行います。
(3) ある程度アイディアが出揃ったら、その中から話の中心となるものを決めて、文章や段落の構成を考えるなど、アウトラインを構想・作成させます。
(4) 英文を書く際には、和英辞典をフルに活用して難しい語句を並べるのではなく、できるだけ平易な慣れ親しんだ語句や文法事項を用いるように助言します。等身大の英語で自分の言いたいことを表現する「方略的能力」（strategic competence）の育成を図ります（⇨ **Q2-1**）。ここでは、教師の個別指導が不可欠で、安易に宿題にすることなく、授業で書く時間を確保しましょう。
(5) 書き終わった後に訂正が必要な箇所については、教師が直接訂正してもよいですし、実際に伝わるか、わかりにくいところはないか、などの視点を与え、ペアやグループでの発表や、読み合わせを通して助言し合う協働学習の場を作るのも有効です。また、動詞の時制や代名詞の格の間違いなど生徒が共通して間違える項目をコードで示しておき、教師がそのコードを記すことで生徒自身に誤りを訂正させるのも１つの方法です（⇨ **Q8-15**）。

英作文間違い直しコード表		
番号	コード	内容
10	WO	語順を直しましょう。**語順表**で確認しましょう。
11	何を＞	文(Sentence)の構成要素が足りません。**語順表**で確認しましょう。
12	＞	この場所に単語や文が足りません。
13	1→2	1文では表現が不可能(難しい)です。文を2つ以上に分けましょう。
14	N	名詞(noun)の順番が違います。**名詞順番表**で確認しましょう。
15	P	適切な代名詞(pronoun)を使いましょう。**代名詞表**で確認しましょう。

コード表の例

(6) 教師や仲間からのフィードバックをもとに自分なりに校正し修正させます。
　　生徒の意識は文法事項にも向くので、既習の文法の確認や定着に効果的です。
(7) 完成させたら、絵や写真なども使い、自由にレイアウトしてノートにまとめる。その後、ALTに見せて説明する、授業で発表する、教室や廊下に掲示する、新聞にまとめるなどしてお互いに鑑賞させます。

　最初から長い文章を書かせるのではなく、教科書の1文を変えてリライトしたり、教科書の続きを想像して作文したりするなど、取りかかりやすいものを与えて文を書くことに普段から慣れさせておくとよいでしょう。また、1文を書くことからスタートし、「導入 ― 展開 ― 結び」の構成を意識させながら、3文作文、5文作文へと広げていきます。このとき、箇条書きのような単文の羅列にならないように、接続詞を効果的に使わせるなど、文と文のつながりを考えて文脈を作ることを全体および個別に指導します（⇨ Q2-2 , Q3-17 ）。

　また、英作文を課す段階で、教師が求めるレベルを明確にしておくことが大切です。具体的な作品イメージができていれば、インプットはどのようにするか、生徒がどこでつまずくか、その対応策をどのように与えるかなど「指導のツボ」が明確になります。

　英語という外国語を通すと、日本語での作文の場合と比べて恥じらいなく、生徒はさまざまなことを表現します。したがって英作文をさせると、単なる英語の授業を越えて、生徒が自分と向き合う時間になることがあります。My Dream と題して、自分の将来について書く機会を与えたとき、このような課題に対して「書く内容がない」という生徒を指導することは、人間形成上大切なことを考えさせる絶好の機会であり、そこに学校英語教育の真髄があります。英語という外国語を通して、生徒の心を開き本音を語らせる。これも英作文の指導の強みです。

 **文のつながりがあるライティング指導とは？**

書く活動が1文単位で終わってしまい，文と文のつながりなどに注意して文章を書かせることができません。どうしたらよいでしょうか。

1．1文から段階的に発展させるライティング指導

　書く活動は中学校段階では日頃の授業中になかなか行う時間が取れないものです。ときおり，日記，スピーチ原稿，show & tell の原稿，修学旅行新聞などをライティングで書かせることがあると思いますが，いきなりそのようなまとまりのあるライティングをさせると，多くの生徒は戸惑い対応するのが難しくなります。英語で文章を書くのは難しいことだ，という印象を与えてしまっては元も子もありません。

　大切なことは，そのようなまとまりあるライティングに至るまでに，日頃どのように練習させるかです。ライティング活動の初歩は1文単位のコピーイングから始まりますが，いつまでも1文単位ではまとまった文章が書けるようにはなりません。日頃の授業で文と文のつながりを意識させるライティングを行わせる必要があります。

2．文のつながりを意識させるライティング指導

① 授業で習ったことをまとめる2文以上のライティング

　一番簡単な活動は，授業のまとめの時間にその日の授業で学習した目標文を書かせる際に，それに1～2文自由につけ加えて書かせることです。例えば，導入で I'm going to visit Osaka this summer. という文を提示したとします。まとめで板書文をノートに写させるときには，その目標文を書かせた後に，

　I'm going to visit Osaka Castle and USJ. や

　I want to eat *takoyaki* and *okonomiyaki* there. I like them very much.
などのように1～2文プラスして書くように求めてみましょう。また，そもそも授業で提示する目標文は1文である必要はありません。

　I'm going to visit Osaka.

　He is going to play tennis.
など無関係で脈絡のない文を黒板に羅列するのでなく，

　I went to Nagano last summer. This year I'm going to visit Osaka with my family. We are going to visit USJ. などまとまりある文章（discourse）の形で提示しモデルとして覚えさせたいものです。

　このような関連する既習事項も交えた脈絡ある文章の中で目標文を提示し，そ

れにさらに1〜2文自由につけ加えて書かせれば，効果は抜群です。
② 教科書の本文を参考に，つながりを意識させる
　1文レベルから文と文のつながりを考えて文を書かせる場合，ただ「つながりを考え2文以上書きましょう」と指示をするだけではできるようにはなりません。「アウトプットするのが難しいときはインプットを与える」のがポイントです。それにはまず教科書本文です。教科書本文は1年生の最初の方から文と文のつながりがある例が載っています。次の例を見てください。これは自己紹介の文です。

　I like sports.
　I'm on the soccer team.
　I play soccer every day.
　But I don't play well.　　（ONE WORLD（1年）p.39）

「スポーツ→サッカー部→練習→技量」とつながりがある構成です。このような例が出てきたときに，「まずスポーツが好きと述べてから，具体的に好きなスポーツを言う構成がいいよ」とコメントして，つながりを意識させます。その後，1文目から3文目の流れを生かし，語句を変えて自分のことを表す文を書かせるとよいでしょう。4文目には接続詞 But が使われています。but, and, so の接続詞は1年生から教科書に登場します。このような例が出てくる度につながりに注目させ，折にふれて語句を替えて自分のことを表す文を書かせるとよいでしょう。
　また1年生では代名詞も導入されます。次の例を見てください。

　This is a picture of my family.　　This is my mother.
　This is my father.　　　　　　　　She is from New Zealand.
　He is a good cook.　　　　　　　　She is good at tennis.
　　　　　　　　　　　　　　　　　　　（ONE WORLD（1年）pp.54-55）

ここではキング先生が写真を見せながら家族を紹介しています。He, She の使い方がわかりやすく出ています。代名詞は主格以外にも所有格，目的格が1年生で導入されます。代名詞は文と文のつながりを持たせるための大切なものです。接続詞と同様に，出てくる度に注目させ，教科書本文の文のつなぎ方や語の受け渡しをモデルにして，自己表現ライティングに取り組ませましょう（⇒ Q2-6 ）。
　教科書では登場人物がいろいろなことをします。ときどき，登場人物のピクチャー・カードを使い，「この登場人物について紹介文を書いてみよう」と指示して文のつながりを意識させたライティングを行うとよいでしょう。

日頃の授業で行うライティング活動の進め方は？

授業中にライティングをする場面がうまく取れません。どうしても家庭学習に任せてしまうことになってしまいます。どの場面でどのようなことを行えばよいでしょうか。

1．ライティングを日頃の授業の一部に

「音声の活動はよくやるけれど，書くことまで時間が回らない」「書くことは個人差が大きく，授業で行うのがなかなか難しい」などの声がよく聞かれます。ライティングを日頃の活動にするのは容易なことではありません。と言って，授業でできないことを安易に宿題に回してしまうと，学力差がより一層開き，「落ちこぼし」を作る原因となります。

この解決策として，ここでは「音声で行った活動をライティングにつなげる」「気軽に5分程度でできるライティングの活動を行う」という2つの提案をしたいと思います。

2．授業の最初に

授業の最初では「帯活動」として，次のようなライティングの活動ができるでしょう。

① Last Sentence Dictation

今まで習った教科書本文を聞かせ，途中でCDを止め，聞こえた最後の文を書き取らせるディクテーションです。生徒は集中して耳を傾けてくれます。CDではなく，教師が音読しながら行ってもかまいません。

② Original Sentence-making

宿題としてやってきたワークブックの文から自己表現に役立つ文を選び，ノートに写し，その一部を自分に当てはめて書き換えるなどオリジナルの文を作らせて発表させます。

③ 3-minute Writing

中学校の教科書は，主要な登場人物を中心にストーリーが展開していきます。そこでその特性を生かして「ここまでに習った本文のストーリーを思い出して，登場人物について書いてみましょう」というライティング・タスクを与えてはどうでしょうか。その登場人物について思い出すために，生徒は教科書を行ったり来たり，あちこちページをめくりながら，本文を何度もくり返し読むことになります。書かせる際には3分間というように制限時間を設けて行うと生徒の集中力は高まります。

3. まとめの時間に

① 授業のまとめとしてのコピーイング（基本編）

　授業で音声を中心に導入，練習した目標文をノートに書かせましょう。あるいは，その日に扱った教科書本文から1文を取り上げ，その文をノートに書き写させましょう。書かせる文は，target sentence の場合が多いでしょうが，教科書本文では既習事項がくり返し使われていますので，既習の文で役立つと思う文も書かせましょう。書かせる文を先生が選ぶ場合が多いと思いますが，慣れてきたら，「教科書本文をもう一度読んで，役立つと思う文を選んでノートに書いてみましょう」と指示し，生徒自身に選ばせてもよいでしょう。

　コピーイングの注意点は，単語1語1語を写してしまう段階から早く卒業することです。短い文の場合は1文全部，長い文の場合は，意味のまとまりであるチャンク（chunk）ごとに書き写すように促しましょう。

　書き方としては，Read & Write をおすすめします。これは「書き写す文を音読か黙読した後，その文を見ないでノートに書く」という方法です。この方法では，書く文（またはチャンク）を頭の中に瞬時に記憶して書くことを求めるので，負荷が高くなります。一度に書けない場合は，書くのをやめて，また文を見て，そして文から目を離して書くことをくり返すように指示しましょう。

　Read & Write のバリエーションとして，さらに2つの方法を紹介します。

1） **Read & Look-up & Write**
　文を黙読し，顔を上げて文を見ないで言ってから，文を書く活動です。

2） **Delayed Copying**
　黙読か音読をして，文の意味を頭に入れてから，1～2秒遅れて（delayed）その文を書く活動です。

② 授業のまとめとしてのライティング（応用編）

1） **Write More**（文脈を作るためにもう1文！）
　コピーイングに慣れてきたら，文脈を作るためにその文の前後に1文以上書くように指示します。例えば，I have a lot of things to do. という文をコピーさせたときに I have a math test tomorrow. などの文をつけ足すように促します。

2） **Express Yourself**（自分に置き換えよう！）
　その日の目標文や役立つと思う既習の文の一部を自分に当てはめて書く自己表現活動です。教科書本文の場合は1文でなく，2，3文以上の単位で書かせるようにするとよいでしょう。

パラグラフ・ライティングを指導するコツは？

あるテーマについて1つのパラグラフで内容的にまとまりのある事柄を書かせたいのですが、パラグラフ・ライティングをさせる際に指導すべき点を教えてください。

1．よいモデルをインプットする

初歩の段階であっても、生徒たちはパラグラフ構成がなされたよい英文モデルにふれることによって、まとまりのある内容のライティングに意欲的に取り組みます。「○○について書きなさい」と言う前に、書かせたいテーマについて生徒のモデルになるような構成、語彙・表現を意図的に用いて、まず教師が語ります。この段階で生徒たちが「おもしろい」「内容がよくわかる」と感じることが書く意欲を引き出します。その後に、話した内容を文章化したモデル文を配付して読ませます。生徒たちが内容理解できたかを確認したら、次にその構成に着目させます。生徒たちが書くことに慣れれば最初から文字によるインプットも可能です。

2．文章構成と読み手への意識を育てる

日頃からまとまりのある英文を読ませるときは、質問したり説明したりしながら、「導入―展開―結び」の構成と各部分の特徴的な表現に気づかせます。For example, Next, First, Second, Third といった談話標識（discourse marker）も、生徒たちは使用例にふれることで初めてその意義を理解します。また、決めゼリフやウィットの効いた言い回し、疑問文の使い方などにも着目させておきます。書かせるとき、教師は「たくさん書くこと」を奨励しがちですが、脈絡のない箇条書き羅列文を書くことはさせないようにします。1年生で自己紹介文を書く段階から、(1)書いた文の順序を考える、(2)同じ単語のくり返し使用は避ける、(3)文章全体から見て、あってもなくてもいい内容は削ることを教えます。1年生といえども、配列や内容のまとまりを工夫すれば「伝える力」のある内容になることに気づきます。初歩の段階から生徒たちにパラグラフとしての「まとまり」という視点を育てていきましょう。

また、日頃から生徒作品を「読む作品」として尊重する姿勢が大切です。生徒には、先生が読む、教室で友人に発表するために書く、掲示する、印刷して作品集にするなど「誰に向かって書くか」「何のために書くか」をあらかじめ明確に伝え、でき上がった作品は誰が読むのかを意識して書かせます。

3．パラグラフ・ライティングの指導 ― 3つの要点

① 型を与えて書かせる

「導入―展開―結び」という構成法を明示し、それにしたがって書かせます。

しかし，一口にそうは言っても，「休日にしたこと」「小学校時代の思い出」「旅行記」など時間軸に沿って書く文章もあれば，「友人・家族紹介」「名所紹介」「私の部屋」など説明や描写をする文章，あるテーマについて自分の意見とその根拠を述べるなど，トピック・センテンスと支持文で構成される論理性を要する説得型文章もあり，それぞれ文章の構成のしかたが異なります。テーマごとに生徒の学習段階に応じた基本の型とその説明，それに対応するモデル文を用意しましょう。モデル文の作成では，文章の自然な展開の観点からもALTの助言をもらうとよいでしょう。

導入と結びが決まっていて「展開部分」だけを工夫するのであれば，生徒も取り組みやすくなります。その分，生徒たちには展開部分がユニークな内容になるよう奨励します。できる生徒には書き始めと終わり部分も工夫させます。

② スピーチなど英語の文章の基本型を教える

2年生から3年生の間に，「導入―展開―結び」の3部からなり，展開部分をFirst, Second, Third を用いて構成するスピーチの型を教えます。各自テーマを決め，構想を練り，下書きし，何度か推敲して150語程度のスピーチ原稿を作成させます。教師は文法の間違いだけでなく，文章の自然な流れにも着目して生徒の英文を読み，必要な訂正や助言を与えます。スピーチ発表会を行えば，生徒は仲間のスピーチを聞くことを通して英文のパラグラフ構成についての理解を深めていきます。この基本型はエッセイや意見発表などさまざまな場面で使える構成のしかたです。

③ トピック・センテンスに情報をつけ加えてパラグラフに拡充させる

トピック・センテンスに説明や情報をつけ加えて，1文ずつ書かせながらパラグラフになるよう生徒を導きます。例えば，「夏休みの思い出を3つ具体的に書きなさい」と指示し，過去形を用いて3文書かせます。

I had soccer practice（＋ every day）. / I went to Nagano（＋ with my family）. / I did a lot of homework on August 31st.

提出させ文法的な間違いを訂正し，（　　　）のような情報の不足を指摘し要求します。生徒はその3文を十分な行間を取ってノートに写し，各文に1，2文ずつ説明をつけます。それを読んだ教師や級友が，「何時から何時までしたの？」「何を買ったの？」「どんな気持ちだった？」など，追加情報を求めれば書き手はもう数文書き加えることができます。その後，書き始めの文，First, Second, Lastly などの談話標識，結びの1文をつけ加えることを指導すれば，「夏休みの思い出」についてのまとまりあるエッセイが完成します。

統合的な活動の意味とよい具体例は？

複数の技能を使って取り組む統合的な活動が大切だと言われますが、どうしてでしょうか。また、ちょっとした工夫で実施できる統合的な活動をご紹介ください。

1．統合的な活動の意味とその効果

　統合的活動（integrated activities）では、複数の技能を使って1つの活動を行います。例えば、教科書本文へのイントロとしてその話題に関する先生の英語での導入を聞いたうえで（Listening）、本文を読み（Reading）、ペアで感想や意見を述べ合い（Speaking & Listening）、話し合ったことをもとに感想を書き（Writing）、さらに書いた原稿をもとにしてみんなの前でスピーチとして発表する（Speaking & Listening）など、複数の技能（skills）を使って一連の活動を継続的に行います。

　また、スピーチも統合的な活動になります。次のような流れが考えられます。スピーチを書く前に教科書や先輩のスピーチなどのモデルを読みます（Reading）。自分のスピーチを書きます（Writing）。書き上がったスピーチを練習としてパートナーに Read & Look-up で伝え（Speaking）、ペアでスピーチを聞き合います（Listening）。お互いによかった点やわかりにくかった点などを助言し合い、自分の原稿を読み直し修正をします（Reading & Writing）。この後自分で練習し発表します（Speaking）。このように1つのスピーチを発表するまでに複数の技能を使って活動させれば、生徒たちは自然にくり返し学習することができます。

　目的もなく、読んで終わり、書くだけでおしまいといった活動とは違って、統合的活動は、実際の私たちの言語使用場面に近い実践的な言語活動と言えます。さらに1つの教材を違う技能で何度もふれることになるので、その教材をより深く理解し、その英語を身につけやすくなります。

2．ちょっとした工夫で実施できる統合的な活動例

　スピーチのように大きな活動でなく、日頃の授業の中でも、ちょっとした工夫で統合的な活動を行うことは可能です。そのための基本的な考え方は、1つの技能を使った活動を行った後、そこで終わらせずに違う技能を使って、さらに展開できないか工夫することです。いくつか例を紹介します。

① 自己表現活動

　授業のまとめの段階で基本文をノートにコピーさせることはよく行われます。この活動でも複数の技能を重ねることができます。例えば、基本文をコピーするだけではなく、教科書本文のまとまりのある数文を音読して、その後コピーします。その文章を参考に、自分のことを書かせます。いわゆる自己表現作文ですが、

書かせただけで終わらずに，ノートを友達と交換し，お互いの書いた文を読み合うのはどうでしょうか。友達の文を読み，「いいなあ」「まねできるなあ」などと思ったら，自分のノートに友達の文をコピーする，または少し変えて自分のことを書くなどの活動になります。教師は机間指導をしながら，クラス全体でシェアしたい自己表現の文があれば，その文や文章を読み上げます。生徒はその文をディクテーションしてノートに写し，教師はその後，確認のため板書します。

② 教科書のリスニング活動

　教科書のリスニング活動も答え合わせをして終わりではなく，その後ポイントとなる部分を書き取らせるパーシャル・ディクテーション（partial dictation）の活動にする，スクリプト見ながらもう一度音声を聞き，その後（全部またはポイントとなる部分を）音読させる，その部分をもとに自己表現活動に持っていくなど，いろいろな技能を絡めることができます。

　以下は，教科書のリスニング・タスクです。1st Listening では聞いて絵を選び，2nd Listening では聞いて語句を書くという活動です。

(*COLUMBUS 21*（3年）p.17)

教科書に出ている統合的な活動のやり方は？

教科書に出ている一連の複数のタスクからなる統合的活動は、いきなりやってもできません。どのような手順で取り組ませたらよいでしょうか。

1. モデルとしてのインプットを大量に与える

「自分の夢を語ろう！」という教科書に出ている Project（*ONE WORLD*（2年）pp.86-87）をもとに手順を考えましょう。

①ミキが将来の夢について、メモを見ながらスピーチをします。スピーチを聞いて、次のメモの下線部に適切な語句を記入しよう。

```
Hello, everyone.
I'd like to work in a cake shop.
Reason 1 : _____
          good at making curry,
          gyoza and omelets.
Reason 2 : _____
          I'd like to open _____.
Thank you.
```

②タローがスピーチのメモをもとに、原稿を書きました。下線部に適切な語句を記入して、原稿を完成しよう。

```
Hello, everyone.
I'd like to work at a children's house.
Reason 1 : Mr. Sasaki at the Higashi Children's
           House was kind. He showed us how
           to play with takeuma and kendama.
Reason 2 : I like children. I take care of my
           brother and his friends. I want to
           work at the Higashi Children's House.
Thank you.
```

上記②のタローのメモを見て、次のスピーチ原稿の空所に単語を補充させます。

続く③では、生徒たちが「自身の夢についてメモを書き、それをもとにクラスでスピーチを発表しよう」というタスクになっています。

```
Hello, everyone. I'm going to talk about my dream. I'd like
to work at a children's house. There are two 1._____.
  First, I have good memories of playing at the Higashi Children's
House.  Mr. 2._____ was working there when I was six
years old.  He was very 3._____ to me.  He showed us
4._____ to play with takeuma and kendama.
  Second, I like 5._____. I often take care of my little
brother and his friends. I want to work at the Higashi Children's
House in the future.
  Thank you for listening.
```

これらのタスクを生徒たちにいきなりやらせても難しい理由は何でしょうか。主な原因は2つです。まず、いきなり複数文からなるアウトプットは難しいこと。もう1つは「自分の夢とその理由」という内容を考えること自体が、生徒によっては難しいことです（日本語でも、いきなりやるのは難しいでしょう）。

いきなりアウトプットは難しいので，まずモデルとなるインプットをたくさん与えることです。これは内容を考えることの難しさへの対応にもなります。教科書は紙面がかぎられていますので，どうしても十分な量のインプット（つまりモデル）を与えることはできません。この活動でも，ミキとタローのケーキ屋さんと保育士さんの2例だけでは，モデルとして十分ではありませんので，教師はそこを補い，次のようなインプットを与える必要があります。
- 教師や ALT が中学生時代に持っていた夢
- 卒業生が「夢」について書いたスピーチ原稿や発表のビデオ映像
- 他クラス生徒のよいスピーチ原稿や発表のビデオ映像

　インプットとして映像がある場合はそれを見せます。教師，ALT は生徒の前で実際にスピーチを演示します。その後，スピーチ原稿をプリントにして与えましょう。それを使い，「2種類の読み取り」を行います。1つは，「読んで，将来の夢（中学生時代に持っていた夢）とその理由をメモしよう」という内容面に関しての読み取り。もう1つは，「読んで自分のスピーチ原稿を書く際に役立つと思う語句や表現をメモしよう」という言語面に関しての読み取りです。言語面のインプットとしては，この Project までの教科書本文を読み直し，役立つと思う語句や表現を探させるというタスクも効果的です。

　教科書の2つのモデル（ミキとタローのスピーチ）に加えて，この2点（内容面・言語面）のインプットを大量に与えることで，生徒はどのようなスピーチを書いたらよいのかを考えることができます。

2．発表前の練習の機会を十分に与える

　インプットを与えた後はスピーチを書かせます。その後，発表までに練習の機会をたくさん与えることが大切です。スピーチ原稿を書いたら，お互いのスピーチを聞き合い，気づいたことをコメントしたりアドバイスし合ったりして原稿を修正し（Process Writing），また練習するのです。このように「練習→聞き合い→コメント→修正」という流れをくり返します。「聞き合い→コメント」の段階に教師も関わることで，より質の高いスピーチができ上がります。

3．過去のスピーチ体験を生かす

　例えば，前回のスピーチ原稿を読み，自分のよかった点，改善したい点をふり返り，注意点を考えてから今回のスピーチ原稿を書き始めます。

　スピーチなど人前でプレゼンテーションする機会は各学期に設けたいものです。その際には過去のスピーチ原稿を見直してふり返る機会を与えるとよいでしょう。「ポートフォリオ」に自分の作品をファイルさせて活用を図ると効果的です。

教科書本文の内容を生かした統合的な活動の方法とは？

教科書本文の内容を生かした統合的な活動を実施したいと思います。どのようにしたらよいでしょうか。具体例に沿って，課題の設定のしかた，指導計画，指導上の留意点などを教えてください。

1．統合的活動で教科書本文を表現活動に結びつける

　教科書は各社が工夫を凝らして，中学生の知的関心を刺激したり，問題意識を持たせて視野を広げたりできる教育的価値の高い本文題材を提供しています。そのような教科書本文を，日本語訳を通して表面的な理解に終わらせるのでは，せっかくの題材も死んでしまいます。さまざまな技能を使った統合的活動に結びつけ，生徒自身の思考や表現を促しながら題材を身近に引き寄せて思考させ，より深い理解へと結びつけ，表現活動・伝達活動へと展開させたいものです。

　統合的活動では，生徒は本文に何度もふれるので，その英語を内在化 (intake) して自分のものにすることができます。しかも，小学校で盛んに行われているのと同レベルのゲーム的要素を加味した「ごっこ遊び」的な言語活動よりも，中学生の精神年齢に合った活動を展開することが期待できます。

2．本文テキストの統合的活動への展開事例

　ここでは，*COLUMBUS 21*（3年）の "No More Landmines" を取り上げて展開例を紹介します。建設会社社長である雨宮清さんがカンボジアの人々を救うために地雷除去の機械を作るという内容で，世界に貢献する日本人を描いた題材です。

　ストーリーを何度も読ませ (reading) 深く理解させてから，この題材を生徒自身へ結びつける発問をして writing による表現活動へと展開します。

　まず深い理解の段階ですが，本文に書かれた事実情報をたずねる質問 (display questions) だけでなく，推測して答える質問 (inferential questions) をすることがポイントとなります。この質問をすることで生徒は，国語の時間のようにテキストを深く読むことになります。例として次のような質問が考えられます。

- What did Mr. Amemiya do when the old lady asked him to help Cambodians?
- How many members were there in the team?
- Was it easy to make the first landmine removal machine?

　生徒たちにはただ適当に推測するのではなく，根拠となる部分を本文から示すように指示をすると，生徒たちはより深く読むことになります。

　このように何度もストーリーを読ませた後に，表現活動に移ります。What do

you think? と問いかけるのです。中学段階ではすぐ英語で表現することは難しいので、その前に2つ手順を踏みます。

まずは Read & Underline です。"Read and underline one sentence that impressed you most about Mr. Amemiya." と指示をして読ませます。そして下線を引いた文を、ペアやクラスでシェアします。

次に意見を述べるモデルとして ALT の意見を紹介します。録音した ALT の意見を聞かせ、次にプリントで読ませます。

ここまで来たら最後に生徒に意見を書かせます。何度も読ませ理解を深めさせた後、ステップを踏んで表現活動に持っていくことがポイントです。

No More Landmines

Look at this photo. What do you think it is? It's a bomb. This kind of bomb is called a landmine. There are more than 100 million of them buried in various countries around the world. They have killed or injured hundreds of thousands of people. Many were children.

Amemiya Kiyoshi, the president of a construction machinery company, visited Cambodia on business in 1994. As he was walking around Phnom Penh, he saw a lot of street children. Many of them had terrible injuries. These injuries were because of landmines. He met one young girl with an old lady. This young girl's parents were killed by landmines. The old lady said, "Please help the people of this country."

On the plane back to Japan, Mr. Amemiya felt deep sadness and anger. He said to himself, "I'm an engineer. I'll make a machine to remove landmines and help the Cambodians!"

Amemiya told his employees the sad story of the landmines in Cambodia. They wanted to help him. He then started to look for people with knowledge about landmines, and visited Cambodia to learn more. After three years, the team finally succeeded in making their first landmine-removal machine.

In 1999, Mr. Amemiya took the machine to Cambodia himself for testing. It was dangerous work, but the test was a success.

In the year 2000, he sent two landmine-removal machines to Cambodia. Later, he sent more machines to many different countries.

Mr. Amemiya visited Cambodia again and was happy to see a school in a place that once had a lot of landmines. The children were playing, studying, and having fun. They were no longer worried about landmines. Mr. Amemiya never forgot about the street children he saw in Phnom Penh. It took about 15 years, but his dream finally came true.

(*COLUMBUS 21*（3年）pp.86-87)

4章

指導法・指導技術

- **Q 4-1** いろいろな指導法の特徴と参考になる点は？ ……………… 133
- **Q 4-2** 「教科書で教える」とはどういうこと？ ……………… 136
- **Q 4-3** 学力差の大きいクラスの授業の進め方は？ ……………… 138
- **Q 4-4** 英語で進める授業に慣れていない生徒の指導は？ ……………… 139
- **Q 4-5** 生徒を生き生きと授業に参加させる工夫は？ ……………… 140
- **Q 4-6** 多様な活動(学習)形態の効果的な活用法は？ ……………… 142
- **Q 4-7** 上手な褒め方，叱り方とは？ ……………… 144
- **Q 4-8** 発音の基礎を確立する中学校音声指導の留意点は？ ……………… 146
- **Q 4-9** 文法用語使用の長所と短所は？ ……………… 148
- **Q 4-10** 板書内容，板書方法は？ ……………… 149
- **Q 4-11** 視覚教材の効果的な使用法は？ ……………… 151
- **Q 4-12** ICT機器の効果的な活用方法は？ ……………… 153
- **Q 4-13** 教師のモデル・リーディングの必要性は？ ……………… 155
- **Q 4-14** 音読指導の方法と進め方は？ ……………… 156
- **Q 4-15** 生徒の音読の声が小さくなってきたときの指導は？ ……………… 158
- **Q 4-16** 効果的な指名のしかたは？ ……………… 159
- **Q 4-17** ワークシートやタスクカード作成のコツは？ ……………… 161
- **Q 4-18** 生徒の発話の誤りの修正方法は？ ……………… 163

いろいろな指導法の特徴と参考になる点は？

日本の英語教育に影響を与えてきた，また今後も影響を与えそうな外国語の指導法の特徴と参考になる点を簡単に紹介してください。

まず現在の外国語教育に影響を与えている考え方や仮説について概観し，次に日本で実践されてきた伝統的な指導法と，現在，注目されている指導法の特徴と参考になる点を簡単に紹介します。

1．指導法の基盤となる考え方，仮説

① インプット仮説（input hypothesis）

Krashen（1982）はモニターモデルと呼ばれる言語習得に関する5つの仮説を提案していますが，中でもインプット仮説は外国語教育に大きな影響を与えています。それは学習者の現在の外国語能力を少し超えたレベル（i + 1）の文法構造を含むインプットを与え，理解させることによって言語習得が効果的に行われる，というものです。

② アウトプット仮説（output hypothesis）

Swain（1985）はカナダのイマージョン・プログラムにおける学習者の調査に基づき，インプットを与えるだけでは文法を正確に使用するといった言語能力は伸びないことから，豊富なインプットに加え，学習者が目標言語を使って話したり書いたりしてアウトプットすることが不可欠であるとしています。これは，アウトプットすることにより，(1) 理解できても使うことができない言語項目に気づくこと，(2) 相手から受けるフィードバックで，自分のその時点での言語規則に関する仮説を検証し，修正すること，(3) 目標言語の言語形式の特徴を分析的に考え，意味との関係を把握すること，が可能になるからだとしています。

③ インタラクション仮説（interactive hypothesis）

Long（1981）はインタラクションによって言語理解，言語習得が促進されるとしています。すなわち，インタラクションにおける相手からのフィードバックによって，インプットの理解が容易になることに加え，アウトプット仮説で示したように，自分の言語規則に関する仮説を適切かどうか検討したり，仮説を修正する機会を与えるとともに，より多くのアウトプットを引き出すことが可能になる，からだとしています。

④ コミュニケーション能力（communicative competence）

コミュニケーション能力を育成するには，言語についての正確な知識に加え，さまざまな状況（対人関係，話題，文脈，場面）で言語を適切に使用できる能力を

身につけることが必要です。なお，このコミュニケーション能力の下位分類については，Q2-1 を参照してください。

2．伝統的な指導法

わが国で行われてきた3つの伝統的な教授法について概観します。

① 文法訳読式教授法（Grammar-Translation Method）

文法の学習と和訳，英訳の練習を中心とする教授法であり，読むことに重点が置かれているので，聞いたり，話したりする能力が育成できない，といった問題点があります。しかし，生徒の知的レベルに合った教材を扱うことができ，文法を体系的に指導できる，といった点を評価する教師も多いようです。

② オーラル・メソッド（The Oral Method）

Palmer は言語を言語体系（code）と言語運用（speech）に分けて考え，言語運用を重視すべきこと，外国語学習の目標に関係なく，幼児が母語を習得する過程にならって，「聞く→話す→読む→書く」の順序で指導する指導過程を提案しました。この Palmer のオーラル・メソッドは，新出の教材を英語で導入するオーラル・イントロダクションにさまざまな工夫を加えたり，ストーリー・テリングを取り入れたりなどの改良がなされ，現在も広く活用されています。

③ オーラル・アプローチ（The Oral Approach）

オーラル・アプローチは行動主義心理学の刺激・反応理論に基づく教授法です。意味の変化は構造の変化を伴うという考えに基づき精選され，配列された文型を模倣反復・記憶（minicry memorization：mim-men）と文型練習（pattern practice）によって，新しい言語習慣を形成させます。

機械的な文型練習に対して批判もありますが，文型練習は，導入した文型に習熟させるために，絵，写真，映像などを使って意味を伴った操作練習に改良され，現在も広く活用されています。

3．現在注目されている指導法

現在，多くの教師が関心を示している4つ指導法を紹介します。

① 伝達中心の指導法（Communicative Language Teaching，以下 CLT）

CLT はコミュニケーション能力の育成を目標とする指導法の総称です。コミュニケーションの基本であるインタラクションを体験させるために，ペア・ワークやグループ・ワークを活用して，インフォメーション・ギャップ活動やロールプレイ，問題解決活動などに取り組ませます。その際，生徒の話す英語は正確さ（accuracy）より流暢さ（fluency）が重視されます。

なお，以下の3つの指導法も CLT の理念に基づく指導法です。

② 内容中心の指導法（Content-based Instruction，以下 CBI）

　CBI は社会科や理科などの教科の内容を目標言語で指導することによって，目標言語を自然に習得させるイマージョン・プログラムを応用した指導法です。教科内容や環境，平和，食糧問題などのテーマについて，目標言語でリスニング，リーディング，プレゼンテーション，ディスカッションなどを行います。最近注目されている内容言語統合型授業（Content and Language Integrated Learning, CLIL）も CBI と多くの共通点があります。

③ タスク中心の教授法（Task-based Instruction，以下 TBI）

　インタラクション仮説を基盤にする TBI はタスクを中心にシラバスを作成し，タスクを使ってインタラクションを行う機会を与え，ペアやグループで意味交渉を活発に行わせて，タスクを完成させます。タスク完成にあたってのインタラクションの意義については，1.③を参照してください。なお，TBI は文法能力の向上につながらないという問題点を解決するために，タスクに取り組む前または後に，文法指導を行うなどの改善が図られています。

④ フォーカス・オン・フォーム（Focus on form，以下，F on F）

　F on F はコミュニケーション重視の指導過程において，必要に応じて言語形式に生徒の注意を向けさせ，形式・意味・機能のつながりを効果的に習得させていく指導法です。この形式・意味・機能について気づきを促すために，生徒の興味・関心を引きつける良質なかつ多量のインプットを与え，インテイクさせます。次にインテイクした規則を使って内容のあるアウトプットをさせます。この F on F の指導過程におけるインプット，アウトプット，インタラクションの役割については，1.②,③を参照してください。

　なお，F on F の理念に基づく授業の進め方については，次の図書が有益です。

- 村野井仁（2006）『第二言語習得研究から見た効果的な英語指導法・学習法』大修館書店.
- 和泉伸一（2009）『「フォーカス・オン・フォーム」を取り入れた新しい英語教育』大修館書店.

　以上，外国語の指導法について概観しましたが，さまざまな指導法があることからわかるように，絶対的な指導法はありません。大切なことは，教師は外国語教育について明確なビジョンを持ち，そのビジョンに一歩でも近づくために，定期的に自己の授業を点検し，必要に応じて，授業改善に役立ちそうなアイディアを探し，自分の授業に合うようにアレンジして実践してみて，真に役立つものを授業に取り入れていくことです。

「教科書で教える」とはどういうこと？

「教科書を教えるのではなく，教科書で教える」とはどういうことなのでしょうか。具体的に教えてください。

　「教科書を教えるのではなく，教科書で教える」ということについて，ある先生が食材と料理にたとえておられますが，そのとおりだと思います。すなわち，「教科書で教える」とは食材（＝教科書）を生徒が食べてみたくなるおいしい料理にして提供するようなものです。このような観点から，生徒にとって有益な授業を展開するための教科書の生かし方について考えてみます。

1．身近な話題，場面を利用する

　学校生活や家庭生活，またどの生徒も知っている人物や体験など，生徒にとって身近な話題や場面を使うと，内容について理解しているので，新出文法事項について生徒の気づきを容易に促すことができます。以下，*SUNSHINE*（1年）Lesson 9-1を使用した現在進行形の導入例を示します。教科書では電話がかかってきたとき，家族がそれぞれ何をしていたかを題材として現在進行形を扱っています。新出文法事項という食材の調理では，教科書に示された味気ない目標文や本文の架空ストーリーよりも，生徒たちにより身近で具体的な学校の体育大会を題材にしてみましょう。このような教師の工夫が「教科書で教える」第一歩です。教師は体育大会当日の生徒の様子を録画したビデオを見せながら，その実況中継をする英文を言い，生徒に現在進行形の文構造に気づかせます。

　　　　T：Hi, everyone! Let's watch a video of our Sports Festival. Look. You <u>are marching</u>. Who <u>is holding</u> the class flag?
　　　　S：Kenta is!
　　　　T：Right. Kenta <u>is holding</u> the class flag. Kenta, you are cool!
　Kenta：Thank you.
　　　　T：（次の場面に移って）Now, you <u>are making</u> a human pyramid. （以下，略）

2．スキーマを活性化し，動機づけを図る

　本文の話題や場面の背景について説明ややりとりを通して，生徒の背景知識を引き出します。スキーマを活性化することによって題材や場面に関する生徒たちのイメージを広げ，本文への関心を高めることによって本文の内容理解に対する動機づけを行います。以下，*SUNSHINE*（3年）Lesson 5-2を活用した例を示します。このページは回転寿司第1号店の起源や，ベルトコンベアを使うアイディアを思いついたときのエピソードが題材になっています。授業では，Where was the first *kaiten-zushi* bar opened? In Tokyo? In Nagoya? In Osaka? In Hakata? It was opened in Osaka by Mr. Shiraishi Yoshiaki in 1958. He was a sushi chef, and he wanted to serve more sushi at once. Where did he get the idea of the conveyor belt sushi bar?（以下，略）など，ピクチャー・カードを活用して生徒とやりとりをしながら内容を導入していきます。

3．「自分なら」…なりきり音読のすすめ

　本文が会話文であれば，登場人物になったつもりで，その表情や気持ちを描写するためにはどんなふうに読めばよいかを考えさせて生徒に役割を演じさせます。説明文や物語文であれば，アナウンサーやナレーターなどになったつもりで，「自分なら」という立場で表情豊かに語らせると，読み手も聞き手も大いに楽しむことができます。以下，*NEW CROWN*（1年）Lesson 3-3の例を示します。このページは健がオーストラリアから来たエマに三味線のバチを見せる場面です。
Emma：（相手が持っているものを知らない表情で）What do you have in your hand?
　Ken：I have a *shamisen* pick.
Emma：（首をかしげて初めて聞く感じで）*Shamisen*?（興味のあるような表情で）
　　　　Cool. What music do you play?
　Ken：I play traditional Japanese music. But I don't play it well.

4．結末，意見，感想を書いて発表する

　本文の内容によって結末部分を自分なりに書き換えたり，自分の意見や感想を書いて発表します。本文の内容についてよく考えて意見を書くためには内容理解を深める必要があるので，生徒は本文をしっかり読むことになります。また，自分の考えをまとめて書いて発表するという自己表現としても有意義な活動となります。以下 *NEW CROWN*（2年）"Landmines and Aki Ra" を読んだ生徒の感想例を示します。When I read this, I felt very shocked. When Aki Ra was a child, he was forced to become a soldier and bury landmines. I couldn't believe it. I want to make peace in the world.

5．追加の読み物題材を楽しませる

　本文の題材についていろいろな角度から深く考えさせたいときには，同じような題材の他社の教科書を読ませたり，インターネットや新聞，雑誌，本などから情報を得ることができます。他社の教科書については英語に問題はありませんが，インターネット等の情報は難易度を調べ，ALTの協力を得て，適切な英文に書き直す必要があります。各グループに異なる情報を与え，その内容を発展させると，互いに学び合う，楽しい活動になります。

学力差の大きいクラスの授業の進め方は？

学力差の大きいクラスではどのように授業を進めればよいでしょうか。英語が得意な生徒や不得意な生徒への指導についてアドバイスをお願いします。

　どんなクラスにも学力差はあり，習熟度別編成のクラスでも学力差が小さくない場合があります。すべての生徒が主体的に学び，友達と協力して学び合い，英語力を高め，個性を伸ばしていける授業作りを心がけることです。

1．全員が積極的に活動できる態勢を作る

　身近な題材を使い，4技能のバランスを考慮しながら発達段階や学習段階に適した方法で授業を進めましょう。個々の生徒に焦点を合わせた発問を工夫し，多くの生徒に発表の機会を与えます。

　また毎時間，到達度を見る活動に取り組ませ，活動後に自己評価をノートに書いて提出させ，教師がコメントを書いて返却します。一人ひとりの生徒が持てる力を発揮して授業に参加することで，目標達成を意識した積極的な学習態度を育成していきます。

2．活動（学習）形態を工夫する

　個別学習だけでなく，ペアやグループ・ワークによる協働学習（⇨ Q4-6 ，Q7-6 ）を上手に活用すると，生徒同士がお互いの発言や意見交換をじかに楽しみ，お互いに学び合い，啓発し合う機会が増えます。

　活動中，教師は生徒の活動の様子を観察して指導を加えますが，その際，個々の生徒の習熟度を十分把握したうえで褒めたり励ましたりすることばがけが大切です。特に学力の低い生徒や配慮の必要な生徒については，その生徒のところに行って個別に支援するようにしましょう。

3．クリエイティブな活動を与え，個に応じて指導する

　一人ひとりの生徒が個性や英語力を発揮して自分なりに工夫して英語を使い，自分の考えを表現する場を設定しましょう。その際，英語力の高い生徒には質問に2文以上で答えさせたり，板書事項をノートに取るだけでなく，関連した英文を書き加えてまとまりのある内容に仕上げさせるなど，一斉指導の中でも個に応じた指導を行うことが大切です。

　しかし，すべての生徒の学力に対応する課題を準備して与えるのは現実的には困難です。そこで全員に同じ課題を与えながらも，生徒一人ひとりが学力に応じて到達目標を調整し，学習の個別化を図ることができる，やる気を引き出す魅力的でクリエイティブな課題を工夫することが効果的で現実的です。

英語で進める授業に慣れていない生徒の指導は？

できるだけ英語を使って授業を進めています。クラスの編成替えで２年生あるいは３年生で，あまり英語を使わない先生の後を引き継いだ場合の留意点を教えてください。

生徒が英語で授業を進めることに慣れていないからといって，焦らないようにしましょう。「先生が替わる」ということだけでも不安を覚える生徒がいます。ましてや，それまで英語があまり使用されていなかった状況を無理して一気に変えようとすると，生徒の抵抗感や拒絶感が大きくなります。

まず，なぜ英語で授業を進めるのか，そのことにどんな意味があるのかを生徒に語り，英語で進める授業の楽しさ，成就感や達成感を生徒に持たせられるように工夫することです。特に最初の１～２か月が勝負となるでしょう。「無理をせず，一歩一歩！」が合言葉です。

以下，留意点を挙げてみましょう。

１．クラスルーム・イングリッシュを積極的に使用する

授業でよく使われるクラスルーム・イングリッシュは，活動や状況によって「こういうときにはこの表現」ということでくり返し使用されるので，生徒も徐々に慣れていきます。教師だけでなく生徒も使うことができるように，無理のない範囲でクラスルーム・イングリッシュを少しずつ増やしていきましょう。

２．既習事項を活用して語りかける

教師が授業で英語を話すとき，難しい表現を避け，できるだけ既習の語彙や文法事項を使い，生徒にとって理解しやすい，また推測しやすい文脈を設定して語りかけることが大切です。そのとき，教師の表情や手振り身振りなども生徒の理解の助けになるので，大いに活用するとよいでしょう。このような teacher talk を少しずつ増やしていきましょう（⇨ Q1-19）。

３．生徒の反応を確認しながら進める

英語で授業を進めるときは，特に英語で進める授業に慣れていない生徒がいるときには，生徒の理解状況を把握し，反応を見ながら進めることが大切です。一人ひとりと目をつなぎ，生徒がわかりにくそうにしていれば，教師は話す英語のスピードを落としたり，くり返したり，他の表現に言い換えたりします。また，生徒の理解を助けるために視覚教材の利用も工夫しましょう。なお，定期試験終了時などに，授業中に教師が使う英語がどの程度理解できたかアンケートを取り，teacher talk の改善の参考にするとよいでしょう。

生徒を生き生きと授業に参加させる工夫は？

生徒の興味・関心を大切にした授業を心がけていますが、なかなか生徒の学習意欲を高めることができません。生徒たちが生き生きと参加する授業を行うにはどのような工夫が必要でしょうか。

生徒が生き生きと取り組む授業とは、授業が楽しく、よく理解でき、英語が使える授業です。このような授業では、生徒は進歩感や達成感を味わうことができ、「次はこんなことができるようになりたい」と学習意欲が高まります。ここでは、1つの単元の授業を例に、生徒が生き生きと取り組む授業について考えます。

1．単元「友達紹介」の授業展開

① 単元の指導計画

1) 指導目標：一般動詞の3人称・単数・現在形を使って、人物紹介ができる。
2) 言語材料：
   - play, like, have, go, study, practice など一般動詞の3人称・単数・現在形の肯定文、否定文、一般疑問文とその答え方。
   - what, who, where, when, などの疑問詞を伴った特別疑問文とその答え方。
3) コミュニケーション・自己表現活動：
   - グループによるスピーチショー "My Favorite Person" およびスピーチ発表後に、聞き手からの質問に即興で答える。
   - ノートにクリエイティブ・ライティング "My Favorite Person" を書く。

② 各時間の到達目標となる活動と活動の進め方

第1時：グループ活動「友達や先生、有名人の紹介」

教師が示す次のモデルを参考に、友達や先生、有名人の中から一人を選んでグループで紹介文を考え、クラスの前で発表します。

Hi. Lauren is our English teacher. She is from America. Her birthday is June 5th. She has a cat. Her name is Cleo. Lauren likes green. She has a green bike. She likes Japanese food. She doesn't like spiders. She practices yoga every week. We like her. Thank you.

紹介する人物を決め、まず be 動詞を使って文を作り、次に play, like など一般動詞の三単現の肯定文と否定文を使った文を加え、紹介文を完成します。各自の発表分担を決めて練習を重ね、その際、動詞の語尾の発音を確認し合います。発表では、最初の "Hi." と最後の "Thank you." はグループ全員で声を揃えて言います。

第2時:クイズショー "Who is This?"

　第1時の宿題で書いてきた「みんなが知っている友達や先生,有名人などの紹介文」をクラスの前でクイズとして出題し,他の友達が当てます。

　"Let's enjoy 'Who is This? Quiz'. He is from Aichi, Japan, but he is in America now. His birthday is October 22nd. He has some cars. He doesn't like vegetables. He likes dogs. He has a dog. His dog's name is Ikkyu. He plays baseball very well. Who is he?"（答:He is Ichiro.）

第3時:「人物当てクイズ!」

　Does ...? を学習後,教師の指名で前に出た生徒以外の生徒に人物名を知らせ,前に出た生徒はクラスの生徒に質問し,その人物名を当てるクイズを行います。

第4時:スピーチショー "My Favorite Person"

　クラスの前で一人ずつスピーチを発表し,その後,聞き手からの質問に答えます。スピーチには,その人物の名前・職業・好きなことなど,必ず含むべき内容を指示しておきます。発表練習として,ペアでスピーチを交互に行い,質疑応答やスピーチの際の表情・態度・声量などについてアドバイスし合います。この活動は事前の準備が必要なので,早めに予定を伝え,個人指導を進めておきます。

第5時:クリエイティブ・ライティング "My Favorite Person"

　作品ノートに10文以上でまとまりのある文章を書きます。関連する絵や写真を添え,読み手が楽しめる作品作りをめざします。提出後,全員の作品を互いに読み,作品鑑賞をして学び合います。

2.　生徒が生き生きと取り組む授業とは

　1.の単元の授業展開を踏まえ,生徒が生き生き取り組む授業の条件を整理してみましょう。

(1) 単元の到達目標の達成のため,各時間において段階的に発展する到達目標を設定し,コミュニケーション・自己表現活動に取り組ませる。

(2) 各時間とも,スモール・ステップで段階的に指導し,その時間の到達目標となる活動に取り組ませる。

(3) 各時間の新出事項について,単元を通して毎時間学習を重ねさせ,習熟させる。

(4) 生徒の伝達意欲をそそるモデルを提示する。

(5) ペア・グループ（協働学習）をうまく機能させる。

(6) 個別指導を適切に行い,全員に成功体験を保証するレディネスを培って,コミュニケーション・自己表現活動に取り組ませる。

(7) 授業と家庭学習の連携を図り,家庭学習を次の授業での活動につなげる。

多様な活動（学習）形態の効果的な活用法は？

多様な活動形態を活用したいと思いながら，ペアやグループ活動をなかなか上手に取り入れることができていません。それぞれの活動形態をどのような場面で使えば効果的なのでしょうか。

1．さまざまな活動形態の特徴と活用法

① 一斉活動

教師がクラスの生徒全員に対し一斉に指導を行う活動形態です。クラス全体で教師の説明を聞いたり質問に答えたりして，学習内容を理解させたり，理解を深めるための練習をさせたりするときに効果的です。

なお一斉指導では，クラスの全生徒を指導する際，個々の生徒観察を怠らず，生徒一人ひとりの表情や反応を把握し，必要に応じて補足指導や個別指導を行うことが大切です。

② 個別活動

生徒一人ひとりが各自の学習内容や課題に取り組み，考えたり練習したりして理解度を確かめます。例えば，教科書を一斉音読練習した後に個人で音読練習したり（buzz reading ⇨ Q4-14），新しく学習した表現を使って自分のことを書いたり，学習内容をワークシートにまとめる活動などがあります。

個別活動中には，個々の生徒の状況を把握するために教師は机間指導をして，必要に応じて個々にことばがけを行い，指導・助言をすることが大切です。

③ ペア活動（ペア・ワーク）

ペア活動は，生徒同士で練習したり，会話を行ったりすることができるので，生徒の練習や発話を増やすことができます。

隣の席の生徒，前後の席の生徒など，相手を固定して行うペア活動（fixed pair work）と，席を立って制限時間内に次々と相手を変えて行うオープン・ペア活動（flexible pair work）があり，インタビュー活動などに適します。活動内容に応じて選択しましょう。

④ グループ活動（グループ・ワーク）

4，5人程度のグループで行う活動形態で，プレゼンテーションに発展させる課題解決学習や創作的な表現活動とその発表に適しています。例えば，課題解決学習では，グループのメンバーが役割分担をして資料を調べたり，それらをまとめたり，発表準備や発表したりするにあたり，お互いに協力し合って一人ひとりの長所を出し合いながら課題を遂行させます。（⇨ Q7-6 ）

2. ペア，グループの作り方と活用にあたっての留意点

　ペア（fixed pair）の作り方には，座席による固定ペアと一方の座席を1つずつ前後にずらして組む移動ペアがあります。固定ペアは手間なくペアを組むことができ便利です。移動ペアはいろいろな人と活動できるので，クラスの人間関係を広げることができます。自由にペアを組ませる方法もありますが，仲のよい生徒同士がペアになり，取り残された生徒が出る可能性があるので，生徒指導上の配慮が必要です。グループ活動にも固定グループと移動グループがあります。

　なお，ペア，グループ活動をスムーズに機能させるには，「誰とペアやグループになっても気持ちよく取り組めるクラス作り」を目標に，日頃から学習環境作りが必要です。また，全員の発話をモニターし，観察・評価することは困難ですが，机間指導をしっかり行い，必要な支援を行うことが大切です。

3. 授業過程に沿った活動形態例

　1年生の「旅行代理店の広告作り（I, you, he / she, can）」を到達目標とした授業を例に，基本的な指導過程に沿った活動形態の例を示します。

- 挨拶，Small Talk（一斉活動：教師が趣味について話した後，質問をし，数人の生徒は指名により答える。）
- ウォームアップ（一斉活動：What do you do on Sundays? を歌う。）
- 復習（ペア活動：ペアで What do you do on Sundays? というトピックで自由に会話をし，その後，クラス全体に発表する。）
- 新教材の導入（一斉活動：教師が特技を話題に自分のできることについて，生徒とインタラクションを行いながら話し，can の文を導入する。）
- 板書と説明（一斉活動：生徒から気づきを引き出し，can を含む英文を板書し，簡潔に文法説明を行う。そのとき，板書した文を教師について一斉にくり返す。）
- 操作練習（一斉活動：まず指名された生徒が絵などを見ながら can を含む文を言った後，教師について全体でくり返す。）
- コミュニケーション・自己表現活動（グループ活動：旅行代理店の広告作りと発表 "Let's go to Hawaii! You can swim in the beautiful sea. …）
- 教科書本文の内容理解（一斉活動：教師の口頭導入を聞き，質問に答える。）
- 教科書本文の音読（一斉活動→個別活動→ペア活動：教師のモデル・リーディングを聞かせ，本文の内容理解の確認後，教師について全体で，続いて各自で音読練習を行う。その後，生徒はペアになり，「音声で意味を伝えること」をめざして本文を表情豊かに読み合う。）
- まとめ（個別活動：学習のまとめとして，板書内容を全員で音読後，ノートに書く。）

上手な褒め方，叱り方とは？

生徒を成長させるには上手に褒め，上手に叱ることが大切だと思いますが，なかなか難しいと感じております。上手な褒め方と叱り方を具体的に教えてください。

　先生の褒め方，叱り方しだいで，生徒はやる気を出したり失ったりします。しかし，人の褒め方，特に叱り方は難しいものです。教師は日頃から生徒に公平な気持ちと態度で接し，行動や様子をよく観察して生徒の性格や特徴をとらえておくことが必要です。そのときの気分しだいで生徒を褒めたり，叱ったりしないこと，とりわけ，叱る基準がブレないことが肝要です。基準がブレると，「あの子には何も言わなかったのに，私だけ叱られた。先生はひいきしてる！」「今日は先生の機嫌が悪くて，ひどい目にあった」などと反感を買って終わります。
　以下，上手な褒め方と叱り方のポイントを考えてみましょう。

1．上手な褒め方

① 結果ではなく，取り組みや努力を褒める

　人は努力や行動を褒められると学ぶことを楽しみ，新しいことにも挑戦しようとする気持ちになりますが，結果だけを褒められると失敗することをおそれ，新しいことに挑戦するのを避けようとする傾向が強くなると言われています。具体的な行動を褒められることで，これから出くわす多くの困難にも立ち向う自信と勇気が育まれ，行動力が形成されていきます。日頃からの取り組みや努力，またそれらにより改善されたことなどについて，「具体的に」指摘して褒めることが効果的です。個人的に1対1の場で褒めたり，名前は伏せてクラスのみんなに「こんな人がいるよ。よく努力しているなあと先生は感心しています」と褒めたり，本人や他の生徒の反応にも配慮したうえで，生徒にクラスの前で褒めことばをかけたりして，効果的に褒め，生徒のやる気を育てたいものです。努力して取り組んでいるけれど，満足できる結果は出せていないという生徒も少なくありません。そのような場合にも生徒の気持ちを汲み取り，「頑張ってるね」と取り組みを認めてあげることばをかけましょう。きっと「これからも続けよう」「もっと努力しよう」という意欲につながります。

② よい点を上手に見つける

　問題行動を起こす生徒も含めて，生徒はみんな認めてもらいたい，褒めてもらいたいと思っています。特定の生徒ばかりを褒めるのではなく，それぞれの生徒のよいところや努力しているところを見つけて褒めるようにします。よい先生は，生徒のよい点を上手に見つけ，上手に褒める先生です。ただし，留意しておきた

い点は，どんな場合であっても，他の生徒と比較して褒めるのは避けましょう。

2．上手な叱り方

一人ひとりの生徒の成長を願って営まれる学校生活や授業を円滑に運営するために，道徳的な事柄を含め，いろいろな約束事を確立し守っていくことが必要です。その約束事が守られない場合，教師は生徒を叱り，矯正させる必要があります。

① 叱った後に，ひと言，ことばを添える

叱っているとつい感情的になります。そうなると生徒は自己反省をするどころか「そんなに怒らなくてもいいのに…」という不快感や反感を持ってしまいます。それを避けるためには，叱った後，その生徒に教師の期待感を伝えたり，よい点を褒めてあげましょう。そうすることで，生徒は「よし！　頑張ろう」という気持ちになり，叱られたことにもプラスの感情を最終的に抱くことでしょう。

② 他の人と比較しない

なかなか行動が改善されないときなど，つい他の生徒と比較して「〜ができないのはあなただけです」とか，「○○さんはできているのに，なぜ君は…」などと非難しがちです。子どもたちは，他人と比べられることを一番嫌います。本人の自律を促すためにも，褒めるときと同様に，他の人との比較はしないことが大切です。

③「褒める」「叱る」をくり返す

きちんと自分で反省させ，考えさせるためには個別に叱ることが大切です。教師にくり返して叱られる生徒ほど「叱る」という行為の効果が弱いようです。そのような生徒には，少しずつよくなってきたことやできるようになってきたことを見逃さず，そのことを褒めるとよいでしょう。「褒める」と「叱る」を上手にくり返して，生徒の意欲を高めたいものです。

④「叱り方」よりも，もっと大切なことがある

どんな生徒でも好んで「叱られる」生徒はいません。しかし，尊敬し信頼できる先生から叱られると，指導を素直に受け入れ，「これからは心を入れ替えて頑張ろう」という気持ちになれるものです。「叱り方」も大切ですが，それ以上に「誰に叱られたか」ということが重要な要素になります。日頃からの生徒との信頼関係がないまま叱っても，生徒の心を動かすことができません。ましてや，「○○先生から聞いたが，こんなことをしたそうだな！」と自分の目で確認していないことを，他の教員の威を借りて二番煎じで叱るのは最悪です。生徒を上手に叱るには日頃から生徒との人間関係，信頼関係を築いておくことが不可欠です。

発音の基礎を確立する中学校音声指導の留意点は？

生徒たちは小学校で英語にふれてきていますが、系統的な音声指導は受けていないようです。高校へとつなぐ発音の基礎を確立する中学校の音声指導で留意すべきことを教えてください。

　小学校の外国語活動は聞いたり話したりする活動中心に展開されており、系統的な音声指導はなされていません。このような事情もあり、外国語活動経験者は、英語の音声を注意深く聞き取り、聞こえたとおりに模倣しようとする姿勢が見られる、といった報告とともに、英語をカタカナ音に置き換えて日本語的発音をしたり、英語のリズム、イントネーションが身についていない生徒が多い、といった報告もよく耳にします（例えば、樋口2014）。したがって、中学校では、小学校で培われた音声に対する望ましい姿勢を大切にしながら、日本語と英語の音の違いや英語の個々の音の作り方、英語のリズム、イントネーションをていねいに指導することが大切です。

1．中学校の音声指導の内容

　学習指導要領は「第2　目標及び内容等」において、音声指導に関わる内容として、以下の言語活動と言語材料を示しています。

- 第2−2　内容(1) 言語活動—ア「話すこと」
  - （ア）強勢、イントネーション、区切りなど基本的な英語の音声の特徴をとらえ、正しく発音すること。
- 第2−2　内容(3) 言語材料—ア「音声」
  - （ア）現代の標準的な発音
  - （イ）語と語の連結による音変化
  - （ウ）語、句、文における基本的な強勢
  - （エ）文における基本的なイントネーション
  - （オ）文における基本的な区切り

　次に、（3）ア「音声に関わる言語材料」の（ア）〜（オ）について、具体例を挙げて簡単に説明します。

（ア）現代の標準的な発音

　標準的な発音の例として、アメリカ合衆国のシカゴ市周辺やイギリスBBC放送のアナウンサーが話す英語などが考えられます（平田2008）。指導に際しては、
(1) 英語には日本語とは異なる母音や子音があり、それらの種類や数は日本語よりも多い。

(2) pen や dog, but などの発音は子音で終わり,最後に母音をつけない。
(3) clock や drink など子音を続けて発音しなければならない単語がある。
(4) happy「ハッピー」や money「マネー」のように日本語化している発音をそのまま発音してしまいがちな単語がある。

などの日本語との発音の違いや日本人学習者が間違いやすい発音の指導をくり返し,定着を図る必要があります。

(イ) 語と語の連結による音変化

英語を話すとき,語と語を連続して発音する場合が多く,そのとき,get up などの連結や wha(t) time などの脱落,did you [dɪdʒu] などの同化といった音変化が起こります。この指導は自然な発音の習得とともに,リスニング能力の向上にも寄与します。

(ウ) 語と句,文における基本的な強勢

英語は声の強弱で強勢をつけ,独特のリズムを作ります。banána, Japanése と Japanése péople, This is the bóok that Máry wróte. などが一例です。

(エ) 文における基本的なイントネーション

イントネーションとは発話における声の抑揚のことで,上昇調と下降調があります。I play the piano every day.↘(下降調)／ Can you come?↗(上昇調)／ Do you like red↗ or blue?↘

(オ) 文における基本的な区切り

長い文は,次のように意味のまとまりごとに区切って話されます。

He was interested in many things / and liked to go to the library / to read books.　(*NEW CROWN*(3年) Lesson 7-Read)

2. 音声指導の実際

音声指導の進め方について音読指導を例に紹介します。

(1) その日の新出単語や関連単語に関する母音と子音の発音指導を徹底する。
(2) 教科書本文の音

　　Raji：I'm húngry. Let's eat cúrry / at tha(t) shóp.
　Kumi：OK. Which do you wánt,↘ / béef↗ or chícken?↘
　　Raji：Chícken, please. I don't eat béef.
　Kumi：That's ríght. Now I remémber.

(*NEW CROWN*(1年)"We're Talking 9")

教師は,本文中の新出単語だけでなく,音の連結,同化,脱落,強勢,イントネーション,区切りについて発音モデルを示し,生徒に発音させ指導します。

文法用語使用の長所と短所は？

文法用語の使用について迷っています。文法用語を使用することの長所と短所を教えてください。また，いつ，どのように使用すればよいのでしょうか。

学習指導要領は「文法事項の取扱い」について，「用語や用法の区別などの指導が中心とならないよう配慮し，実際に活用できるように指導すること。また，語順や修飾関係などにおける日本語との違いについて配慮すること」としています。以下，この点を踏まえて文法用語の使い方について考えてみます。

1．文法用語使用の長所と短所

文法用語をまったく使わないとなると，文法を体系的に整理したり，関連のある文法事項をまとめたりするうえで不便です。生徒の理解の助けになる程度の文法用語の使用が望ましいと言えるでしょう。授業で文法事項の確認や単元のまとめの学習の際に，教科書の「文法のまとめ」などのページに使われている程度の文法用語を使用するとよいでしょう。これらの文法用語は，辞書や参考書を利用する際や高校入学後の学習にも役立ちます。

2．文法用語使用の具体例—いつ，どのように使用するか

新出文法事項：This is a story written by Soseki. の導入時を例に示します。

(1) 新出文法事項の導入後に生徒から英語を引き出しながらターゲット・センテンスを板書する。
(2) 生徒から形式や意味についての気づきを引き出しながら，下の下線部のように図式化する。
(3) 既習の現在分詞の場合と比較しながら，下の（　）内のように日本語を補足的に書き加えて説明する。

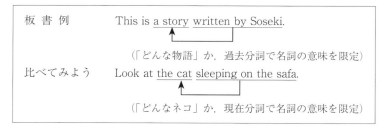

なお，前時の the cat sleeping on the sofa の導入時に，日本語と英語の語順の違いにふれておきますが，生徒に確認しながら，もう一度くり返し説明してもよいでしょう。

板書内容，板書方法は？

生徒にとってわかりやすい板書，ノートに取れば家庭学習の復習に役立つ板書をしたいと思います。板書内容や板書方法のアイディアをご紹介ください。

　その日の授業で学習した大切な情報を板書し視覚化して提示することは，学習内容に対する生徒の理解を助ける有効な手段の１つです。生徒が板書されたものをノートにまとめ，家庭で復習する際に利用することを念頭に置いて，教師は板書しなくてはなりません。

　「書いたら消すな，消すなら書くな」という名言を心にとどめて，「板書計画」を立てて授業に臨みましょう。

１．板書の基礎・基本

　まず，教師は板書するときの立つ位置に配慮し，自分の体で書いている板書の文字が見えにくくならないように気をつけます。また，黒板は横に長いので，だいたい２〜３分割して板書し，教室の端の生徒が光の具合で見えにくい両脇や，後ろの席の生徒が見えにくい下の部分には書かないようにします。

　板書にあたっては，ていねいで読みやすい大きさのブロック体で書き，授業のポイントを的確に板書し，授業の最後にその時間のまとめのふり返りを行いやすいように工夫します。大切な箇所にアンダーラインを引いたり，色チョークで強調したりします。

　一般に，白と黄色チョークが最も目立つと言われます。以上のような基礎・基本を押さえた板書は，生徒の学習内容の理解を促進するだけでなく，家庭での復習にも大いに役立ちます。

２．板書内容と板書方法

　学習指導案を作成する際に，いつ，どのような内容を，どこに，どのように板書するかという板書計画を立てておくことが大切です。以下，「受動態の指導」の第１時の板書を想定して説明します。

① いつ板書し，いつノートを取らせるか

　授業の新出事項について，口頭による導入が終わり，そのまとめとして形式や意味の説明をするときなどに，生徒の理解を深め，定着させるために板書します。また，重要語句も板書し，授業中，生徒の目にふれることができる状態にしておくと，生徒にそれらの重要語句を意識させることができます。これらに加え，練習や発表時の生徒の誤答を正すときなど，口頭だけではわかりにくいと思われる場合，必要に応じて正解に導くためのポイントを書き加えます。

〈板書の具体例〉　　　　　　（下線____は白チョーク，____部は色チョークを使用）

```
                                              January 16, 2015
   今日のポイント
   ● 動作をしかける人(物)を主語にして言うとき    （重要語句）
      （能動態「～する」の文）                  be written
   J. K. Rowling wrote this book.             be read
                                              （過去分詞）
                                              made
   ● 動作を受ける物(人)を主語にして言うとき      seen
      （動態態「～される」の文）                watched
   This book was written by J. K. Rowling.    visited
   It is read by many people in the world.
```

　もう1つ重要なポイントは，生徒にノートを取らせるタイミングを明確に指示し，時間を保証することです。何も言わないと生徒は即座に写そうとして，教師の話を聞かなくなります。書いたり消したりをくり返すのは最悪です。生徒は強迫観念にかられ，コピーマシンになります。

② **板書内容**

　その日の学習内容で全員が理解しなければならないポイントとなる文法事項や語句を書きます。具体的には，導入で扱ったターゲット・センテンスや活動で使用する語句を板書し，その後に続く活動に取り組むときにもそれらを参考にします。また，復習時に生徒たちが学習のポイントを想起できるよう，ごく簡潔な解説も一緒に板書しておきます。

③ **どこに，どんなふうに**

　本時に導入した文法事項について，生徒とのやりとりを通して生徒の気づきを引き出しながら，文法事項の形式や意味，機能を整理し，黒板の中央部分に簡潔にわかりやすく板書します。クラス全員の視線を本時の学習事項に集中させ，教師の説明をしっかり聞かせるうえで非常に効果的です。

　また，必要に応じて，関連するピクチャー・カードや写真などを貼り，生徒の理解の手助けにします。

　さらに，黒板中央に板書した目標文の右側に，導入した文法事項の理解を深めたり，定着を図る活動で使用する語句を書きます。これらの語句については，新出語句を中心に必要なものを精選し，多くなり過ぎないように注意しましょう。

視覚教材の効果的な使用法は？

絵や写真，ポスターなどの視覚教材を活用したいと思っています。効果的な使用方法について具体的なアドバイスをお願いします。

絵や写真，ポスター，イラスト，地図，グラフ，動画などの視覚教材は，見るだけで英語が話されている場面や状況がわかり，生徒は内容を推測したり，英語表現を理解したりするうえで大いに役立つので，授業で積極的に活用しましょう。以下，効果的な使用方法を具体的に紹介します。

1. 教科書などのイラスト，写真やピクチャー・カードの効果的な使用法

教科書には主要登場人物のイラストが何度も出てきます。このようなイラストを教室の後ろからでも見える大きさにコピーしたものや教科書準拠のピクチャー・カードを使用して，それぞれの登場人物の話し方や声の調子に変化をつけて会話を聞かせれば，どの人物がどのような気持ちで話しているかなどがよくわかり，会話が理解しやすくなります。また，本文の内容に沿って数枚のイラストやピクチャー・カードを提示する場合，提示してから1〜2秒程度間をおき，生徒に場面や状況を感じ取らせてから英語を聞かせると，生徒の理解がより深まります。

2. 教師が収集した写真やポスターの効果的な使用法

写真やポスターは色が鮮明で画像も美しいので，生徒の興味をより引きつけることができます。写真はインターネットから取ったり，本やカレンダーの写真を利用したり，自分で撮影したりしますが，ポスターは各地の観光課や旅行代理店に相談して入手することもできます。これらは受動態（例：姫路城のポスターを活用して：Himeji Castle was built by Ikeda Terumasa.）や過去形の指導（旅行したときの写真を使用して：This is a picture of Hiroshima. I went there last year.）などさまざまな活動で利用できます。

以下に，現在完了の導入例を紹介します。

T：（ポスターまたは写真を黒板に貼って）What city is this?
Ss：Kyoto!
T：Yes, Last summer, I went to Kyoto with my family.（黒板に年号を書きながら）I visited Kyoto in 2009, in 2013 and this time, in 2014.（書いた年号を指しながら）I have visited Kyoto three times. Say, you ….
Ss：You have visited Kyoto three times.
T：Good. How about you? <u>Have you ever visited Kyoto?</u>（以下，略）

この後，京都の寺社の写真も使用し，生徒とのインタラクションを続けます。

3．表やグラフの使用法

　表やグラフを使用すると，それらを参考資料として，自分の考えや意見をまとめて発表させる，ディスカッションをさせるなど，さまざまな活動を行うことができます。給食や制服に関することなど，特にクラスや校内で行った身近な話題に関するアンケート結果を示す表やグラフを見せると，生徒は非常に興味を示します。下のグラフは，「時間があればしたいこと」というテーマで行ったクラスのアンケート結果です。以下に，形容詞の比較級と最上級の導入例を示しますが，結果が一目瞭然なので，生徒は教師の質問に答えることがたやすくなります。

T：Last week, I asked you a question, "What do you want to do if you have free time?" Do you remember that? Now, I'll show you the result of your answers. Here it is!（棒グラフを黒板に貼り）What do many of you want to do if you have free time?

Ss：Go to amusement parks.

T：That's right. <u>Most students in this class want to go to amusement parks.</u> Which do more people want to do, to play sports or to go shopping?

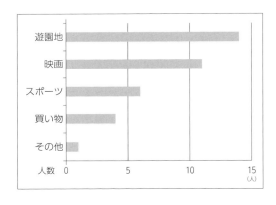

Ss：To play sports.

T：Good. <u>More students in this class want to play sports.</u>（以下，略）

4．視覚機器の効果的な使用法

　教室にコンピュータやデジタルカメラの画面を映し出す環境があれば，その機器の特性を生かして活用したいものです。特に写真などの一部を拡大して見せたり，モザイクをかけたりして生徒の興味を引きつけることができます。また，What's this? や Who's this? などのクイズ的な活動も簡単にできます。また，教材提示装置（OHC）があれば，写真をモニターに大きく映して，本文の内容や新出文法事項の導入に使用したり，生徒に各自の持参した写真を使って自己表現活動をさせることなども可能となります。なお，機器使用が授業の目標ではないので，機器に必要以上に頼らないようにすることを心がけましょう。ICT 機器の活用法については Q4-12 をご参照ください。

ICT機器の効果的な活用方法は？

デジタル教科書やプレゼンテーションソフト，電子黒板などのICT機器の効果的な活用方法を教えてください。

　ICT（Information and Computing Technology）と一口に言っても電子黒板，OHC，パソコンやタブレット型端末など多岐にわたります。また，これらの進歩はめざましく，機器自体の性能や機能も日々進化していますし，使用環境も数年前と今とではまったく違っており，それらをまとめてお伝えするのが難しいくらいです。

　しかしながら，どの機器を使用する場合にも，共通で普遍的な効果的活用の条件があるとすれば，それらの特性を熟知するということでしょう。そして「この機材・機能があるから使う」という考え方ではなく，「この機能は，その指導に最適だから使う」というふうに，自分の指導計画の中で主体的に使用するという意識が大切です。

　最近のデジタル教科書を例に取れば，教科書のさし絵や写真をはじめ，単語カード，目標文，内容理解の問題と答えなどの教材から，単元ごとのオーラル・イントロダクションや題材に関する動画まで入っており大変便利です。しかし，機能が多過ぎて目がくらみ，肝心の授業のねらいがぼやけてしまっては本末転倒です。自分の生徒に使用するときには，ただ使うのではなく，「何を」「どこで」使うかを周到に計画する必要があります。

1．ICT機器の効果的活用例

　筆者は，授業でタブレット端末を使っています。その中に授業で使う写真や動画，教科書の音声，教科書のデータなど，必要なものをすべて入れてあり，なおかつ，プレゼンテーションソフトもあるので，必要に応じてスライドを作って入れています。HDMI端子一本で教室の大型テレビにつなげば，映像も音声もそこから使えるので便利です。しかも持ち運びがCDラジカセやスピーカーなどよりも小さくて軽く手軽です。

　以下に，多くの先生方に気軽に行っていただけるような例をいくつか挙げてみます。

① 教科書の題材に命を吹き込む

　教科書には分量などさまざまな制限があるので，どうしても情報量が少なく，その題材のねらいや魅力を十分に表現できていないことがあります。そのようなときに，著作権には注意しなくてはなりませんが，題材に関連した資料をインタ

ーネットから簡単に探し出すことができます。例えば、本文に出てくる国の映像や、登場人物のインタビューや演説の映像などを流すだけで、生徒を一瞬で教科書の世界に誘うことができ、教科書本文を読んでみたいと思わせることができます。検索サイトで教科書に登場する人物名や題材の出典タイトルなどで検索してみてください。思わぬ情報や映像が手に入る場合があります。

② 教科書本文の内容理解や言語材料の理解を補助する

　筆者は教科書本文や言語材料を導入するときには、ほとんどを英語で行っていますので、教師の語り聞かせる英語が生徒にとって理解可能なよいインプットとなるように、プレゼンテーションソフトを活用しています。教科書の内容であれば、アニメーションなどを利用することで、容易に内容を理解させることができます。例えば、現在進行形の指導では、実際に何かの動作を行っている動画を見せながら導入することもでき、進行形がどのような場面で使用されるのかを映像で具体的に提示することができます。

③ 語彙や音読指導に活用する

　さらに、プレゼンテーションソフトを使えば、単語を動かしたり、消したりできるので、単語カードをフラッシュさせたり、音読中にだんだんと単語が消えていくように設定したりすることもできます。最初は、1文あたり1語を消し、次は1文あたり2語、という具合に、次第に多くの単語が消えるようにして、音読から暗唱へと指導する際に活用したり、またある程度の時間で1文ずつ本文が消えていくように設定し、音読に時間制限を与えたりすることで刺激を与え、生徒たちの集中力を持続させながら音読練習を行わせることも可能です。

2．ICTの短所も知ったうえで活用しよう

　ここで紹介したICTの活用例は、あくまで一例であり、活用例を挙げると枚挙にいとまがありません。しかし、ICT機器自体にももちろんデメリットはいくつもあります。

　ICT機器は、故障や不具合、機器の相性などアクシデントに弱いのが難点です。また、公開授業などでときどき目にしますが、教師が機器の前で操作にもたついて、授業が間延びしてしまい、生徒の集中力が落ちてしまうこともあります。

　オーラル・イントロダクションも目の前の生徒を知っている教師の方が魅力的に行えるし、場合によっては紙のピクチャー・カードの方が便利な場合も往々にしてあります。他の教材や教具と同じくICTを1つの選択肢として考えてこそ、ICT機器の効果的な活用が可能になるのです。機器に使われるのでなく、目的に応じて使いこなすことこそが肝要です。

教師のモデル・リーディングの必要性は？

授業で教師のモデル・リーディングは必要なのでしょうか。教師より教科書準拠のCDの方が自然な発音でよいと思いますが…。

モデル・リーディング，すなわち教師による模範音読（範読）の目的は，生徒が文字で書かれた英語を音声にして正しく音読できるようにすることです。それに照らし合わせて，授業における教師のモデル・リーディングの意義と必要性および教科書準拠のCDの活用法について考えてみましょう。

1．教師のモデル・リーディングの意義と必要性

教科書準拠CD任せでない，教師によるモデル・リーディングの意義と必要性について，まず確認しておきましょう。

教師自身がモデル・リーディングを行うメリットの1つは，教師は生徒の学習段階や実態に合わせて，文の区切りや音読のスピードを調節しながら，意図的・明示的に「指導」することができることです。また，生徒の音読を聞いて，英語らしいリズムや発音指導が必要な箇所では，即座にくり返して指導することも可能です。

メリットの2つ目は，生徒にとって，CDを聞いて音読練習をするよりも，教師の顔の表情や声の調子，口の形や動きなどをじかに見て，教師の肉声を聞きながら音読練習をする方がはるかに容易です。特に物語文や対話文の場合は，表情豊かに音読する教師のモデル・リーディングの役割は，生徒にとって非常に重要です。

2．教科書準拠のCDの利用

次は，教師の音読指導の効果を高めるための教科書準拠CDの活用法です。

(1) ポーズやセンテンス・ストレスを意識させて，音読指導を行う。
(2) 生徒が教師のモデル・リーディングによる音読に慣れたら，CDの音読スピードやリズムに慣れさせ，生徒の実態によってはオーバーラッピングやシャドゥイングなどで音読の仕上げをさせる。（⇨ Q4-14）
(3) 閉本した状態でCDの音声を何度もくり返させ，流暢さの向上や暗唱の手助けとする。

教師は日々音声面の研鑽を積むとともに，授業前にはCDで音読練習を十分行い，教師としての範読能力を高めておくことが求められます。

音読指導の方法と進め方は？

初級から上級までさまざまな音読指導のテクニックがあるようですが,段階別にねらいと進め方を紹介してください。また中学生はどのあたりをめざすべきでしょうか。

1.「音読」(reading aloud) の定義とその効果

音読は「意味を十分に理解した文章を,親や先生が子どもに本を読み聞かせるように,テキストを持たない人にも分かるよう,その内容を音声で伝達する表現活動で,スピーキングへの橋渡しとなる活動」(髙橋2011:157) とされています。

音読は,スペリングと発音の結びつきを強化するとともに,区切り (chunking),強勢とリズム,イントネーション,音変化などの音声システムの習得を促し,学習した語彙や連語,文法規則を内在化させ,コミュニケーション場面で活用できるよう自動化してくれます (土屋2004,鈴木・門田2012)。音読は英語授業の基礎・基本といえる重要な指導で,時間がないから割愛する,時間が余ったから何度も同じ方法でくり返すなど,場当たり的な指導は避けなければなりません。

2. 音読指導のバリエーション

① Chorus reading (斉読)

教師がテキストを範読 (model reading) し,その後について生徒が一斉に声を揃えて読みます。最初は意味のまとまり (sense group) であるチャンクごとに区切って読ませ,次第に文レベルへと拡充していきます。教師の後について上手に音読できるようになると教科書準拠CDの後について斉読させます。いきなりCDを使うよりも,最初はスピードや区切りを生徒の実態に合わせて臨機応変に調整できる教師の後について行うのが効果的です。

② Buzz reading (個別音読)

生徒各自が自分のペースで,モデルなしで読めるように練習します。全員が異なるペースで一斉に音読を始め,ハチなどのブーンという羽音 (buzz) のように教室中が騒がしくなるので"buzz reading"と呼ばれます。練習中,教師は机間指導を行い,個々の生徒の音読への習熟の度合いを把握・評価するとともに,うまく音読できない生徒がいれば個別に支援します。

③ Individual reading (個人音読)

教師が個人 (対話文ではペア) を指名して音読させ,個々の生徒の読みをチェックしてあげる活動です。教師が指名して,他の生徒たちの前で発表させるのですから,クラスのどの生徒を指名しても上手に音読でき,褒めてあげられるレベルに達していることを見極め,勝算を持って行うべき活動です。

個人の音読能力の評価よりも、他者の前で音読する経験をさせることを主目的として行う場合には、グループ内で一人ずつ順番に輪読させてもかまいません。

生徒が上手に音読できるようになってきたら、次に示すRead & Look-upの手法を使って行わせましょう。

④ Read & Look-up

テキストを音読するときに、1文やsense groupをまず黙読して意味を確認し、次に顔を上げて、例えば教室の前にいる教師に意味を伝えるべく、テキストから目を離し「相手の顔を見て、語りかけるつもり」で声に出して言う練習で、「音読からスピーキングへの橋渡し」となる活動です。教師が"Read."と言って生徒が黙読し、"Look up."の合図で一斉に顔を上げ声に出して言います。反復練習を通して、次第に黙読して再生する単位（chunk）を広げ、最終的には文レベルでの再生に導き、生徒はテキストを一瞬見ただけで顔を上げて言うことができることをめざします（West 1960）。本文が長い場合には、文やチャンクごとに改行してセンタリングしたプリントを作って配付し、自分が言う文やチャンクの冒頭を左手の親指で押さえながら行うように指示すれば、生徒が再度黙読する際にどこを言っているのか見失って戸惑うことを防止できます。

⑤ Overlapping

ナチュラルスピードの教科書準拠CDや教師の範読と重ねながらスピードに遅れないようにテキストを見ながら音読する練習で、parallel reading／paced readingとも呼ばれます。自然なスピードやリズム、イントネーションに近づけるのに有効で、listen and repeat形式のchorus readingの半分の時間で実施でき、短時間で練習量を確保することができます。

⑥ Shadowing

「尾行する」という意味の動詞"shadow"から命名された「シャドゥイング」は、文字を見ずに耳から聞こえてくる音声を遅れないようにできるだけ即座にくり返しながらついていく練習法で、外国語の同時通訳トレーニング法の1つとして行われているものです。斉読などモデル音声を聞いた後一定のポーズを取ってくり返すrepetitionとは異なり、間を置かず聞こえた瞬間にくり返します。Buzz readingやoverlappingなど、ある程度音読練習を行った後に発展的活動として行うと力がつきます。シャドゥイングは言語知識の自動化を進め、表現能力を高める効果があると言われています（白畑他2009：276）。

おなじみの①～③だけでなく、より発展的でチャレンジングな④～⑥も目的に応じてぜひ実施してみましょう。

生徒の音読の声が小さくなってきたときの指導は？

生徒の音読の声が小さくなってきたのですが，どうすればよいでしょうか。また，全体では大きな声が出ても，個人になると声が小さくなる生徒に対する指導方法を教えてください。

　生徒の音読の声が小さくなるのには，いくつかの理由が考えられます。照れくさく思う年齢であるのも確かですが，他教科も含め発表の機会が少ない授業が多かったり，音読の意義を感じていなかったり，音読に自信を失っていたり，またクラスの雰囲気や人間関係が声を出しづらいものであったりなどが考えられます。生徒が声を出して練習しようとする音読指導を行えているか，授業を自己点検する必要があるかもしれません。"In a loud voice!"と注意したり，教師だけが大きな声を出しても，たいていは逆効果です。

　では，どのように指導すればよいのでしょうか（⇨ Q6-9 ）。

1．なぜ声を出さないのか原因を調べ，対応を考える

　「声が小さい」という印象だけにとどまらず，どのくらいの生徒が声を出して読んでいないのか，その実態を把握しましょう。上にも述べたように，声を出さないのにもいろいろな理由があります。アンケートやインタビューなどでその理由を探り，多くの生徒に共通する理由がわかれば，それへの対応策を考え実行しましょう。原因を特定し具体的対応策を考える。これが授業改善の鉄則です。

2．音読の意義を伝える

　子どもたちは納得していないことは頑張れません。大多数の生徒は英語を話せるようになりたいと願っています。この願いを捉え，意味を理解した英文を，テキストを持たぬ人に伝えるべく音読することは，学習した英語を自動化し，スピーキング力を育成することに大きな効果があることをくり返し伝えましょう。

3．その気になって音読する場を設定し，うまくなったことを実感させる

　音読の意義はわかっても，「うまく音読できないから恥ずかしい」ので声が小さくなる生徒が大勢います。そのような生徒には，LL や CALL 教室など仲間に声を聞かれない環境の中で自分の声をモニターしながら練習させるのも効果的です。また，目的もなしに「大きな声で」と促すのでなく，誰に向かって何のために読むのか，例えば，BGM を流しながら物語の「朗読ショー」を行うなど，目的やゴールを明確にして，生徒がその気になって音読練習に取り組む場を設定することが大切です。Q4-14 でも紹介したいろいろな練習方法を実践し，うまくなったことを生徒自身が実感すれば，音読の声は自然と大きくなってきます。

効果的な指名のしかたは？

質問する際，誰を指名しようか迷い座席順に当ててしまいます。指名の果たす役割と望ましい指名方法，および生徒が答えられないときの適切な対処法について教えてください。

授業中の教師の質問に対して，挙手がまったくない場合もあります。そんなとき，迷ったあげく座席順に指名してしまうことがよくありますが，それが常になると次に指名される生徒しか考えようとしなくなってしまいます。指名のしかたを工夫することによって全員参加型の授業へと改善することができます。以下，効果的な指名のしかたについて考えてみましょう。

1．指名の役割とは？

教師が一方的に話をして生徒をまったく指名しない授業を見かけます。この授業の問題点は何でしょうか。生徒が授業内容を理解できているのかどうか確認していないということです。生徒の理解度確認のための主要な方法が指名・発問です。また，教師が一斉指導の中で生徒全員に"Repeat after me."と促す場合がありますが，このような場合でも，何人かの生徒を個人指名し，一人ひとりが正しく言えているかを確認する必要があります。つまり，指名は，生徒の理解のうえに立って授業を進めるために，生徒一人ひとりの理解度や技能の定着度を確認するために行うものです。

2．望ましい指名方法は？

① **生徒の発表を引き出す**

指名は，教師がどの生徒に発言をさせるかを決めるので，教師主導の活動になりがちです。生徒の主体性を生かす視点から，操作練習などの機械的な活動は別ですが，まず生徒の挙手を待って指名を行いたいものです。そのためには，質問や指示の後に，生徒に考えたり練習したりする時間を与え，発表する準備をさせてあげ，一人でも多くの生徒が挙手できるていねいな授業展開，また生徒が自ら進んで挙手できる学級集団作りが大切です。挙手する生徒が多い場合は一部の生徒に偏ることなく，できるだけ多くの生徒に発言の機会を与えてあげましょう。

② **全員に発表の機会を与える**

指名は挙手する生徒だけに偏るのはよくありません。教師は，毎時間できるだけ多くの生徒，できれば全員を指名し，発表機会を与えたいものです。クラスには，積極的に挙手をして発表できる生徒もいれば，わかっていても挙手する勇気や自信がない生徒もいます。そういった挙手ができない生徒にスポットライトを

当てるのも指名の役割です。

③ 質問の難易度を考えて指名する

　全員が理解すべき授業の目標に関する基本的な質問は生徒を選ばず，理解の遅い生徒を中心に指名する必要があります。しかし，質問の難度によっては，答えられる生徒と答えられない生徒がいます。こういった場合，教師は，質問の難易度に応じて指名する生徒を考える必要もあります。一般的には難易度を3段階程度に分類して，生徒の英語力に応じて指名するのがよいでしょう。

　大切な点は，すべてのレベルの生徒が指名を受けられるように，異なる難易度の質問や指示を用意しておくことです。また，生徒の英語力や学習意欲を高めるために，ときどき一段高いレベルの質問を行うことも必要です。

3．生徒が質問に答えられないときは？

　次に，教師の予想に反して生徒が答えられない場合の対応を考えてみましょう。

① もう一度ゆっくりとくり返す

　例えば，T：What is the influence of global warming on the earth? といった質問に答えられない場合は，まず生徒が教師の質問の意味を理解しているのか確認する必要があります。それは生徒の表情からも読み取れることがありますが，Do you understand my question? と聞いて生徒から返事が返ってこない場合は，もう一度質問をゆっくりくり返します。

② 易しい表現で言い換える

　それでも答えが返ってこない場合は，How is global warming changing our world? といった他の易しい表現に言い換えて，生徒が質問の意味を理解できるように工夫することが大切です。

③ 一般疑問文または選択疑問文で聞く

　①，②の質問に対して答えが返ってこない場合は，考える時間を与えたり，ペアやグループで相談したりする機会を持たせるのもよい方法です。

　また，Is the ice melting? と一般疑問文を用いたり，Is the earth getting warmer and warmer, or colder and colder? と選択疑問文を用いて質問します。選択疑問文に対する答えが間違っていた場合には，The sea level is rising. というように，追加のヒントや答えのポイントとなることばを与えてあげるとよいでしょう。

　最後に，授業では，個々の生徒の理解度や習熟度を確認することと同様に，生徒一人ひとりの英語の発話量や活動量を確保することも大切です。したがって，個人と全体への問いかけのバランスを考えて授業を展開することが求められます。

ワークシートやタスクカード作成のコツは？

ワークシートやタスクカードを作成し，授業のさまざまな場面や家庭学習で活用したいと考えています。利用目的別に作成上の留意点を教えてください。

さまざまな配付プリントのうち，記入して完成させる類のものをワークシート，口頭活動などの際にのみ使用するものをタスクカードと呼ぶことが多いようですが，厳密な区別はありません。以下，両者に共通する作成上の留意点を示します。

(1) 説明は最小限にし，わかりやすい英文例をつける。
(2) 練習のためだけの人工的な英文は避け，ことばの使用場面が想像でき，生徒が「使ってみたい」と思う英文にする。
(3) 課題の内容が生徒の興味を引く，イラストがある，自分にもできそう，などの工夫があると，生徒は「やってみたい」と思い，進んで取り組む。
(4) 生徒の用いる英語を想定し，ヒントとなる英文や単語を挙げる。

1．授業中の課題用（インタビュー活動，ビンゴゲーム，クイズ解答用紙など）

生徒が課題に集中するように，その課題だけのシートにします。それに続くライティング課題や文法理解度確認問題は別のシートで用意します。同じシートに複数の課題を印刷すると，最初の課題を適当に切り上げ勝手に次の課題を始める生徒がいます。指示された課題に集中して取り組む教室ルールが浸透するまでは「1シート1課題」が原則です。ルールが確立すれば，左右に異なる課題を印刷し折って使う，表面のインタビュー活動が終わった者は合格印をもらい裏面のインタビュー結果を用いたライティングに移る，というのも効率的です。

インタビュー，ビンゴ，クイズなどの内容は，次の段階で与える課題に必要な語彙・英文で構成します。例えば，過去形を用いて日曜日をどのように過ごしたかを説明することが目標ならば，中学生が日曜日にしそうな行動を16個または25個集めてビンゴシートを作ります。生徒の実態や校区の特徴をうまく把握して作成すると，生徒たちは喜んで取り組み，必要な表現を覚えてしまいます。

2．授業での文法事項説明・理解・確認用

文法事項説明用のワークシートは，教師の説明を聞きながら英文や訳を記入して完成していく形式にします。文法用語は極力少なく，説明よりも適切な英文例から形式と意味の関係を理解させます（⇨ Q4-9 ）。教師が一方的に進めず，日本語でも英語でも生徒とのインタラクションを通して，ワークシートの課題を生徒が「考えながら」学習できるように作成しておくことが大切です。

また，1回ごとの内容を精選し，その日理解させたい内容に絞ります。例えば，

三単現を初めて教えるときは，単純に -s, -es をつけるタイプだけで教え，次の時間に復習とともに study → studies, try → tries を紹介する，というようにします。

　生徒がよく忘れる既習事項を資料としてつけておくことも効果的です。「現在完了」を教えるときは受動態の学習時に習った動詞の変化表を，「S+V（want, tell など）＋O＋to 不定詞」の文構造を教えるときは代名詞の格変化表をつけておきます。これにより生徒はその時間に新しく習う事項に焦点を合わせて学習できます。

　ワークシートを使った学習では生徒によって進度に差が出ますので，早くできた生徒も遊ぶことなく，クラス全員が集中して取り組める工夫をします。易しいレベルから難しいものになるよう練習問題を並べ，最後に創意工夫の要る課題，例えば，目標文法事項を用いたライティングを入れるなどするとよいでしょう。

3．ライティング用

　ライティングはすべて自力で書かせるのではなく，次のように難易度の異なる課題を使い分けてワークシートを作ります。(1) 文意を読み取って空欄を完成させる。(例)(Spring) is the season I like the best. (2) 文の前半を与えておき後半を創作させる。(例) When I opened the door of my house, (Johnny Depp was waiting for me). (3) モデルエッセイの一部を書き換えさせる。(4) モデルエッセイを参考にしてエッセイを書かせる。(5) 内容の条件だけを示して書かせる。(例)「今までで一番楽しかった日曜日について書きなさい。ただし enjoy, happy, have a good time といった語句は使わずに楽しさを伝えなさい」。

　なお，モデルエッセイは生徒に何をどう工夫して書けばよいかを理解させるものです。ユーモアがあり生徒が「書いてみたい」と思うものなら完璧です。

4．リーディング用（理解度確認用シート）

　教科書本文や補充リーディング教材の内容に関する英問英答だけでなく，多肢選択，空所補充，日本語の問に日本語で答える，T or F など，いくつかの質問形式を使い分けることで生徒の読み取り意欲を高めるようにします。読み取った内容を図示させるという方法もあります。

5．家庭学習用

　一人でできるように例やヒントをつけ，わかりやすく作ります。ドリル練習だけでなく，アイディアの必要な楽しい課題や家族に相談したくなる課題をつけましょう。例えば，受動態では，What is made from rice? *Sake* is made from rice. という例を与え，お米からできる製品を5つ以上書かせるなどの課題です。

生徒の発話の誤りの修正方法は？

生徒の発話中の誤りを修正する際，どのような点に留意すべきでしょうか。具体的な修正方法と合わせて教えてください。

　誤りには注意散漫や疲労による一過性の言い間違い（mistake）と規則的にする誤り（error）があります。ここでは後者の誤りについて考えます。言語習得には発達上の誤りや母語の転移による誤りなど，誤りは必ず伴うものです。しかし，誤りを放置しておくと，生徒は向上意欲をなくし，誤りが化石化（fossilization）してしまいます。逆に誤りの指摘を厳しくしすぎると，生徒は誤りをおそれ，目標言語を積極的に使わなくなります。

　では，誤りにどのように対処し，どのように修正すればよいのでしょうか。

1．誤りに対する対処のしかた

　正確さ（accuracy）と流暢さ（fluency）のどちらかを優先するのではなく，両者は相互に支え合っているという視点で，誤りに対処することが大切です。

① どのような誤りを修正するか

　誤りは，語順，従属接続詞など伝達全体に大きな障害となる全体的誤り（global error）と動詞の屈折語尾，冠詞など伝達の部分的な障害になる局所的誤り（local error）に分けられます。誤りの修正はまず前者を優先し，次に後者の頻度の高いものを優先するとよいでしょう。ただし，目標とする文法事項に関する誤りは，全体的な誤りであれ局所的な誤りであれ，ていねいな修正が必要です。

② どの段階で修正するか

　発音や文法などの正確さを身につける操作練習の段階では誤りをきっちり修正する必要がありますが，意味のやりとりを流暢に行うことをめざすコミュニケーション活動の段階では，活動の流れが止まらないように伝達の妨げとなっている誤り以外は許容してもよいでしょう。ただし，多くの生徒に共通する頻度の高い誤りについては，活動終了後にクラス全体に指導することが大切です。

③ 誰が修正するか

　(1) 教師が修正する，(2) 教師が誤りの箇所を指摘し，生徒に気づかせ自己修正させる，(3) ペアやグループで相互に誤りを指摘して修正し合う，などの方法があります。発音や操作練習では(1)または(2)，教師と生徒とのインタラクションでは(2)または(1)，音読やスキットなどの発表前の練習では(3)が効果的です。

2．誤りの修正方法

　ではどのように誤りを修正すればよいのでしょうか。教師が生徒に修正を促す

フィードバックには，明示的フィードバック（explicit feedback）と暗示的フィードバック（implicit feedback）があります。1.②で述べたように，指導段階や目的に応じて両者を使い分けるとよいでしょう。

① 明示的フィードバック

誤りの箇所を明確に指摘して正しい規則を明示的に説明します。

S：I see the movie on TV last night.
T：昨夜のことだから動詞は過去形の saw だね。
S：I saw the movie on TV last night.

なお，生徒が誤った発話をすれば，教師が即座に正しいモデルを示し，生徒にくり返させる方法も一種の明示的フィードバックです。

② 暗示的フィードバック

誤った箇所に生徒の意識を向けさせ，誤りを自己修正するように促します。次のような方法をインタラクションの展開や誤りのタイプに応じて使い分けます。

- **言い直し（recast）**：誤りの箇所を教師が言い直し，誤りに気づかせます。

 S：My sister speak English well.
 T：Oh, your sister speaks English well.
 S：My sister speaks English well.

- **誘発法（elicitation）**：教師は生徒が誤りをした直前まで言ってポーズを入れ，誤りに気づかせます。

 S：My father washed the dish after dinner.
 T：Excuse me, he washed the …???
 S：Dishes. My father washed the dishes after dinner.

- **明確化の要求（clarification request）**：教師と生徒のインタラクションなどで生徒の発話が不明確な場合，発話の明確化の要求を行います。その後，次のように言い直しなどを続ける必要がある場合がよくあります。

 T：How often do you walk a dog?
 S：Two.
 T：Two what?（明確化の要求）
 S：Two for a day.
 T：Two times a day?（言い直し）
 S：Yes. Two times a day. I walk a dog two times a day.

これら以外に，教師が生徒の誤りをそのままくり返し，生徒に誤りを気づかせる**くり返し（repetition）**もよく使用されます。

5章

ティーム・ティーチングと少人数クラス

- **Q 5-1** ALTとのTTならではという授業をするには？ ……………… 166
- **Q 5-2** TTにおける日本人教師とALTの役割は？ ………………… 168
- **Q 5-3** ALTとの打ち合わせを短時間で効果的に行うコツは？ …… 170
- **Q 5-4** 新任ALTとの授業のコツは？ ……………………………… 172
- **Q 5-5** TT以外にALTをフルに生かすアイディアは？ …………… 174
- **Q 5-6** 日本人同士のTTを充実させるコツは？ …………………… 176
- **Q 5-7** 新任教員を育成するTTのポイントは？ …………………… 177
- **Q 5-8** 少人数クラスの運営方法と活用法は？ …………………… 178

ALTとのTTならではという授業をするには？

生徒はALTと私のTTを楽しみにしています。生徒の期待に応えてALTとのTTならではという授業を行いたいのですが…。具体的なアドバイスをお願いします。

ALTは今や日本の学校英語教育に必須の存在です。生徒の学習意欲を高めるだけでなく英語力を伸ばすTT（ティーム・ティーチング）を展開したいものです。

1. 教師が二人いるという利点を生かす

ALTにだけ何かをさせるのは避け，「二人で」英語を使ってみせるのがポイントです。二人いればさまざまなスキットができます。授業の最初に二人で時事的なことや「回転寿司屋での失敗」といった楽しいテーマで短いスキットを行います。実物など小道具も使って1回目を演じた後，聞き取りのポイントとなる質問をし，再度演じます。その後，生徒の理解度を，生徒の実態に合わせ英語または日本語で確かめます。

これは新出文法事項の導入にも使える手法ですが，指導した文法事項をその後継続的に授業で使っていく機会としても利用できます。気軽な対話を装って目標とする文法事項を組み込んだ，生徒に力をつけるインプットを与えましょう。しかし，その場合も何を聞き取らせるかという意図を持って対話を演じます。事前に話す原稿を書き，検討し，練習してから臨みます。ALTにいきなり話させることは絶対にしてはいけません。

2.「聞く」「読む」「話す」「書く」プラス4技能の統合的指導をめざす

生徒がALTの話をただ聞くだけとか，聞き取り中心の活動で，せいぜい単語レベルの発話しかしないゲームだけというのは避けます。授業課程を3つ程度のチャンクに分け，授業全体で4技能すべてを含むようにします。例えば，まず聞き取り中心のゲームをし，次に与えられた絵か写真の説明を複数の生徒が行い，さまざまな考えを述べた後，その絵について各自がストーリーを書きます。ただし，書く前に教師が別の絵を説明し，作ったストーリーの原稿を読ませておきます。1年生なら，似た絵を2枚用意し違いを説明する「間違い探し」にすると生徒は取り組みやすいです。扱う題材に文化による物の見方や価値観の違いが表れる異文化理解を含むとさらによいでしょう。

次に，4技能を統合的に指導する実践例を紹介します。

実践例：「英字新聞」の記事を読み，自分の意見を発表する

ALTはJTEのアドバイスを受けながら，英字新聞から適切な記事を選び語彙や表現をコントロールして書き直し，写真やタイトルをつけ新聞記事風にまとめ

た読み物教材を作ります。内容についてのQを5問程度つけます。簡単なものから始め，最後はオープンエンドのQ（referential question ⇨ **Q1-13**）で生徒の意見をたずねるものにします。授業の進め方は次のとおりです。

(1) ALTとJTEで生徒が記事に興味を持つよう対話を行った後，生徒たちに記事を配付しタイトルと写真から内容を予想させます。
(2) 各自で読み，Qの答えをプリントに書きます。グループやペアで取り組ませるのも一手です。なお，最後の質問は英語で書けないときは日本語でも可とします。
(3) 順次，質問に答えさせていきます。このやりとりを単なる答え合わせにしないことが大切です。誤答も含め教師と生徒が英語でインタラクションすることを目的にします。最後の質問はよい意見やユニークな考えを褒めることが大切です。生徒が英語で言う場合は支援してやり，日本語の発表はその場でJTEが易しい英語で言い換え，正しい表現を板書します。生徒たちは指示されなくても自分が言いたかった英文をプリントやノートに書き写し始めるでしょう。
(4) 生徒の意見を聞いた後，二人の教師も自分の意見を言います。ここでJTEが生徒に「おっ，先生言うなあ」と思わせる意見を言えば，生徒のよいロールモデルになります。
(5) 家庭学習の課題として，最後のQに対する答えを中心にその記事について自分の意見をノートまたは用意した用紙に書かせます。生徒が書いた意見をまとめ，それぞれにALTが短いコメントを書き，印刷して配付すると，生徒が熱心に読む優れたリーディング教材になります。

生徒が書くことに慣れていれば，これを機に新聞記事を書かせるのも一案です。タイトルをつけ，写真や絵も入れさせます。編集すれば大きな紙面にできます。

3．二人で協力して発音教材を作成して指導する

th, rとlなどALTが気になる音を中心にどう指導するかALTが案を立て，JTEが生徒に合うようアドバイスをして，10分程度で指導できる教材を作ります。「ALTによる」というのがミソですが，音を作るために発音器官をどう使うかの細かいアドバイスはJTEの出番です。そして練習の最後に，ALTが不得意な日本語発音練習をつけ加えます。普段から「こんにゃく」と「婚約」，「美容院」と「病院」，「かわいい」と「こわい」など外国人が聞き分けにくい語彙を集めておきます。「ALTの先生も日本語発音では苦労するのだ」と知ることは生徒の英語学習への大きな励ましとなります。

TTにおける日本人教師とALTの役割は？

ALTとのTTで研究授業を行いましたが、ベテランの先生から日本人教師とALTの役割をよく考えるようにと指摘されました。TTにおける両者の役割を教えてください。

　TTを効果的に進められない理由として、授業の進め方についてJTEとALTの事前打ち合わせが不十分であることや、JTEとALTの役割が明確に理解されていないことなどが考えられます。両者の立場や役割を十分理解し意見交換を重ねることが、ALTの存在をより有意義なものにすることにつながります。

1．授業までにしておかなければならないこと

　JTEは、年間計画の中でのTTの位置づけ、指導目標や指導内容、教材観や生徒観、また評価規準についてALTに話しておくことが大切です。その際、新出事項と既習事項を知らせておくと、ALTが授業で生徒の学習段階に適した語彙や表現を考えるのに役立ちます。

　TTでもう1点留意しておきたいことは、二人の教師が授業のどの場面でも生徒のために機能していること、つまり、授業のある時間帯、二人の教師のどちらか一人だけが頑張り、もう一人はボーっと突っ立っているだけにならないことです。T1（主担者）が中心的に指導しているときに、もう一人がT2（副担者）としてどのような役割を担うかが重要です。そして、授業までにJTEが作成した学習指導案をALTに説明して意見交換を行い、各授業場面における両者の役割を確認することも大切です。

2．授業におけるJTEの役割

　授業の進行はJTEが生徒の状況を確認しながら行いますが、軌道修正や内容変更が必要な場合、その場でALTに相談したり指示したりすることを伝えておきます。生徒がALTの英語を理解できない場合や応答に困っている場合など、教科担任として、その原因を瞬時に判断して、生徒を支援したり、ALTに指示を与えること、これはJTEがプロの教員として責任を負うべき役割です。また、生徒とALTで行う活動場面が少ない授業を見かけることがありますが、JTEは、JTE－ALT、JTE－生徒、ALT－生徒、生徒－生徒の活動の適切なバランスに配慮して授業を進めることが大切です。もう1つ留意しておきたい点は、ALTとの英語によるインタラクションを通して「わかった」「通じた」という達成感を生徒に持たせるため、ALTが話したことをJTEが即座に日本語に直して生徒に伝えるということを決してしないことです。

3．授業における ALT の役割

　ALT は常に JTE と協力し合って,「コミュニケーションの場」を生徒に提供することが大切です。ALT の表情豊かに話す自然な英語は, 生徒にとって最適な英語のモデルとなります。また, 単にネイティブ・スピーカーとしての発音モデルの提供だけでなく, small talk や特に教科書本文に関わる話題などについて, 自らの体験や自国での文化・生活などについて生徒に理解可能な英語で語ってもらう場を設けましょう。教科書の内容の説明や要約をしたり, 文化的な話題を提供したり, また生徒の理解状況を見て使用する表現を変えたり, 話すスピードを調節したりして, 生徒とのインタラクションをたくさん行い, 生徒にコミュニケーションを楽しませることは ALT の重要な役割です。

4．授業における JTE と ALT の役割の具体例

　2 年生の授業で北海道旅行を話題にした to 不定詞の副詞的用法の導入を例に, JTE と ALT の役割を示します。まず, TT の利点を生かし, JTE と ALT の自然なインタラクションの中で目標文を提示します。

ALT：Ms. Inaoka, here is something for you.（土産の入った袋を渡す）
JTE：Thank you.　May I open it now?
ALT：Yes, please.
JTE：（中身を取り出して）Wow, cookies!　I love them.　Thank you.
ALT：They are from Hokkaido.
JTE：Did you go to Hokkaido?
ALT：Yes, I did.　I went there last weekend.
JTE：Did you go to Hokkaido to buy these cookies?
ALT：No, I went there to see Snow Festival in Sapporo.
JTE：I see.　Five years ago, I went to Hokkaido to enjoy skiing.
ALT：Really.　Hokkaido is a nice place to visit!

　次に JTE と ALT がお互いのことについてクラス全体に交互に質問し, 生徒たちをインタラクションの輪に引き込みながら, 気づきを引き出します。

JTE：Class, did Jane go to Hokkaido to buy cookies?
S：No, she didn't.
JTE：Why did she go to Hokkaido?　She went to Hokkaido …
S：To see Snow Festival.
ALT：Right.　I went to Hokkaido to see Snow Festival.　Did Ms. Inaoka go to Hokkaido to see Snow Festival, too?　……

ALTとの打ち合わせを短時間で効果的に行うコツは？

市と民間業者の契約の関係上，ALTと授業前の打ち合わせや授業後のふり返りの時間がかぎられています。短時間で効果的に話し合うよい方法はありませんか。

　民間業者からのALTの場合は，契約の形態（委託契約，派遣契約等）や内容によって，業務上できること・できないことがさまざまですので，必ず契約内容を確認しておきましょう。わからないことがあれば，校長を通じて市町村教育委員会事務局の担当者に確認してください。

　確認ができたら，授業前と授業後にどんな方法でどれくらいの時間打ち合わせが可能かを明確にします。その「かぎられた時間と方法」の中で工夫をするしかありません。

　以下は，「派遣契約なので打ち合わせはできるが，授業時間帯（8：45～15：30）しかALTがいない」という条件の場合です。

1．時間割内に「打ち合わせ時間」を組み込む

　教科会議が時間割内に組み込めていれば一番よいのですが，それが難しい場合は各担当者がALTと打ち合わせできる時間を年度当初に時間割に組み込んでおきます。なお，ALTが小・中兼務などで配置期間や日数がかぎられている場合は，全学年に「広く浅く配置」するよりも，特定の学年に「集中配置」する方が打ち合わせの観点からも効果的です。

2．パターンを決めておく

　授業の中で毎回ALTにやってもらうことや役割を決めておき，「CD代わり」ではなく，次の例のように生徒との「インタラクション」で活躍してもらうとよいでしょう（⇨ Q5-1,2 ）。

① ALTによるSmall Talk

　授業の最初に毎回その課の内容に関するsmall talkを依頼する場合，ALTに次の事項を伝えておきます。

- 生徒が理解できる語彙・表現を使用する。
- 「Q&Aも含めて3分間」など，所定の時間で終える。
- fact findingだけでなく，生徒の考えを引き出す質問を行う。

② 帯学習や音読，ペア活動等のチェック

　英語の授業は活動中心ですので，途中の「チェック＆フィードバック」が必要です。これをALTと二人で行うことによって2倍の量がこなせます。インタビューテストなどのときだけでなく，そこに至る日々の活動時から，T2として評

価活動に関わってもらうことが大切です。

3. 授業を進めながら補足・修正

生徒指導など急な対応に時間を取られ、予定した打ち合わせが十分にできない場合もあります。そんなときは、可能な時間内で必要最低限の打ち合わせをし、後は授業を進めながら補足します。

例えば、本文の音読をチェックしてフィードバックする予定であったが事前の打ち合わせが十分できなかった場合、音読のスピードやイントネーションなど必要な項目や評価規準等を生徒に伝える際に、ALTにも確認してください。また、事前に打ち合わせはしたものの、生徒のパフォーマンスに応じて変更や修正が必要な場合なども同様です。

4. ALTとの人間関係作りが鍵

国籍や文化に関係なく、一番重要なのはやはり「人間関係」です。お互いに人間同士なのですから。JTEとALTに「よい人間関係」があれば、メールやSkype™などさまざまな方法で打ち合わせやフィードバックは可能です。そのためのポイントをいくつか紹介します。

① チームの一員として大切にする

勤務時間や条件に関わりなく、生徒の成長のために一緒に汗を流す仲間としてお互いを尊重することを忘れないようにしましょう。そして「自分は必要とされている」と感じられるようなメッセージをALTに送り続けることです。ALTは常に「不安」です。教室へ行く途中、授業中も常に声かけをし、授業後は職員室に戻る途中、ひと言でもよいですから必ずフィードバックをすることです。

② こまめに声かけ(コミュニケーション!)

大切な仲間です。職員室で精神的に孤立させないように、その日の行事や変更事項など、朝会えないときは机上にメモを置き、知らせてあげてください。学校全体の動きがわからず、ふと気がつくと職員室にはALT一人だけだった…なんてことにならないようにしましょう。相手がよければ、たまには一緒に食事をしたり、節度のある仲間づきあいをするのもよいでしょう。

③ 要は、「人間づきあい」

良好な人間関係があって初めて、メールやSkype™など勤務時間外の打ち合わせも可能になります。契約上打ち合わせの時間がないからと言っていきなりメールでの打ち合わせを依頼するのは賛成できません。一緒に授業をし、仕事をする中でそれは自然にできるようになるものです。「子どもたちのために役に立ちたい」という思いは、雇用の形態に関係なくALTも同じです。

新任 ALT との授業のコツは？

新しく赴任した ALT は，しばしば生徒のレベルをはるかに超えた英語をかなりのスピードで話します。授業後に ALT に指導することはもちろんですが，授業中はどのように対処すべきでしょうか。

　新任 ALT によくあるケースですね。目の前の生徒の学力実態がよくわからないまま，自分の経験や研修などで習ったとおりにやろうとする ALT をときどき見かけます。使用すべき語彙や表現，発話スピードなどがわかれば解決します。また，他にも指示や説明のコツがわからなかったり，活動のねらいやゴールがわからなくて TT がうまくいかない場合などもあると思います。

1．授業で ALT を育てるという意識を持つ （⇨ Q5-2 ）

① ＪＴＥが生徒にわかる英語で言い換える

　ALT の指示や説明が難し過ぎたり，話すスピードが速過ぎて生徒がわからない場合は，JTE が ALT の発話を生徒の知っている語彙や表現を使ったり，中学生にとって適切なスピード（教科書準拠の CD や高校入試のリスニングスピードなど）で言い換えてください。「わからなかった」生徒の顔が「わかった」顔に変わるのを見て，ALT は使用すべき語彙や表現に気づきます。授業後に改めて教科書の既習語彙や表現を踏まえて発話するように話しておけば，少しずつ改善されるでしょう。蛇足ながら，教科書や教材は必ず全学年分を渡しておくことを忘れずに！

② 基本的な指導技術を教える

　語彙や発話スピードのミス・マッチに加えて，活動の指示や説明が長過ぎるなど，ALT が授業に必要な基本的指導技術を知らないためにうまくいかない場合もよくあります。短く区切りながら説明するコツや，絵や図，写真などの活用，指示は「一時に一事」などの基本原則も授業をしながら教えてあげましょう。

③ やって見せて，やらせてみて，フィードバックする

　基本的な指導技術を教えるには，授業中に JTE がモデルを示し，次に ALT にやらせて，授業後にフィードバックを与える方法が効果的です。例えば，新教材を導入する場面での teacher talk です。1 回目（初めて）の授業では JTE がやって見せます。Q&A は生徒だけでなく ALT も巻き込みながら行います。2 回目は ALT とダイアログ形式で一緒に行います。Q&A は JTE が主に行いながら，ALT にも少しやってもらいます。3 回目は ALT に一人で全部やってもらいましょう。必要があれば，生徒の反応を見てその都度 JTE が言い換えたり，確認

したりしながら進めます。いずれの場合にも，必ず授業後によかった点を褒めながら改善点を示します。場面を共有した後ですから，教室から職員室へ戻る間でも，メモでも，メールでも短時間で可能です。実際多くの ALT は授業後の具体的なフィードバックを望んでいます。

　こういった地道な努力を授業の中で積み重ねていくことで，教員にとっての「よきパートナー」に ALT を育てていくことをおすすめします。

2．授業を通して ALT を育てるためのポイント
①「見通し」と「一定の責任」を持たせる

　「つけたい力」とそれを実現するための学習活動，教材(教科書，ハンドアウトなど)，評価方法や基準等を示した学習指導・評価計画を可能な範囲で共有しておきます。「生徒がどうなればよいのか」というゴールを共有して授業に臨めば，授業を進めながらの軌道修正や授業後のフィードバックも一層行いやすくなります。

　例えば，帯学習として「好きなスポーツ」というテーマでペア・チャットを行い，2週間後に ALT によるインタビューテストを行う場合，何がどこまでできればよいのか，評価の基準（ABCの3段階等）を事前に生徒に示してから進めます。それを ALT とも共有し，授業で生徒のパフォーマンスを一緒にチェックしながら全員「B 基準（おおむね満足）」以上をめざします。「アシスタント」として，一定の責任を感じながら授業に臨むことで ALT も成長します。

② 生徒のアウトプットを共有する

　授業中の生徒の反応だけでなく，自学ノートや課題の自己表現作文など，生徒のアウトプットを共有しましょう。生徒のノートや作品などの提出物には ALT にもコメントを書いてもらうとよいでしょう。生徒のアウトプットから，授業で使用する語彙や表現などを学ぶだけでなく，生徒の頑張りや成長を感じながら，ALT が生徒との人間関係を深めることにもつながります。

　初めて日本の学校に派遣されてくる ALT の心境は，「不安」と「楽しみ」が入り混じった状態です。しかし，その多くが，不安の中にも熱意を持って，「ALT としてよい仕事をしたい（子どもたちの役に立ちたい）」と思っています。一緒に働く仲間としてこの気持ちを大切にしたいものです。とは言っても新任 ALT の場合には，我々 JTE と同様に一人前になるまでに一定の時間が必要です。基本的には初任者教員の育成と同じです。生徒を軸にしながら授業の中で育てていきましょう。それが結果的に，JTE 自身の授業マネジメント力向上にも必ずつながります。仮に先生ご自身が初任であっても，それは免許を持つプロの教員としての責務です。先輩教員の助言も得ながら ALT を支援してください。

TT以外にALTをフルに生かすアイディアは？

生徒に見せるモデル・スピーチの録画を依頼するなど，教壇に立っていなくともALTをフルに生かすアイディアをご紹介ください。

　ALTが派遣されてくる学校でも，毎時間ALTとTTができるわけではありません。年間を通してALTがいない時期のある学校であればなおさらです。ALTと協力して教材を開発・作成し，それを授業で使用すれば，教室にALTがいなくても，授業でALTを効果的に活用することができます。そのような教材作りのアイディアを考えてみましょう。

1．ALTを生かす自主教材作り
① ビデオ，CD教材
1) 新出文法事項の導入用教材

　ある話題をテーマにし，ALTによる新出文法事項も含むスピーチやJTEとALTの対話ビデオの他に，ALTが電話で話している場面などのビデオをあらかじめ撮影しておけば，教室にいるJTEと実際に会話を交わしているように提示することもできます。

　このように英語の使用場面を明確にして新出事項を生徒に示すと，生徒の興味が高まるだけでなく，新出事項の理解も容易になります。ビデオを見せる前には，生徒にビデオを見る視点を示し，またビデオを見せた後にはQ&Aなどを行うとよいでしょう。

2) 新出文法事項の練習用教材

　例えば，ALTが駅を探している，着物の着付けで困っているなど，方法がわからず戸惑っている様子をビデオに撮ります。生徒に「ALTになりきってひとこと言ってみましょう」と指示して，ビデオを見せ，I don't know how to get to the station. などの文を言わせます。また，本を読み終えて満足そうな場面などのビデオを見せ，「現在完了」の文を使ってI have just read this book. と言わせるなど，文法事項の練習をさせるのにも効果的です。

3) スピーチなどプレゼンテーションのモデル教材

　スピーチやプレゼンテーション発表の内容やその構成方法の指導の際に，ALTがスピーチやプレゼンテーションを行っているビデオをモデルとして見せます。そうすることによって，内容や構成の方法に加え，声量やスピード，英語独特のリズムやイントネーション，表情，発表態度など注意すべき事柄について生徒に明確に確認させることができます。

② リスニング教材

　例えば，生徒の学習段階に適した内容の "What's this?" や "Who am I?" のクイズなどを録音しておいてウォームアップや復習で活用します。また，次のように留守番電話に残されたメッセージを録音しておき，要点を聞き取らせるといった活動もよいでしょう。

JTE：Listen to the messages left on the answering machine and write what Jane wants her friends to do.

ALT（on the CD）：No.1　(beep)　Hi, Mary. This is Jane. I have a concert tomorrow. The concert will start at 6:00 in the evening at the city hall. Please come!

Jane wants (　　　　) to (　　　　　　　　). The concert will start at (　　　　) in the evening at the (　　　　　　).

---

③ リーディング教材やライティング教材

　手紙・日記・感想文・新聞記事のレポートや感想文など，まとまりのある文章をALTに書いてもらい，リーディング教材やライティング教材のモデルにすると，生徒は英文のパラグラフの構成や英語表現を学ぶとともに，内容によっては異文化にもふれることができ，話題に対する生徒の興味や関心を膨らませることができます。親しみのあるALTの書いた英語に生徒たちは夢中になります。

④ Skype™の利用

　授業中に，Skype™を使ってクラス全員でその場にいないALTにインタビューをしてコミュニケーションを楽しみます。また一人の生徒がALTと対話をし，聞き手の生徒はその対話内容を英語でレポートしたり，ノートにその要約文を書いたりして，ライティング活動へと発展させるのもよいでしょう。

2．ALTとの自主教材の作り方と作成上の留意事項

　JTEは使用目的に照らして，まず作成する教材の内容や長さが適切かを考えて教材を作成します。次にALTに教材の使用目的を伝え，JTE自作原稿の内容を確認し合います。話すスピードや声量，表情などについての要望を的確に伝え，意見交換を行いましょう。そうすることによって，より良質の教材作りをめざすことができます。ALTによると，「カメラを生徒だと思って，語りかけるように話してください」といったアドバイスが有益だそうです。必ず両者ででき上がった教材を点検し合い，必要に応じて修正を加え，よりよい教材に仕上げます。ALTと協働しての心温まる教材作りに，ぜひ挑戦してみてください。

日本人同士の TT を充実させるコツは？

日本人教員二人による TT を行っていますが，納得のゆく授業ができません。日本人同士の TT を充実させるコツはないでしょうか。

　一番のコツは，授業の「ゴール」を具体的に共有しておくことです。T1が，年間学習指導・評価計画に沿って，各単元の学習指導・評価計画を作成します。「つけたい力」を明確にして，評価規準を作成し，それを実現する学習活動，配当時間等を決めたら，T2の先生と共有したうえで，それぞれの役割について打ち合わせをしておきます。授業中は生徒の反応を見て，必要に応じて軌道修正しながら進めます。そして授業後には，自学ノートなど生徒のアウトプットをもとに必ず交流をしましょう。「どんな活動で，どんな力をつけるのか」がT2の先生と共有できていなかったり，お互いの役割が不明確だったりすると，T2の先生はどうしてよいかわからず，貴重な配置が無駄になります。次にTTだからこそできることを2つ挙げておきます。これは ALT との TT でも同じです。

1．二人で演じて見せる

　ペア活動のしかたを説明する代わりにデモンストレーションをして見せたり，新しい言語材料を二人の会話で導入することができます。コミュニケーションの場面を容易に作り出せますので，英語を使って授業を進めるのに便利です。

　（例）Can I ～？と May I ～？の微妙な違いの導入

　ある日の夕食後の母親と子どもの会話：（　）内は表現のコツ

T₁：Mom, I'm hungry.（「おねだり」の感じで）Can I eat snacks?
T₂：No, you can't.（「何言ってんのよ」という感じで）You just ate dinner!
T₁：Well, but I'm still hungry ....（妙にていねいに）May I eat dinner again?
T₂：（きっぱりと！）No, you may not!

2．生徒の活動量を増やす

　生徒の活動は，個人，ペア，グループ，クラスなどさまざまありますが，途中の「チェック＆フィードバック」が必要です。ゴールに対してどこをどう修正すればよいのかを生徒自身に気づかせるのです。20ペア（40人）のクラスなら，二人でチェックすれば10ペア（20人）ずつです。逆に言うと，教員が二人いれば活動量を2倍にすることが可能です。T1が前で授業を進め，T2が生徒の間をウロウロしている授業ではなく，二人で協働して，少しでも生徒の活動量を増やすことが大切です。

新任教員を育成する TT のポイントは？

新任教員研修の一環で，新任教員と TT を行うことになりました。TT のメリットを生かしながら新任教員を伸ばしてあげたいと思います。留意点をお聞かせください。

1．一年中 TT をしない

初任者を育て「一人前」にするのが目的の TT ならば，TT で育てながら適宜「分割授業」をすることをおすすめします。

年間学習指導・評価計画が教科として作成されていることが大前提です。そのうえでいわゆる「記録する評価」として設定したスピーチ，インタビューテストなどのパフォーマンステストや定期テストを目安に，1〜2か月程度で TT と分割授業をくり返します。(以下一例)

　　4〜5月：TT　育てる(1)　　※ 中間テスト
　　6〜7月：分割　自立(1)（1か月で担当クラス交代）　※ 期末テスト
　　9〜10月：TT　育てる(2)　　※ 中間テスト
　　11〜12月：分割　自立(2)（1か月で担当クラス交代）　※ 期末テスト
　　1月：TT　育てる(3)
　　2〜3月：自立(3)（任せる）　※ 学年末テスト

2．育成プランを立てる

各都道府県・政令市・中核市によって作成された初任者研修（校内研修・校外研修）の年間指導計画がありますので，それを基本に，校長とも相談して育成計画を立てます。

① 「自分自身の授業体験」を捨てさせる

多くの新任教員は「自分が受けた授業」をモデルに授業のイメージを構築します。まずは，それをやめてもらいます。そしてビデオでもかまいませんので，「めざす授業の姿」を見せて，具体的なイメージを持たせます。

② スモール・ステップで目標設定

次に，自分自身でスモール・ステップの目標（音読指導ができるようになるなど）を設定させ，そこに向かう意識を持たせます。自分の授業をビデオに撮らせたり，自学ノートなど生徒のアウトプットから学ぶ方法などを教えてあげてください。「教える」というより「コーチング」が基本です。初任者の「成長」を常にフィードバックして，「自信」を持たせてあげることも重要です。2年目以降の自立に向けて「自ら学ぶ意欲」と「教師の喜び」を育ててあげてください。

少人数クラスの運営方法と活用法は？

通常クラスの人数を半分ずつに分割して少人数クラスを実施します。クラス編成や時間割編成の方法，および少人数クラスの活用法についてアドバイスをお願いします。

少人数クラスを効果的に実施するためのポイントを考えてみましょう。

1．クラス編成について

クラス編成についてはそれぞれの学校の実情に合わせて行われますが，ふつう次の3つの方法が考えられます。

① 機械的に分割する

出席番号順に前半と後半，あるいは出席番号の奇数，偶数によって2つのクラスに分割する方法です。機械的な分割方法なので，②③の分割方法によるクラス以上に，生徒の人間関係などにサポートが必要になるでしょう。

② 生徒の人間関係を考慮して分割する

少人数クラスにおける活動がよりスムーズに行われ，ペア活動やグループ活動が和気あいあいと進められるように，リーダーや生徒の人間関係などに配慮した分割方法です。学級活動のペアや生活班を基本にクラス編成を行います。

③ 習熟度別に分割する

英語の知識や技能の習熟度によって分割する方法です。個々の生徒の希望によって基本コースか応用コースを選択させている学校が多いようですが，仲よしグループで連れだってのコース選択とならないように，配慮する必要があります。そのためには，教師はコース選択の判断材料や資料を生徒や保護者に提供し，各自のコース選択が適切に行われるようにすることが大切です。

なお，この分割方法の場合，基本コースの人数をできるだけ少なくすると，個々の生徒への指導効果が高まりやすいと言われています。

2．時間割編成の方法

① 二人の英語教師が2つの少人数クラスで同時に授業をする

2つのクラスで小テストなどを同時に行える利点はありますが，ピクチャー・カードなどの教材が二組必要となります。また教師は，担当少人数クラスの生徒だけを教えることになり，たとえ担任であっても，学級の生徒全員を教えることができないことになります。したがって，学年全体の学習状況や生徒理解を深めるために，定期テストごとに担当の少人数クラスを交代するようにしている学校が多いようです。

② 一方の少人数クラスは英語，他方の少人数クラスは他教科の授業を行う

この場合，一人の英語教師がどちらの少人数クラスも教えることが可能となります。ただ英語と組む他教科も分割授業を行う必要があります。学校の実情に合わせて，どの教科が少人数授業の方が効果的かを判断し，決定することが大切です。

3．少人数クラスのメリットとその活用法
① 生徒一人ひとりの理解度を確認できる

個人，ペア，グループなどすべての活動形態で，個々の生徒の理解度や活動の進行状況を短時間に確認でき，クラス全体の理解度を把握しやすく，生徒が今必要としている説明を的確に行うことができます。したがって，生徒のつまずきを見逃すことが少なくなり，学習内容の理解を促進することができます。

② 生徒一人ひとりの発表の機会が増える

生徒の発表のチャンスが大幅に増え，全員が主体的に授業に参加しやすくなります。生徒とのインタラクションを増やし，発表場面を確保しながら授業を進め，アウトプット活動では「全員発表」を常に行うことも可能となります。

③ きめ細かなライティング指導が可能となる

ライティング活動でも，個々の生徒にきめ細やかなノート指導ができ，多くの生徒が間違いやすい語句や文法事項について，個別にまた全体にフィードバックが可能になります。また，少人数なので一人ひとりの質問にも対応しやすく，よりきめ細かな指導ができ，生徒に達成感を持たせることができます。

④ 生徒のレベルに合わせた到達目標を設定できる

習熟度別クラスでは，基礎クラスと発展クラスで同じ課題に取り組ませる場合，到達目標を生徒の実態に合わせて設定します。そして，課題達成への過程も工夫し，生徒の実情に合わせた活動や発問，説明，さらに家庭学習の課題を与えることが大切です。例えば，発展クラスでは自由度の高い表現活動を多くし，持っている力を十分に発揮するチャンスを与えるとよいでしょう。2年生のスピーチ指導を例に取ると，基礎コースでは「自分の発表を充実させ，友達の発表を聞いてできるだけ多く理解すること」，発展コースでは「自分の発表後，友達からの質問に答えたり，友達の発表を聞いた後には質問をしたり，感想を述べたりすること」を目標とする，といった具合です。どのレベルの生徒も達成感や充実感が持てるような指導をめざしましょう。

なお，習熟度クラス編成は固定的に捉えず，テストごと，あるいは学期ごとに再編成したいものです。

6章

学習者のつまずき
── 予防と治療法

- **Q 6-1** つまずきの時期と理由は？ ……………………………………………… 181
- **Q 6-2** 学力不振生徒に学習方法を指導するには？ ………………………… 183
- **Q 6-3** アルファベットを読めない，書けない生徒の指導は？ ………… 185
- **Q 6-4** 単語や文が読めない生徒への指導は？ …………………………… 188
- **Q 6-5** 単語でつまずく生徒に対する語彙指導のコツは？ ……………… 190
- **Q 6-6** 文法学習を嫌がる生徒への文法指導とは？ ……………………… 192
- **Q 6-7** つまずきやすい文法事項は？ ……………………………………… 194
- **Q 6-8** 語順の誤りなど，生徒がくり返す誤りの指導は？ ……………… 195
- **Q 6-9** 声を出すことを嫌がる生徒の指導は？ …………………………… 197
- **Q 6-10** 1年生1学期の中間・期末テスト作成のポイントは？ ………… 199
- **Q 6-11** 英語を苦手とする生徒の学習意欲を高めるテストは？ ………… 201
- **Q 6-12** 英語を苦手とする生徒へのノート指導は？ ……………………… 204
- **Q 6-13** 英語学習に意義を見いだせない生徒の指導は？ ………………… 206
- **Q 6-14** 学習不振生徒指導の成功例は？ …………………………………… 207

つまずきの時期と理由は？

英語学習が嫌いという生徒を一人でも少なくしたいと思います。生徒が英語嫌いになる時期とその理由がわかっていれば，適切な対策が取れると思います。時期と主たる理由を教えてください。

　筆者はこの20年あまり，英語学習者へのアンケートやインタビューを通して英語学習に対するつまずきの実態調査をしていますが，ここでは，2013年度調査，およびこれまでの調査結果をもとに考えていきます。

1．英語が嫌いになった時期

　筆者は，2013年10月に，中学1年生（182名），2年生（199名），3年生（186名），高校1年生（343名）を対象に「英語学習に関する実態調査」を実施しました。本調査では，英語の好き嫌い，嫌いになった時期，嫌いになった理由について調査しました。なお，調査協力校は，中学校は大阪府下の公立中学校2校，高等学校は学力が平均的なレベルの私立大学の附属高校です。本調査は，中学校3年間の全貌を把握するため，高校1年生までを調査対象としました。

　さて，英語が嫌いと回答した学年ごとの割合は，表1のとおりです。ここでは，中学校3年生を除いて各学年約50％の生徒が英語を嫌っていることがわかります。ちなみに，文部科学省(2005)の中学生対象の実態調査では，英語が嫌いと回答した生徒の割合は，中学1年生で37.0％，2年生で44.4％，3年生で47.3％で，学年が上がるにつれ増えています。

表1　英語が嫌い

数字は％

中学1年生	中学2年生	中学3年生	高校1年生
54.4	51.3	41.9	53.4

　次に，表1で「英語が嫌い」と回答した生徒を対象にした「英語が嫌いになった時期」については，次ページの表2のとおりです。中学2，3年生の結果を概観すると，1年生の2学期までにすでに約40％，1年生の3学期までに約60％の生徒が英語嫌いになっています。高校1年生では，中学2年生の2学期に70％以上，2年生の3学期に80％以上の生徒が英語嫌いになっています。この結果は，津村・加賀田(1997)，加賀田ほか(2007)を含む他の調査でも，ほぼ同様の傾向を示しています。いずれにしても，中学校1年生・2学期頃に英語嫌いが増えてくることを考えると，「三単現の指導」が英語嫌いを増やす大きな引き金となっていると考えられます（⇨ **Q6-7**）。

表2　英語が嫌いになった時期

（　）内の数字は累積%

	中学1年生	中学2年生	中学3年生	高校1年生
小（5・6年）	14.1	4.9	7.7	7.1
中1・1学期	29.3　（43.4）	9.8　（14.7）	17.8　（25.5）	16.4　（23.5）
2学期	56.6（100.0）	26.5　（41.2）	15.3　（40.8）	14.8　（38.3）
3学期		24.5　（65.7）	16.6　（57.4）	12.6　（50.9）
中2・1学期		22.5　（88.2）	14.6　（72.0）	14.0　（64.9）
2学期		11.8（100.0）	12.7　（84.7）	7.7　（72.6）
3学期			6.4　（91.1）	9.3　（81.9）
中3・1学期			7.7　（98.8）	5.5　（87.4）
2学期			1.2（100.0）	2.7　（90.1）
3学期				1.1　（91.2）

（注）高校1年生で，高1・1，2学期に英語が嫌いになったと回答した生徒の割合は，いずれも4.4%であった。

なお，本調査の中学1年生では，14.1%の生徒が小学校段階ですでに英語が嫌いになっています。この生徒たちは小学校5・6年時に外国語活動を経験してきた生徒たちです。中学2年生を対象としたBenesse教育開発センター(2009)の調査でも，英語を苦手とする生徒のうち，小学校段階ですでに英語が苦手となったと回答した生徒が11.7%います。今後，小学校で英語教育が教科化されると，これまで中学校入門期に英語嫌いになる生徒が多く見られた現象が，小学校に前倒しになる可能性も払拭できません。このことを踏まえると，今後，しっかりとした小中連携の在り方を模索することが求められます（⇨ Q10-2 ）。

2．英語嫌いになった理由

次に，上記1の調査で「英語が嫌い」と回答した生徒を対象に，英語嫌いになった理由を，16項目から選択してもらいました。その結果，全体的傾向として，学年の如何を問わず，以下の理由が上位に挙げられています。

- 文法がわからない，難しい
- 英語がうまく読めない，書けない
- 単語や構文の暗記中心の授業が嫌い
- 英語学習の目的がわからない
- 勉強する習慣がついていない
- 英語学習のしかたがわからない
- 教師との人間関係がよくない

樋口ほか(2012)が指摘しているように，英語嫌いの理由は，「知識や技能」「指導方法」「学習目的，学習習慣，学習方法」「教師との人間関係」に関することに大別できます。よって中学校入門期から単語や文法の指導の在り方を工夫するとともに，家庭学習の方法をていねいに指導したり，英語学習の目的や必要性をくり返し話してあげることが大切です。また，常日頃から教師は生徒との良好な人間関係を構築しておくことも必要です。

学力不振生徒に学習方法を指導するには？

英語学習につまずいている生徒は基本的な学習習慣がついておらず，英語学習の方法もわかっていない場合が多いように思います。このような生徒をどのように指導すればよいのでしょうか。

ときに教師は課題を出せばそれをすべてやることが生徒の義務だと考え，言われたとおりに家庭学習をしてこない生徒に苛立ったり，やってこないのだからしかたがないと突き放して考えたりしがちですが，それでは教師と生徒の対立という二次的な問題を生みかねません。学力不振の生徒たちは学習以外にもさまざまな問題を抱え，苦しんでいることが多いものです。教師は生徒を自分の枠にはめようとするのではなく，子どもの悩みに寄り添って人間関係を築き，温かく支援していくことが大切です。以下に指導例を挙げてみます。

1．授業で宿題のやり方を教える

一口に宿題と言っても，英語の宿題には本当にさまざまなものがあります。単語練習，教科書の音読，ノート整理，問題集，小テストの準備，ときにはスピーチの原稿作りや発表練習，新聞作りなどの自己表現活動も…。学力不振生徒でなくても目が回りそうです。しかも，多くの生徒は放課後に部活動もあり，家に帰ればクタクタです。それでもなんとか頑張る気持ちになって宿題をやったとしても，やり方を知らなければ効果は期待できません。例えば，問題集に取り組むときに大切なのは解答欄を埋めることではなく，答えの導き方を考えることですが，勉強の苦手な生徒は答えを丸写しすることしか思いつかないかもしれないのです。効果が出なければ，勉強する気がなくなっていくのも当然です。悪循環に陥らないようにするためには，教師が日頃から宿題の目的や効果的な学習方法を紹介し，実際に授業で取り組ませて慣れさせておくことが必要です（⇨ **Q6-12**）。

2．個別学習支援の時間を授業中に帯で取る

教師は学習不振生徒の個別指導というと，長期休暇中や放課後にと考えがちですが，帯活動のようなかたちで授業の最後の10分程度を個別学習支援の時間にあてることも効果的です。宿題のチェックや，それによってどれくらい自学の力がついてきているかを見取ることも含めて，個に応じた支援をしていくと落ち着いた雰囲気で授業を終えることができます。その際，学習不振生徒は自分から質問をすることが苦手なので，教師の方から「困っていることはない？」「どこまでできたかな？」などと声をかけて気軽に相談ができる関係を作っていきましょう。

また，必要に応じて宿題を手伝ってもよいと思います。教師の声かけをまねて，

英語が得意な生徒が学力不振生徒を手助けしてくれることもあり，教室全体の雰囲気もよくなります。こうした支えがあれば，学習不振生徒も家庭学習に取り組みやすくなります。

3．その子の力でできることを伸ばす

　1，2のような手立てを取っても，まったく勉強に意欲を示さない生徒も現実にはいます。そういう生徒に対しては，強制的な授業外学習で課題を仕上げさせることもときには必要です。

　Kくんは入学当時，授業中は寝ているか，みんなの邪魔をしているかで，まったく勉強をしない生徒でした。困り果てた保護者からの相談を受けた担任の体育教師は，毎朝7時半にKくんを登校させることにしました。生活指導主幹でもあったその先生は余計な注意を一切せず，かといって手助けをすることもなく，Kくんに「よし，やるか！」と元気に声をかけて目の前に座らせ，勉強するように見守っていただけなのですが，彼にとっては十分なきっかけだったのでしょう。夏が来る頃には，「低空飛行」と自ら名づけた勉強方法を編み出し，曲がりなりにも自分で勉強をするようになりました。それは，覚えるべき単語が10個あればその中から好きなものを3個だけ覚える，問題集は基本問題だけをやる，ノートにいろいろまとめるのは大変なので教科書本文を写してとにかく埋めておく，といったものでした。飛んでいるところは低いけれど，決して落ちないように頑張る，というわけです。

　宿題は英語だけではありません。担任とKくんの姿を見た各教科担当も負担を考え，連絡を取り合って，Kくんたち学習不振生徒が自分の力でやり切ることができる分量に課題を調整するようになりました。同時に居残り学習などで扱った内容を定期考査に出題するなどして，勉強してよかったと感じさせる工夫もし，学年全体で自学の力を培うようにしていったのです。

　さて，Kくんですが，ぎりぎりの低空飛行を続けるためにはそれなりの努力が必要で，1，2年生の頃はよく「墜落」して授業外学習に呼び出されていました。ところが，このような勉強方法でも自分なりの目標を作ってやり切ることができるようになって卒業したことがよかったのでしょう。高校入学後に力を伸ばし，「最初の定期テストで98点だった」と報告に来てくれました。

　どんな動機からであろうと，どんなに短時間であろうと，自分の力で勉強することができるようになれば，その子にとっての大きな力になります。教師はそれぞれの子どもの育ちを待ちながら長い目で見守り，できないことを責めるのではなく，できたことを認めて励まし，自学の力を伸ばしていきたいものです。

アルファベットを読めない，書けない生徒の指導は？

2年生や3年生になってもアルファベットが読めない，書けないという生徒が少なくありません。どのように指導すればよいのでしょうか。

　英語の読み書きは教師が思っている以上に難しく，2，3年生であっても文字の識別が困難な生徒がいることは不思議ではありません。しかし，思春期の子どもにとって，これは大変辛いことであり，周囲に悟られまいと教室で英語を学ぶことを拒否することもよくあります。教師は読み書き学習の入門期から十分な指導を行って，文字への抵抗感を取り除きたいものです。以下に指導例を挙げます。

1．文字の名前

　アルファベットは普段から生徒は目にしており，ふつうの練習方法では興味を示さないことがあります。そんな気配を感じたら，最初に文字を扱う授業で大文字を書いた大きなカードを1枚ずつアルファベット順に生徒に見せて，いきなり全員で文字の名前を言わせてみましょう。そして，大きな声で言うよう励ましながら，教師は生徒の発音をよく聞いて，正しく言えていない文字を黒板に貼っていきます。黒板をじっと見て，なぜこの文字は貼られるのかなあと不安な顔つきになっていく生徒がいれば，理由に気づいて英語らしく読もうと頑張り始める勘のいい生徒もいて盛り上がります。26文字全部を言い終わったら，教師は黒板に貼られた文字の発音をていねいに指導します。例えば，AHJK は母音を「エー」と伸ばしていることが多いので，英語では /e/ から /i/ へと緩やかにつながりながら変化する音であることを教えます。その後，慣れてきたら，ランダムにアルファベットカードを見せ，一人ずつ言わせたりして，文字を瞬時に識別して正確に名前を言えるようになるまでくり返し練習しましょう。

2．アルファベットの成り立ち

　文字を正しく書けるようになるには大変時間がかかるので，生徒たちは面倒くさがって抵抗するかもしれません。そこで，文字の成り立ちを紹介して興味を喚起します。「アルファベットの大文字はもともと漢字と同じ象形文字で，例えばAは雄牛の顔とツノを逆さにした形を表していたと言われます。では，他の大文字は何の形から来たものでしょう？」とクイズ形式で投げかけて，アイディアを募りましょう。また，小文字は，平仮名やカタカナが，「安」→「あ」，「阿」→「ア」のように漢字からできたことを示して，変遷を考えさせます。

　次ページの作品は生徒が考えたSの起源です。このように教師が答えを示す前に自分たちでさまざまな考えを出し合うことで，文字の形が印象づけられ，習得

の手助けとなります。

3．文字の形

　ここでも一方的に教師が説明するよりも，生徒が違いやルールを自分で発見できるように導くことがポイントです。例えば，日本語の原稿用紙と英語のペンマンシップを見せて，使い方の違いを挙げさせます。日本語はマス目に書くときに，文字が上下の線に接触しません。また，縦書きなので横幅はいつもマス目1つ分の大きさです。一方，英語では高さが重要な役割をします。文字の上下はtの縦線とi，jの点以外は，必ず四線のどれかに接触しており，行儀よく揃って見えます。また，Wとlのように文字によって横幅が大きく変わります。この違いに気づくと，英語には高さが低いもの，高いもの，基線の下に出るものの3種類があって，線がないときも頭の中に自分で4線を描き，決められた高さに揃えて書かなければならないことが理解しやすくなります。また，Wの大文字を小さく書いてしまう生徒をよく見かけますが，「幅をしっかり取るのでしたね」と促すと自然と高さも確保できるようになります。

Sの文字はサッカー（soccer）ができないことを嘆いた（sad）ヘビ（snake）の形に由来する。

生徒が考えたSの起源

　文字を似たもの同士のグループに分ける活動をさせることも有効です。生徒は円や半円が含まれる，直線だけ，大文字・小文字が似ている，発音が /e/ で始まるなどと，次々にアイデアを出し合って，楽しく文字に親しんでいきます。

4．テスト方法の工夫

　筆記テストでは，読み書き困難生徒は極端に得点が取れないかもしれません。そこで面接形式で文字の識別能力を測る実技テストを行います。成績をつけるためというよりは，個々の生徒がどこでつまずいているのかを把握し支援するためですから，生徒の実態に合わせて難易度を調整します。

　例えば，「教師が言う文字を指す」テストでは，26文字すべてから選ばせるのではなく，10枚のカードから選ぶ方法にするとハードルが下がります。その他，大文字カードを見せて「名前を言う」「対応する小文字を指す」「面接者の指示した文字から始めて机の上に散らしたカードをアルファベット順に取る（zまでき

たら a に戻る)」などの方法があります。上位の生徒向けには，制限時間を設けたり，ALTに面接者になってもらったりすると緊張感が出て，授業中の練習にも熱が入ります。

5．2, 3年生の指導

　2, 3年生にもなると英文量が増え，読み書き困難生徒は文字情報が多過ぎて，混乱してしまうケースが増えてきます。そういう場合は，読んでいる箇所に定規を当てたり，指で押さえたりさせるだけでも，読むのがずいぶん楽になります。それでも混乱が続くようなら，読ませたい語句や文だけが見えるように，他のところはすべて紙などで隠して情報量をさらに減らします。そうして生徒に音読させると，つまずいているところがはっきりします。自力で音にできないところはまず教師がゆっくり見本を示しながら読み，次に生徒に読ませるとよいでしょう。慣れてくると自信がついて，自力で読めるようになることがほとんどです。

　発音記号が助けになる場合もあります。TくんはLDの診断を受けた生徒です。理科が得意で暇があれば複雑な電気回路図をノートに書いている生徒でしたが，英語を見ていると猛烈な睡魔に襲われるようで授業中はどうしてもうつらうつらと寝てしまうのでした。3年生になっても英語はほとんど読み書きができない状態でしたが，あるとき発音記号と音の関係に気づきました。それ以降，努力家のTくんは読めない単語を辞書で調べて発音記号に直すことで，とてもきれいな発音で音読できるようになりました。次第に書くこともできるようになり，高校から大学，そして大学院にまで進むことができました。アルファベットも読めないのに発音記号はもっと負担だろうなどと考えずに，いろいろな手立てを示して生徒に選ばせることが必要だと感じたケースです。

　個に応じた適切な支援を行えば，ほとんどの生徒は自力で英語を読むことができるようになります。しかし，読み書き困難生徒の中には発達性の障がいを持つ子がいることも，教師は知っておかなければなりません（⇨ **Q9-8**）。発達性読み書き障がいは完治することはありません。知的発達には遅れがないことから，本人は一生懸命やっているのに，怠けている，勉強する気がないと周囲から誤解され苦しむケースもあります。この障がいは日本語の読み書きには表れにくいため見過ごされ，本人も周囲も英語だけができないと考えがちですが，「鏡文字」を書いてしまう子どもたちにはその傾向があるかもしれません。教師は必要に応じて保護者や諸機関と連携を図るとともに，ALTとの面接などの，文字情報に頼らない評価方法を取り入れて，生徒の多様な側面を測る工夫をしていきたいものです。

単語や文が読めない生徒への指導は？

英語が苦手な生徒の中には単語や文が読めないので，英語にカタカナをふっている生徒をよく見かけます。このような生徒に対する単語や文を音声化する指導の留意点をお聞かせください。

英語学習では，英語を読めることが基礎・基本となります。英語を読むことができなければ，音読はもちろんのこと，宿題をすることすら難しくなります。ですから，英語を苦手とする生徒には，まずは単語や文を音声化できるような指導を心がけるべきでしょう。

1．新出単語および本文の音読指導の工夫

新出単語や本文の音読指導をごく簡単に済ましてしまう授業をよく見かけますが，生徒に音読の力をつけさせるには，以下に示すように，時間をかけて，ていねいに指導することが不可欠です。

① 新出単語の音読

新出単語の音読練習には，フラッシュ・カードをもっと活用してはどうでしょうか。手順としては，(1)教師が新語を聞かせ，教師の後に続いて２～３回読ませる，(2)教師の助けを借りずに，生徒だけで１～２回読ませる，(3)何人かの生徒を指名して読ませる，とよいでしょう。また，フラッシュ・カードは，当初はゆっくりと見せ音声と文字を一致させ，次第にカードを見せる時間を少なくしながらテンポよく替えていき，生徒が瞬時に音声化できるようにします（⇨ Q1-12 ）。

② 本文の音読

本文の音読指導では，まず，教師自身がモデル音読をします。その後，長い文の場合は，意味のまとまりであるチャンク (chunk) ごとに，教師の後について全員で２～３回読んでいきます。チャンクの長さは，最初は短く，次第に長くしていき，できるだけ文単位で読めるように指導します。本文を全員で音読練習した後は，個人やペアでバズ・リーディングをさせます。この間，教師は机間巡視を行い，音読が苦手な生徒を支援します。その後，個人を指名して，どの程度音読できるかを確認します。そして，まとめとして，最後に全員でコーラス・リーディングをしたり，クラスの実態に合わせ Read & Look-up に挑戦したりすることもできるでしょう（ Q1-15 , Q4-14 ）。ただし，音読がうまくできない生徒には，昼休みの時間や放課後に個人指導を行うことも必要です。そして，ある程度，音読ができるようになれば，ときには，新出単語や本文を教師の後について読む練習を行う前に，生徒に自力で読ませてもよいでしょう。一人では難しければ，ペ

アやグループで協力して練習させます。

2．英語が読めない生徒への指導上の工夫
① カタカナや発音記号による表記のすすめ

　英語の単語にカタカナをふることについては賛否両論がありますが，筆者は英語を苦手とする学習者には，音読練習の補助的手段としてカタカナをふることを認めています。ただし，できるだけ聞こえたままにその音声をカタカナ表記することが大切です。例えば，"noodle" は［ヌードル］ではなく［ヌードゥ］，"When I" は［ホウェン・アイ］ではなく［ホウェンナイ］のように書かせます。また，カタカナをふる場合は鉛筆書きにし，読めるようになったら消させ，何度も音読練習を重ねるうちに，「最後にはカタカナが残っていないテキストに戻すこと」を目標にさせます。カタカナをふることで，英語を苦手とする生徒も英語を音声化できるようになり，これをくり返すことで，英語を音声化することへの自信へとつながり，家庭での音読練習などもしやすくなるはずです。

　また，2年生の中頃から発音記号の指導を少しずつ計画的に行います。まずはカタカナ表記が難しいとされる音や英語特有の音（例えば，/æ/，/f/，/θ/，/ʃ/，/r/ など）だけでも，発音記号を使用させるとよいでしょう。例えば，"animal" ＝［æ ニモゥ］，"theater" ＝［θ アタ〜］のように表記させ，カタカナ表記から発音記号へと少しずつ意識を向けさせます。

② フォニックス指導

　中学校入門期では，綴りと発音を関連づけて指導するうえで，フォニックスも有効です。アルファベット26文字に対する1文字1音読みのジングルはぜひ学習させたいものです。

　フォニックスは，(1)毎時間の新語の発音練習時に，関連する既習語や身の回りの単語を取り上げながら指導する，(2)各レッスンのまとめの際に，レッスンの新語に関連する既習語や身の回りの単語を取り上げながら指導する，(3)帯学習でフォニックスの基本的ルールを計画的に指導する，ことが考えられます。(1)，(2)の指導では，例えば，教科書に "down" という新語が出てきた際には，ow が /au/ と発音されることに気づかせた後に，班ごとに ow が /au/ と発音される既習語（br<u>ow</u>n, fl<u>ow</u>er, h<u>ow</u>, n<u>ow</u> など）を集めるなど，ゲーム感覚で楽しく学習させます。生徒からなかなか出てこない場合には，教師が "What animal says 'moo, moo'?" といったヒントを出し，"c<u>ow</u>" を導かせます。(3)の帯学習では，教科書に出てくる単語や身近な単語，身の回りの単語の中に見られる，特に汎用性の高い規則から少しずつ指導していけばよいでしょう。

 **単語でつまずく生徒に対する語彙指導のコツは？**

単語を覚えられないから英語が嫌いという生徒が多くいます。たとえ覚えてもすぐに忘れてしまうようです。このような生徒に対する語彙指導の留意点を教えてください。

　経験からもわかることですが，英語が苦手だという生徒の多くは単語レベルでつまずいていることは事実です。言い換えれば，語彙指導がしっかりできれば，かなりの数の生徒を救うことができると考えられます。ここでは，語彙学習でつまずいている生徒に対する語彙指導の方法について考えてみましょう。

1．単語でつまずく生徒を少なくするための導入方法

　新出語句（以下，新語）を導入する際には，いきなり日本語で意味を説明するよりも，例えば，教科書本文の英語による口頭導入の際に，ジェスチャーや絵などを使って，理解可能な文脈の中で導入したり，平易な単語や文で言い換えたりしながら導入したりすることは，言語習得上効果的な手法です。生徒が自ら意味を類推するなど思考を伴うので，記憶に残りやすく語彙の定着にも役立ちます。

　ある程度の語彙が定着した段階では，接頭語や接尾語の組み合わせ：un（否定）＋forget（忘れる）＋able（できる）＝unforgettable（忘れることのできない）や，単語の成り立ち：another は an other に由来していることなどを教えてあげると，語彙の定着やさらなる拡充に効果があります。また，発音と綴りの関係を指導するフォニックス（Phonics）も効果的です。例えば，新語として call が出てきた場合には，まず all（既習語）と板書して [ɔːl] と発音を確認し，c を足して [kɔːl] と言わせ，さらに "tall" や "small" を発音させるなど，「音の足し算」をして，普段から音と綴りを結びつける指導をていねいに積み重ねていくとよいでしょう。

2．単語でつまずいている生徒に対してのアプローチ

　単語でつまずいている生徒には，英語の学習に対して前向きな気持ちを持たせながら指導していくことが大切です。そのコツは，「楽しく，短い時間の積み重ねで，小さな成功体験を積み，自分の伸びを実感させる」ことにあります。次に具体的な指導方法をいくつか紹介します。

① フラッシュ・カードの使用

　毎時間フラッシュ・カード（⇨ Q1-12 , Q6-4 ）を使用して前時などに学んだ語句の復習を行います。表に英語，裏に日本語が書かれているものを使い，英語を見せて発音し，その後に裏返して日本語を見せ，一番後ろに重ねます。そうすると次にそのカードが再び出てきたときには日本語の面が表になっているので，

今度はそれを英語で言わせます。全体で言わせた後に，個人にも指名します。このときにつまずいている生徒にも必ず一度は当てて，集中力を途切れさせないようにしながら，しっかりできているかどうかを確認し，できていたら褒めてあげるとよいでしょう。最後に，これらの復習した単語の中から，教師が大切だと思う単語を3〜5つほど選び，日本語で言います。生徒は指で教師に向かってその単語を書きます。その後全体でその単語の綴りを言わせ，教師が答えを黒板に書いて，できたかどうか確認します。少しの時間でも何度も単語にふれさせることにより，単語の定着を促すことができます。

② ビンゴゲーム

　帯学習として，教師が示すリストの中の単語をマスに記入させて，教師が読み上げたら消していくビンゴゲームを行います。ビンゴゲームは単純ですが，英語が得意な生徒が勝つとはかぎらず，単語を「書く」「聞く」「読む」活動を，つまずいている生徒も楽しく行えることが長所です。同じシートを使って複数回くり返して行ってもよいでしょう。

③ 単語ノートの利用

　生徒には授業用のノートの他に単語ノートを持たせます。ノートの真ん中に線を引き，授業などで学習した英単語を左側に，その意味を右側に書いておき，いつでも練習できるようにしておきます。新語にかぎらず，既習の単語であっても，自分がわからなかった単語は必ず記入させます。前に

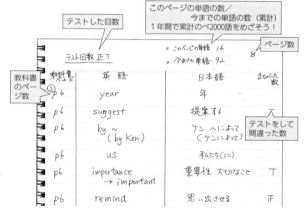

記入したことがあってもわからなかったら，その都度記入させます。後で練習するときにその単語が何度も出てくるようになるので効果的です。家庭学習では日本語を見て，英単語を発音できるかを確認し，毎日10分間ほど学習させます。できなかった単語にはチェックをつけて，できない単語は集中的に行うなど工夫させます。最初の間は授業中にノートの記入と練習方法を指導すると家庭学習として徹底します。書くことを焦らず，知っている単語を増やしてあげることが，特につまずいている生徒への有効な手立てとなります。

文法学習を嫌がる生徒への文法指導とは？

文法学習は覚えることばかりでおもしろくないと言って文法学習を嫌がる生徒がたくさんいます。こうした生徒に対する文法指導のポイントを教えてください。

　英語を苦手とする生徒は，その理由として「文法が難しい，文法がわからない」ことを筆頭に挙げています。文法指導では，教師は「ここは試験に出るからしっかり覚えておくように」ということばを連発しがちです。確かに外国語学習には暗記学習は必要です。しかし，文法学習が完全な暗記学習となれば，英語を苦手とする生徒はもちろん，得意とする生徒も嫌気がさすことでしょう。以下に，「文法が難しい，文法がわからない」という生徒への文法指導のポイントを挙げてみます。

1．学びながら使わせる，使いながら学ばせる

　そういう私も過去に大学で，無味乾燥な，解説に終始した文法指導をしてきた時期がありました。英語はその場で使わせなくても，将来使う必要性を感じたときに使ってくれればよいなどと思っていました。しかし，あるとき，英語嫌いの多いクラスで，自分のことについて表現させたことがあります。すると，今まで「シーン」としていた授業に，明るい笑い声が聞こえるようになったり，いつもは寝ているか携帯電話をいじったりしている学生が徐々に顔を上げ，授業に参加する光景を目の当たりにしたのです。人間誰しも自分を相手に知ってもらいたい，自己表現したいという欲求を持っています。ここで英語嫌いの大学生から学んだことは，既習や新出の文法事項を使って自己表現することは，彼らにとって実に楽しく，学習動機を高めることにつながるということです。実際，中学・高校でも，英語によるやりとりや表現活動が多い授業では，英語が得意な生徒も苦手な生徒も生き生きと学習しています。つまり，生徒は英語を使うために学習しているのですから，「学びながら使わせる，使いながら学ばせる」ことが大切なのです。

2．文の仕組みを簡潔に説明する

　文法用語がわからないから英語学習が嫌になったという生徒も少なくありません。英語が得意な生徒でも，日本語で聞き慣れない文法用語は英語学習の障壁となる場合がよく見受けられます。つまずいている生徒には，必要最低限の文法用語や用法に関する知識は必要ですが，抽象度の高い用語や用法の解説には深入りせず，むしろ，英語の文の仕組みを簡潔に整理し，わかりやすく説明することが大切です。例えば，学習初期段階の生徒がよくつまずく一般動詞・三単現の疑問

文と答え方を指導する場合，日本語も活用して，次のように文の仕組みを視覚的にも目立つように整理し，説明します。
- ●「AはBをします」の疑問文と答え方
  - ■相手のことをたずねるとき
    - You like tomatoes.
    - <u>Do</u> you like tomatoes?
    - Yes, I <u>do</u>. / No, I <u>don't</u>.
  - ■第三者（一人の男性／女性）のことを相手にたずねるとき
    - He / She play<u>s</u> soccer.
    - <u>Does</u> he / she <u>play</u> soccer?
    - Yes, he / she <u>does</u>. / No, he / she <u>does</u>n't.

3．関連のある文法事項を整理する

　関連のある文法事項については，既習事項と新出事項を対比したり，「まとめ学習」として，1つ1つの文法事項を大きなカテゴリーとして整理したりすると，それまでバラバラに理解していたことが有機的につながり，生徒の理解を促進し，深めることができます（⇨ Q2-27）。例えば，2.の一般動詞・三単現の疑問文と答え方の学習後に，上記の内容と be 動詞の疑問文と答え方を2.と同じ要領でまとめ，1枚のプリントにして配付し，簡潔な説明と練習を行います。

4．既習の文法事項をくり返し学習し，定着を図る

　教科書では，新出事項として一度出てきた文法事項がその後くり返し登場することはそれほど多くはありません。しかし，ことばは，特に英語と日本語のように言語的距離が大きい場合，一，二度学習しただけでは定着は期待できません。

　したがって，日々の授業では既習の文法事項にくり返しふれさせ，使用させるための機会を増やすことが必要です。例えば，一般動詞の過去形をくり返し学習させるために，ウォームアップや small talk，帯学習などでできることを考えてみましょう。

　ウォームアップでは一般動詞の過去形を使ったチャンツを定着するまでくり返し使用したり，small talk では教師が「昨日したこと」についての話を聞かせた後，英問英答をしたり，帯学習では同じテーマで1，2分間与えて，生徒同士でチャットをさせることなどが考えられます。

　この他，レッスンのまとめとして，「先週の日曜日にしたこと」について作文させ，スピーチに発展させることもできます。

つまずきやすい文法事項は？

英語につまずいている生徒は「文法がわからない」と言います。生徒たちがつまずく文法事項をあらかじめ把握しておけば対策が立てられます。中学校の英語学習でつまずきやすい文法事項を教えてください。

1．中学3年間でつまずきやすい文法事項

筆者の前任校で数年間継続して実施した調査結果を踏まえると，中学生がつまずきやすい文法事項を10項目挙げると，次のとおりです。

- 分詞（特に，現在・過去分詞の後置修飾） ・関係代名詞，接触節
- 間接疑問文 ・to 不定詞（特に，形容詞，副詞的用法） ・受け身
- 現在完了 ・過去形（特に，不規則動詞） ・比較表現
- 従属接続詞（when, if, because） ・助動詞（may, must, should などの使い分け）

これらを整理すると，分詞や関係代名詞といった日本語と修飾関係や語順が異なるもの，現在完了のように日本語と時間枠の捉え方が異なるもの，間接疑問文のように文の仕組みが複雑なもの，などがつまずきの原因と考えられます。

2．中学校初期段階でつまずきやすい文法事項

Q6-1 で示した「実態調査」において，多くの生徒がつまずく中学校初期段階の文法事項に関する調査結果は，以下のとおりです。

理解が困難な上位5項目（中学校初期段階）

	1年生		2年生		3年生	
1	三単現の文	(2.22)	三単現の文	(2.46)	Do / Does 〜？	(2.73)
2	Do / Does 〜？	(2.58)	Do / Does 〜？	(2.63)	人称代名詞	(2.81)
3	可算名詞の複数形	(2.70)	Wh 疑問文	(2.76)	三単現の文	(3.00)
4	命令文	(2.89)	人称代名詞	(3.11)	Wh 疑問文	(3.18)
5	Wh 疑問文	(3.09)	可算名詞の複数形	(3.15)	可算名詞の複数形	(3.24)

（注）9項目の理解度を「4」（＝「理解できる」）から「1」（＝「理解できない」）で自己判断。

この表を見ると，上位5項目のうち，「三単現の文」「Do / Does 〜？」「可算名詞の複数形」「Wh 疑問文」の4項目が各学年を通して理解困難な項目として挙げられています。ただし，この4項目のうち，「三単現の文」「Do / Does 〜？」「可算名詞の複数形」は学年が上がるにつれ，少しずつ理解が深まっていることがわかります。これは，学年が上がるにつれ，生徒たちはこれらの項目を含む英語にふれる量が多くなり，その結果，少しずつ身につけていくことを表しています。したがって，中学校初期段階に困難を感じる文法事項については，定着を焦ることなく，くり返し練習させ，時間をかけて定着を図ることを念頭に指導することも必要です。

語順の誤りなど，生徒がくり返す誤りの指導は？

"Meg go to the gym on Saturdays.", "I have in my bag comic book.", "I am study English every day." といった誤りがいくら注意してもくり返されます。特効薬はないでしょうか。

母語であれ，外国語であれ，ことばの習得には誤りはつきものです。しかし，誤りをそのまま長期間放置しておくと，その誤りが化石化 (fossilization) し，いつまでも誤った英語を使い続けることになります。したがって，生徒が何度もくり返す誤りについては，その原因を考え，適切な指導が必要です。

1．誤りに対する指導の進め方

基本的には，次のような指導が考えられます（⇨ Q4-18）。

(1) 生徒とのやりとりや操作練習中に見られる個人的な誤りについては，それとなく誤りを正しく言い直して (recast) 生徒に誤りに気づかせ，正しい英語を言わせる。

(2) 多くの生徒に共通する誤りについては，当該の活動後に時間を取り，全体に注意を喚起し，正しい英語を何度かくり返させる。

(1), (2)の指導でうまくいかない場合は，誤りの原因を明らかにしたうえで，2．で示すような方法で，ルールを簡潔に整理して生徒に説明し，理解，練習させます。以後，必要に応じて，上述の指導を継続的に実施し，気長に指導します。

2．誤りの原因と指導の具体例

次の英文の誤りの原因と指導の進め方について考えてみましょう。

① Meg go to the gym on Saturdays.
② I have in my bag comic book.
③ I am study English every day.

①の文は，英語母語話者にも多く見られる言語発達途上の誤りです。主語となる名詞や代名詞の「人称」と「単・複」といった概念や主語と動詞の呼応関係についての理解不足による誤りと考えられます。指導にあたっては，次の5文を板書し，主語の人称や単・複の違いによって動詞の形が異なることに気づかせます。

I go to the gym on Saturdays.
You go to the gym on Saturdays.
Meg (= She) goes to the gym on Saturdays.
Tom (= He) goes to the gym on Saturdays.
Meg and I (= We) go to the gym on Saturdays.

その後，ピクチャー・カードを使って，主語の置き換え練習を集中的に行い，主語が３人称単数の場合は，動詞の語尾に"-s / -es"をつけることを身につけさせます。

②の文は，英語の名詞の可算・不可算および語順についての理解不足，および日本語の語順の干渉による誤りです。前者については，英語の名詞には可算名詞と不可算名詞があり，可算名詞は１つか，２つ以上かをいつも明示することを理解させます。この指導では，次のような表には単数，裏には複数の可算名詞の絵と英語を入れたピクチャー・カードを10枚程度準備し，生徒に表と裏を交互に見せ，"a pen"，"two pens"のようにスピーディーに発話させ，自動化を図ります。

後者の語順の誤りには，日本語と英語を対比しながら，日英の語順の違いを視覚的に示すと効果的です。

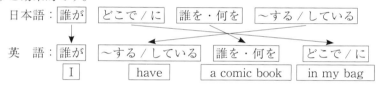

次に，上の語順を確認しながら，下のような英語の語句カードを数セット準備しておき，正しく並べ替える練習をさせます。

| in our classroom | eat | we | lunch |

その後，反復，模倣練習をくりかえさせます。班ごとに競い合うカード配列ゲームを行わせるとよいでしょう。

③の文は，先行学習事項（be 動詞の文）に影響を受けた過剰般化による誤りと考えられます。入門期の段階では，以下の２つの説明が有効です。

- "am," "are," "is"を「be 動詞」，それ以外の"have," "like," "play"などの動詞を「一般動詞」と呼ぶ。
- 英語では，１つの文にはふつう動詞は１つしか存在しない。したがって，③の文は，"am"と"study"の２つの動詞があるので誤りである。

なお，１つの文に動詞が２つ以上ある重文や複文，また現在進行形，受け身，現在完了形などに現れる be 動詞や助動詞 "have" の役割については，これらを学習する際に説明すればよいでしょう。

声を出すことを嫌がる生徒の指導は？

クラスの前で，声を出して英語を読んだり，話したりするのを極端に嫌がる生徒が多くなってきました。このような生徒にどのように指導すればよいでしょうか。

　1年生の初め頃は大きな声で英語を話していた生徒が，学年が進むにつれ，声に出して読んだり，話したりすることを嫌がるようになる場合が少なくありません。それには，思春期を迎え人前で声を出すことを恥ずかしがったり，間違いをおそれて躊躇したり，英語の発音がうまくできなかったり，英語がうまく読めない，話せないために声に出すことを嫌がったりするなど，さまざまな理由が考えられます（Q4-15）。

　しかし，声に出して英語を読んだり，話したりすることは英語学習の基本です。そこで，以下の点に留意して，毎時の授業展開を心がけるとよいでしょう。

1．リラックスした温かい雰囲気作り

　まずは，生徒が安心して英語を声に出すことができる環境作りに努めます。そのためには，教師は普段から生徒との信頼関係を築いておくことが大切です（⇨ Q9-1）。

　授業では，生徒と笑顔で接し，生徒とのやりとりを楽しみ，生徒一人ひとりの発言を受容的，共感的に受け入れるといった態度が必要です。また，ウォームアップに歌・チャンツ，ゲームを取り入れたり，音読や活動中にクラシック音楽をBGMとして流したりすることも効果的です。BGMはリラックス効果をもたらすと同時に，英語を話すための雰囲気作りに効果的です。さらに，間違っても嘲笑しない授業規律や，「うまく発音できない，音読できない，話せない，わからない」ときには，いつでも気軽に援助を求められる支持的，受容的な温かい教室風土を常日頃から醸成しておくことも必要です。

2．安心してチャレンジできる学習環境

　英語が嫌い，英語を苦手とする生徒は，間違いに対して過剰に反応する傾向があります。したがって，外国語学習では，「間違いながら学ぶ」姿勢を特に大切にしたいことを伝えます。例えば，"I playing tennis."や"He bringed the book to me."という誤りは英語母語話者の子どもにもよく見られる誤りで，言語習得上，進歩の途上にある証です。それゆえ，間違った英語であっても恥ずかしがらずに声に出してみるよう励まします。もう1つ大切なことは，生徒に恥をかかせない工夫をすることです。そのためには教師は生徒一人ひとりの実態をしっかりと把握し，その生徒に適した質問をしたり，課題を与えることです。そして，たとえ

小さな進歩であっても，それを大いに褒め，励ましてあげることです。

3．音読指導法の工夫・改善

音読指導の一般的な手順は，教師がモデル・リーディングを行った後，「教師の後について一斉練習」→「個人やペアによる自由練習」→「指名した個人やペアによる音読」となります。以下に，それぞれの段階で，生徒に大きな声を出して音読させるアイディアを紹介します。

基本的には，生徒が自信を持って英語を声に出して読めるまで何度も練習することですが，練習を重ねても，大きい声が出ない場合もあるでしょう。

そのような場合，教師はよく"Louder, please."と生徒に奮起を求めますが，逆に，生徒は委縮してしまい，かえって小さな声になってしまいがちです。そのような場合は，文をより小さいチャンクに分けて読む練習をしたり，「もう少し早く読んでみよう」と読むテンポを速めるよう指示するとよいでしょう。ペアやグループで練習させる際には，初めに全員起立させ，読み終わったペアから着席するといった指示をすれば，どのペアも早く読もうとし，自然と大きな声で音読するようになります。

また，特に対話文の場合には，登場人物になったつもりで，気持ちを込めながら読ませると，意外と大きな声を出して読んでくれます。個人発表では，発表者からそっと遠ざかり，「先生にも聞こえるように話してね」と一声かけたり，ペア発表の場合は，席の離れた2名を指名したりすると，生徒は自然と大きな声で音読したり，話したりしてくれます。なお，音読指導については，Q1-15およびQ4-14を参照してください。

4．上達していると実感させる指導

教師の後に続いて何度も声に出して練習させ，音声化することに自信をつけさせることが大切です。コミュニケーション活動や自己表現活動を行う際にも，いきなり行わせるのではなく，まずは活動に必要な語句や表現について，全体やペア・グループでしっかり声に出して練習させ，ある程度，言えるようになってから活動に取り組ませます。そうすることで，生徒は英語を音声化することに自信を持ち，安心して活動に取り組むでしょう。

ただし，声を出させるためのさまざまな工夫をした結果，それでも声を出すのを嫌がる場合には，教師がALTとユーモアを交えながら楽しく会話をしたり，教科書の物語文を臨場感溢れるような読み方で音読したり，凛とした態度でスピーチのモデルを示したりすることで，生徒が自分も英語を読んでみたい，話してみたいと思わせるように心がけましょう。

1年生1学期の中間・期末テスト作成のポイントは？

最初のテストでつまずくと英語嫌いになる可能性が高くなります。努力すればある程度の点数が取れる1年生1学期の中間・期末テストを作成する際のポイントを教えてください。

1．指導と評価の一体化を意識する

1年生の1学期では音声面中心の指導が中心となりますので，当然のこととしてリスニング問題や面接形式の実技テストなどを重視し，読解や英作文の問題を少なくするといった配慮が必要になります。聞く・話す活動重視の授業を行っていながら，いざテストになると，どこかの問題集から引っぱり出してきたような単語・文法問題ばかりでは生徒をだますことになり，生徒たちは今後の授業について来なくなります。生徒に求める能力を適切に測れ，なおかつ自分の授業のスタイルに合う妥当性の高いテストの形式や内容を考えることが大切です。

2．テストの波及効果（backwash effect）を考える

授業で行ったことに限定して出題し，「授業や家庭学習でしっかりと練習をしたからテストができた」という経験をすれば，次の学習への動機づけになるでしょう。テストを受けたことによる学習への望ましい影響を「正の波及効果」と言いますが，特に1年生の1学期のテストですから，単に生徒を評価するものだけではなく，次なる学習への波及効果をも考えて作成したいものです。

「このテストでよい点数を取るためには，何を学習しなくてはいけないか」と生徒が考えたときに，望ましい授業態度や学習方法へと導くテスト問題になっていることが求められます。評価とテストの詳細は第8章を参照してください。

3．1年生1学期のテスト問題の具体例

筆者は，この時期に授業で使用している約30種類のクラスルーム・イングリッシュを音声で問う問題，フォニックスの指導も行っていますので，音と綴り字を結びつける問題，語彙に関する問題も「音声」で出題しています。1年生のこの時期は放送による出題がおよそ半分を占めます。以下に具体例を示します。

① クラスルーム・イングリッシュの理解を見る問題例

放送される英語の指示を聞いたらどのようにすればよいですか。下の選択肢から選び番号で答えましょう。

　A．音声：Now everyone, please look at the blackboard.
　　（1）黒板を見る　　　　　　　　（2）黒板に答えを書く
　　（3）黒板に書いてあることを写す　（4）黒板に書いてあることを消す

B. 音声：Everyone, please take out your textbook.
　　（1）教科書を出す　　　　（2）教科書を開く
　　（3）教科書を閉じる　　　（4）教科書をしまう

② 音と綴りの理解・知識を見る問題例

放送される単語を綴りで示すとどのようになるでしょうか。下の選択肢から選び番号で答えましょう。

A. 音声：cup　［（1）cap　（2）cat　（3）cop　（4）cup　］
B. 音声：pine　［（1）pain　（2）pine　（3）pin　（4）peon　］

③ 音声による語彙テストの問題例

次の絵の中で1つだけ発音されないものがあります。番号で選び答えましょう。

音声：science, Japanese, math

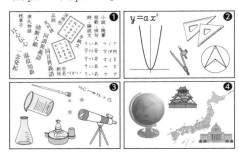

4．「テスト先作り」のすすめ

授業が始まる前の長期休みなどに，テストを先に作成しておくことをおすすめします。テストを作成する段階で，中間テストや期末テストまでに最低限この部分をできるようにさせたいなどと，目標を具体的に整理することができるからです。さらに，そのテストで生徒が満点を取るために，毎時間の授業を組み立てることができるので，教師にとっても授業内容の軽重をつけやすく，メリハリのある授業作りができます。

5．「テスト予行演習」のすすめ

1年生にとっては，初めての本格的な英語のテストですから，テストの形式で戸惑うことも考えられます。そこで，テスト前に，前年度の問題や，問題形式が同じで，内容が違っているテストを対策問題として行わせます。生徒にとっては，問題の形式がわからずに戸惑うこともなくなり，何を勉強すればよいかポイントをつかむことができます。また，教師にとっても，生徒は問題を解くのにどのくらいの時間がかかるか，どの程度理解できていて，何につまずいているかを個別に把握することができ，さらなる一手を事前に打つことができるからです。

テスト後は，点数に一喜一憂させるのではなく，できなかったところ，わからなかったところに目を向けさせ，克服する手立てを一緒に考えてあげましょう。生徒のつまずきを把握し，適切な個別支援をすることで生徒との信頼関係ができ，つまずいた生徒を早期に救い，英語嫌いを予防することができます。（⇨ Q7-8）

英語を苦手とする生徒の学習意欲を高めるテストは？

テストの点数が悪いから英語が苦手になった生徒がたくさんいます。英語学習に苦手意識を持っている生徒の学習意欲を高めるためのテスト作りのポイントを教えてください。

生徒は，どの生徒もテストでよい点数を取りたいと願っています。その願いをかなえるための手立てを準備し，指導するのが教師の役割です。テスト前，テスト問題，テスト後について筆者の実践を紹介します。

1．テスト前にテスト範囲をプリントにして配付する

英語に苦手意識を持っている生徒にとって，テストに向けて何を学習すればよいのかわからないことがあります。そこで，テスト2〜3週間前に詳しいテスト範囲表を作成し，配付します。出題内容とそのねらい，勉強の方法に関するアドバイス，テスト当日までのCAN-DOチェックリストなど，具体的に何を学習すれば，よい結果につながるのかを明示するようにしています。

3年2学期中間テスト満点への道『チェックリスト』				
No.	これが全部できれば合格！ 〜できていれば，○をつけていこう〜	予想テストでは	10月6日(日)では	テスト前日では
1	教科書（Lesson 4 & 5）の内容を理解し，音読できる			
2	パワーアッププリント課題3で教科書の英文を書くことができる			
3	チャンツをスラスラ言えて，書くことができる			
4	90秒クイズ＆虫食いプリントをすべて書くことができる			
5	教科書＆文型ドリルに出てきた重要表現を書くことができる			
6	語順パターンを呪文のように言える			
7	call, make の文を組み立てることができる			
8	It-for-to の文を組み立てることができる			
9	大きな名詞のかたまりを作ることができる			
10	教科書に出てきた疑問文に対して自分の答えを書くことができる			
11	習った文法を活用してスキットを作ることができる			
12	My School Festival を5文以上書くことができる			
13	読んだものについて自分の意見や感想を英語で書くことができる			
14	スラッシュを入れながら，今まで学習した長文を直読直解できる			

2．予想テストを実施する

2週間前に授業時間内に予想テスト（過去問を活用）を実施します。予想テストの目的は，自分の弱点を認識し，残り2週間で学習すべき内容を発見することです。学習すべき事項が明確になるので，生徒からは好評です。

また，予想テスト後には，授業で「テスト対策ペア学習会」を実施し，CAN-DOチェックリストを活用して学び合いの時間を保障しています。英語を苦手とする生徒は，友達の支援を受けながら，学習を進めることができます。

3．テスト問題を工夫し，生徒の学習意欲を高める

① 事前にテスト問題の一部を公開する

　1つは，教科書本文の単語の穴埋め問題です。本文の音読と筆写の練習をしておけば，必ず点数が取れる問題です。もう1つは，授業で学んだ歌の歌詞やチャンツを基本文の語順整序問題として出題します。例えば，3年生で関係代名詞を学習した後なら，"We Are the World"の歌詞 "We are the ones who make a brighter day." などです。授業に一生懸命取り組み，家庭学習をすれば点数が取れる問題を出題することは，特に英語を苦手とする生徒のやる気を促し，家庭学習への波及効果を生み出します（⇨ **Q6-10**）。

② 加点法で学習意欲を高める

　ライティング問題を加点法で採点すると，英語を苦手とする生徒も意欲的に取り組みます。3年生の2学期中間テストで実施した「学校祭の思い出を5文以上で書きなさい」という問題について紹介します。この問題の満点を10点とし，分量を5点，内容を5点とします。ポイントは，分量の採点を加点法とし，正しい文をできるだけたくさん書いた方がよいことを生徒に実感させることです。こうすることによって，多くの生徒は5文以上書くようになり，英語を苦手とする生徒の無答率も大幅に減少します。

③ 生徒の創造力を生かせる楽しい問題を出題する

　英語が苦手な生徒もスキットを創作する問題では，場面を意識し，オチをつけたおもしろい作品を書こうと一生懸命になります。以下は，使用教科書（*NEW CROWN*（2年）"We're Talking ④", p.48）の会話を利用したスキットを作る問題例と生徒の答案例です。

---

(1) ポールと丘先生が会話をしている。場所は職員室。
(2) 二人のやりとりが3往復以上あること。
(3) 会話文の中に2年生で学習した助動詞を使った文を入れること。
(4) ポールのセリフに Oh, no！ を入れること。

　　　Paul：Hello, Mr. Oka. What's the summer homework?
　Mr. Oka：You have to write a diary every day.
　　　Paul：Ah .... And for Japanese?
　Mr. Oka：You have to read a 300-page book and write a book report.
　　　Paul：Oh, no!
　Mr. Oka：Be quiet! This is the teachers' room!

4. テスト後のふり返りで生徒の学習意欲を高める(⇨ Q7-8)
① テスト返却時に生徒と一緒にふり返る

　テスト返却時，生徒は合計点数に一喜一憂するだけで，その後の学習に生かそうとしないことがよくあります。テスト本来の目的に照らすと，生徒はテストを通して自分の英語力を確認し，不十分な点に気づき，その後の学習につなげることが大切です。テストを返却する際，今回のテストまでの学習の取り組みはどうだったか，できるようになった問題，まだ学習が不足している問題について生徒一人ひとりにコメントします。

②「テスト反省」を記入し，自分の弱点を具体的に理解する

　テスト返却後，「観点別評価」「技能別レーダーチャート」「ふり返り」の３項目からなる「テスト反省」を行います。ここではスペースの関係で，設問のねらいと観点別評価を紹介します。

大問	どんな力をテストしているか	配点	得点	観点別評価	
1	モノの説明を聞き，そのモノを特定することができる	5		聞く力	理解
2	レポートを聞き，カフェの人物を特定することができる	10			
3	スピーチを聞いて内容を理解することができる	10		／25	
4	尊敬する人物に関する対話文を読んで内容を理解できる（135語）	5		読む力	
5	差別に関する記事を読んで内容を理解することができる（293語）	10		／15	
6	意味にあった適切な単語を書くことができる	5		単語・文法	知識
7	教科書で学んだ熟語・慣用表現を書くことができる	10			
8	後置修飾を理解し，名詞句を捉えることができる	10			
9	正しい英文になるように組み立てることができる（語順の知識）	10		／35	
10	英語の質問に２文以上で自分の答えを書くことができる	4		書く力	表現
11	ことばの機能や場面を考えてスキットを書くことができる	6			
12	まとまりを意識して The Person I Respect を５文以上書くことができる	10			
13	新聞記事に関して自分の意見や感想を３文以上書くことができる	5		／25	

　　　　〈観点別評価〉(色ペンで，当てはまるところを○で囲もう！)
　　　　聞く力　　A：20〜25　　B：13〜19　　C：0〜12
　　　　読む力　　A：12〜15　　B：　8〜11　　C：0〜7
　　　　文　法　　A：27〜35　　B：17〜26　　C：0〜16
　　　　書く力　　A：21〜25　　B：13〜20　　C：0〜12

③ 二者面談で具体的に助言する

　生徒が記入した「テスト反省」をもとに二者面談を行います。その際，スピーキングテストなどの実技テストも同時に実施します。面談では，家庭学習の様子，学習での悩みを聞き取ったり，次回のテストへの目標を達成するために生徒と一緒に勉強法を考えたりします。英語が苦手な生徒ほど，教師に聞いてもらえたことが安心感となり，その後の学習によい効果があります。

6章　学習者のつまずき──予防と治療法

英語を苦手とする生徒へのノート指導は？

英語を苦手とする生徒には，ノート指導が必要だと思います。このような生徒に対するノート作りの指導のポイントについて教えてください。

英語を苦手とする生徒は，英語だけが苦手な場合は少ないようです。多くの生徒は，学習の方法がわからずにいることがあります。筆者がノート指導するうえで大切にしていることは，次の3つです。

- 学習方法がわかる
- 学習内容を選択し，自己決定できる
- 学習した分だけ力がつく

1．最初のノート指導で学習方法をしっかり教える

学習を苦手とする生徒の多くは，文字を小さくていねいに書くことが苦手な傾向にあります。ノート指導の第一歩として，1行の幅が広い10段英習ノートを全員に配付し，アルファベットをていねいに書くように指導します。そして，Q7-3 で示す5種類の学習メニューを提示し，自分に合った学習内容を選択させて家庭学習に取り組ませます。最初のうちは，授業時間内に学習時間を確保し，全員にそれぞれのメニューに取り組ませます。

2．練習と自己テストの方法を教える

基礎・基本の定着を図るために，授業の復習，単語や基本文の練習と自己テスト，および丸つけの方法を1年生の早い段階で指導するようにしています。

自分で「小テスト」を行っていることになり，力を伸ばす取り組みの1つとなります。

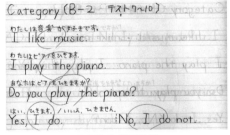

1年生1学期の例

3．創造性を引き出す活動を設定する

家庭学習の内容が機械的な練習に偏ると，生徒は飽きてしまいます。どの生徒も，練習してできるようになったことを「自分のことを表現するために活用してみたい」と願っています。それを達成できる活動の1つが，「あなたは脚本家」という活動です。生徒に人気のある活動で，作品の創意工夫に生徒の新たな一面を発見するよい機会にもなります。活動の進め方は次のとおりです。

教科書本文の内容理解，音読練習後に，本文をオリジナル化して書き換えさせ

ます。難易度や創意工夫の必要性が段階的に高くなるゴールを設定し，生徒がゴールを選択できるようにするのがポイントです。英語が苦手な生徒は，本文の単語を入れ替えるだけでもよいことにします。完成後に生徒と一緒に作品を鑑賞し，努力を称え，次のゴールをめざすように助言します。

【ゴール設定の例】
- B　単語を入れ替える
- A　1文つけ足す
- A⁺　ストーリーを発展させる

1年生1学期の例

4．ノート作りに意欲的に取り組ませ，力を伸ばす工夫

① 授業で家庭学習の指導をする

授業の終わりに5分程度確保し，生徒が自分で決めた学習内容について学習し，残りを家庭学習とします。英語が苦手な生徒へは学習内容を助言するなどして，家庭学習に取り組みやすくなるように支援します。この指導を週1回程度継続することで，学習習慣作りをめざします。

② 一人ひとりの生徒の成長を見取る

ノート指導は，生徒の学習履歴を把握することができる有効な手段です。英語を苦手とする生徒ほど，ノートを見てもらいたい，アドバイスしてほしいと願っています。それは，褒められたい，認められたいという気持ちの裏返しのように感じます。教師は生徒一人ひとりの小さな成長を見取り，「2つ単語を覚えられたね」「今日は2ページも家庭学習に取り組めたね」のように生徒の小さな努力を認め，次への学習につながるように支援します。

③ 生徒同士で共有する

よい取り組みをしている生徒のノートをコピーしたり，生徒が書いたオリジナル文章を教科通信に載せたりして配付します。よいものはどんどんまねをして，自分の学習に取り込むように指導します。また，4人グループで家庭学習用ノートを見せ合い，互いに家庭学習の内容を紹介したり，学習方法を教え合ったりすることも有効です。

英語学習に意義を見いだせない生徒の指導は？

英語が不得意な生徒の中には英語を学習する目的がわからない，自分は，将来，英語を使わないから英語は必要ない，という生徒がいます。このような生徒にどのように対処すべきでしょうか。

Q6-1 で見たように，英語嫌いの主な原因の1つとして「英語学習の目的がわからない」が挙げられています。一方，教師は昨今のグローバル化に伴い，「英語は今や世界の共通語です。将来ますます英語が必要となりますので，今のうちにしっかり勉強しておきましょう」「外国語学習，とりわけ世界共通語である英語学習の究極の目的は，民主的な社会や世界平和の構築にあります」等々，英語（学習）の必要性を大上段にふりかぶって語る傾向があります。しかしながら，将来のグローバル社会における英語の必要性や恒久平和実現のための英語の役割を意識して英語学習に取り組む生徒はどれくらいいるでしょうか。

それよりも生徒にとって大切なことは，生徒と英語との関わりを明確にしてあげることです。入試に合格したい，洋楽や洋画を楽しみたい，英語の本を読みたい，海外で仕事をしたい，海外に友達を作りたい等々，生徒一人ひとりに英語との関わりを意識させ，英語学習が生徒にとって「意味あるもの」という感覚を培わせることでしょう。

私はかつてサッカーの中田英寿選手の流暢なイタリア語と英語を使った会見シーンを授業で見せたことがあります。教室ではプロのサッカー選手をめざす学生から「スゲエ！」のひと言が聞かれましたが，彼なりに英語学習の必要性を感じ取ったことと思います。

私は日々の授業の中で，ことあるごとに私自身と英語との関わりを語ったり，世界で活躍する日本人を紹介したりしています。その中で英語を学習することで世界観が広がること，自分の価値観や考え方を見直す機会になること，英語は人と人をつなぐ手段であり，自己実現の手段となり得ることなど，自身の体験を交えながら，ありのままに語るようにしています。

それでもなお，英語との関わりが見いだせない生徒には，"EXIT" "POLICE" "OPEN" "LAVATORY"「コンビニエンス・ストアー」「アクセス」「ボーダレス」などの英語やカタカナ表記が今や日本でも日常生活に入り込んでいることや，Web サイトを閲覧する際にも英語が少しでもわかれば入手できる情報の質や量が大幅に向上することを伝え，英語を知っていれば日本で生活するにしても，知識や生活の幅がぐんと広がることに気づかせてあげるとよいでしょう。

学習不振生徒指導の成功例は？

教師の指導によって，英語につまずいていた生徒が意欲的に学習するようになり，他の生徒に追いついたり，追い越したりした例はありませんか。指導の成功例をいくつかお聞かせください。

2年生の秋口から英語が急に難しくなり，なんとかついてきた学習不振生徒も完全にドロップアウトしてしまうケースが増えてきます。この時期に1年生の教科書を復習することは，子どもたちを勇気づけ，立ち直るきっかけを与えてくれます。せっかくの機会ですから，すべての子どもたちが取り組める課題を設定して，学習不振生徒が再び英語学習に向かう勇気を与えたいものです。

1. 小テストを通じて

2年生から受け持ったYくんは，定期考査は20点以下，無気力でとても気になる生徒でした。しかし，前期は学年全体で頻繁に生活指導上の問題が起き，Yくんのような目立たない生徒にはなかなか手をかけることができませんでした。それでも学年教員の懸命の指導に加えて，多数の大学生ボランティアの協力もあり，冬が近づく頃には少しずつ気持ちが勉強へと向かう生徒が増えてきました。英語科では機を逃さず，生徒を励まし，基礎的な語彙力を補うため，7分程度の帯活動で1年生用教科書の小テストを始めました。実施方法は下記のとおりです。

始めて間もなく一人の女子生徒が，「男子がカンニングをしている」と言いに来ました。聞けば，Yくんもその中に入っています。チャンス到来です。その日の授業の始めに全員に「小テストは何も見ないで受けた方が力がつくと思うが，もし自信がなくてテスト中に範囲の英文を見たいという人がいたら，それでもかまわない。本人も周囲もそれをカンニングと気にしなくてよい。どちらにしても，ノートに2回書いて出せばテストと同じ点数にしている。あと数か月で君たちも3年生。1年生の復習をしないと，とても3年生の教科書は読めない。一人でやるのは大変だから，みんなで頑張ろう。このテストは自分のためにやってほしい」と話しました。Yくんも

〈小テスト実施方法〉
(1) 小テストの用紙に氏名と日付を書く
(2) 先生の音読を聞く
(3) 先生が途中で音読をやめるので，最後の文だけを30秒以内に書く
(4) テスト用紙を回収する
(5) 次の範囲を音読する
(6) 内容についての先生の質問を聞く
(7) 答えを含む箇所に下線を引く
(8) 答え合わせをする
(9) ペアで音読や暗唱の練習をする
(10) テスト用紙が返却されたらノートに貼る
(11) ハンコがあれば合格（2点）
(12) ハンコがない人は範囲をすべて2回書く
(13) 正しく写せていたら合格（2点）

珍しく真っ直ぐにこちらを見て聞いていました。その後，カンニングを止めたことはもちろん，大きな声で音読に参加するようになり，次第に力が伸びていきました。次はYくんの感想です。

「英語は正直五教科の中で一番嫌いだった。たぶんそれは苦手だったからだ。先生にやれと言われた教科書のディクテーションは，最初は嫌だったけどやってよかったと今は思う。昔の自分よりは，今の自分の方が少しできるようになったと思うし，なにより英語が嫌いじゃなくなった。最後の期末テストで50点以上いったのがうれしかった。」

復習が目的のテストでも，劣等感を持っている学習不振生徒は発奮するどころかますます気持ちが離れていってしまうこともあるでしょう。ときには思い切って固定観念を取り払い，生徒の力に委ねてみることも必要だと思います。

2．多読を通じて

3年生で，さまざまなタイプの英文を読み，wpm（1分間に読むことのできる語数）を記録する多読に取り組んでいたときのことです。英語が苦手な野球部のSくんがダルビッシュ選手の記事を難なく読み終えました。ところが，英語が得意なはずのYさんは，ゆっくり読んでもなかなか理解できないと困っています。自分の興味のあることだと正確に速く読めると知ったSくんは，「自分は英語が苦手なんじゃなくて読もうとしていなかっただけ」と読む姿勢が変わって，受験期までに偏差値が10以上上がり，入試でも英語が79点と5教科で一番高い点数を取りました。

同じ活動でOくんを救ったのは，1年生の教科書を読んで，リテリングに挑戦したことでした。最初はwpmが40語以下で「速く読みたい」と感想を書いたOくんでしたが，回を重ねる度にリテリングにも慣れて基礎的な語彙が定着し，wpmは250語まで伸び，入試では75点と本人も驚きの高得点を取りました。

Sくんの成績は3，Oくんは2，定期考査では平均点以下の生徒たちでした。そんな彼らでも英語で書かれた文章が読めればうれしいし，その内容に知的好奇心を刺激されれば，また次も読んでみようという意欲を持つのです。一度読むことの楽しさを知った子どもたちは，語彙や分量の壁に負けず，真っ直ぐに題材のテーマやメッセージに向かっていくようになります。

生徒たちが英語を読めないと教師が思うとき，さまざまなトピックの読み物を読ませているか，難易度や分量は適切かなど，自分の授業をふり返ることが大切です。もしかすると，ただ教師が生徒に合った読みの機会を与えていないだけで，どの子も読めるかもしれません。

7章

学習習慣，学習方法，学習意欲を高める指導
―― 自律的学習者の育成

Q 7-1	自律した学習者とは？	210
Q 7-2	1年生の入門期指導は？	212
Q 7-3	自ら学ぶ生徒を育てるノート指導は？	214
Q 7-4	自ら学ぶ生徒を育てる辞書指導は？	216
Q 7-5	十分なインプットを与える方法は？	217
Q 7-6	効果的な協働学習の進め方は？	219
Q 7-7	意味のあるふり返りは？	221
Q 7-8	定期テストの有効活用は？	223
Q 7-9	効果的な実技テストの秘訣は？	225
Q 7-10	やる気のでない生徒をやる気にさせる方法は？	227
Q 7-11	長期休暇に学ばせるアイディアは？	228

自律した学習者とは？

自律した学習者とはどのような学習者ですか。また，自律した学習者を育てるために日頃どのような指導が必要でしょうか。

1．自律した学習者とは

自律した学習者（autonomous learner）とは，「自分の学習をコントロールできる学習者であり，自分にどのような学習が必要であるかを見極めて学習のゴールを決め，その学習に必要な教材を選択し，自分の不得意な部分を認識して適切な学習のペースや時間配分を決め，学習の進み具合をモニターしたり，学習の成果を評価したりすることができる学習者」のことです（Benson 2001, Holec 1981）。また，「人が何かを学ぼうと思ったときに，学習内容や方法を自分で選択して計画を立て，それを実行して，成果を評価する力」とも言われています。

2．自律した学習者を育てるために

自律した学習者を育てるためには，将来の明確なビジョンを持たせ，自己の適性，学習・認知スタイルなどに気づかせ，学習意欲を高め，自らの学習を客観視して自分で調整できるメタ認知の知識と方略を教えて実際に使えるようにさせることが重要です。これらの能力は教育によって育成が可能です。

例えば，発表内容やその学習プロセスを生徒自身が決定できる環境にあると，自律性は向上します。生徒たちに選択権を与え，責任を持たせるのです。また，学習計画を立て，途中で進行状況を自己チェック（monitoring）し，終了後にその成果と課題などをふり返る（reflection）など，メタ認知方略の育成が学習者自律の向上を促します。生徒たちを自律させる前提としては，指導者たる教師自身の自律が不可欠です。アクション・リサーチなどの手法を用いて，常に自分の指導と生徒たちの学びをふり返りつつ授業を改善する省察的実践家（reflective practitioner）として，生徒たちに自律学習を促すように働きかけることが大切です。その際，教師は情報収集者，意思決定者，動機づけ促進者，グループ・ダイナミックス推進者，カウンセラー，フィードバック供給者等の役目を担います。

授業における留意点として，生徒の気づきを促し，やる気を起こさせ，結果より過程を大切に取り組ませる指導を心がけましょう。また，普段から生徒間での学び合いが起こる学級経営や人間関係の構築，メタ認知や方略の指導と効果を実感させる機会を保証することが重要です。そのためには，必要に応じて学習計画を作成させたり，環境を整備したうえで自主学習の機会を与えたり，学習中に困ったときの教師や仲間への援助の求め方を共通理解させたり，学習の成果を自己

評価して効果的な学習方法をまとめ，クラスで報告し合い共有するといった機会をできるだけ多く与えるように努めます。

3．日頃の指導内容と留意点

　メタ認知の知識や方略が，自律した学習者や自己調整学習と密接な関係にあり，内的動機づけとも高い相関があることがわかっています。また，学び方（学習スタイル）も多様で，学力にも個人差がある生徒たちに，どのように助言し，段階的に支援していくか（足場かけ：scaffolding）について留意しましょう。具体例をいくつか紹介します。

(1) 協働学習を取り入れ，仲間との社会的関係の中で学び合わせます。ペア・グループ活動で，協働しながらディクトグロス（ディクテーションと作文を合わせた活動，⇨ Q3-4 ）などの課題に自主的に取り組ませ，活動をシェアリングさせてふり返らせます。その際，一人ひとりの生徒に役割を与えて責任を持たせます。仲間と認め合う関係の中で自尊感情が育ち，自己有能感が生まれます。

(2) プロジェクト学習や問題解決型タスクなどに取り組ませ，学習者自律を育成するために学習の過程を自分でコントロールさせます。例えば，自分たちでテーマや課題を設定し，プレゼンテーションを行わせますが，その際，学習の目標と計画を立てさせ，授業後にその評価をさせるとよいでしょう。

(3) ストラテジー（学習方略・メタ認知方略など）を指導し，効果的な勉強のしかたを教えます。

(4) 課外活動や行事（留学生やALTとの交流活動，英語キャンプ，スピーチコンテスト，暗唱大会，スキットコンテストなど）への積極的な参加を促します。

(5) 家庭学習（宿題・自主学習）の充実を図り，自学自習用のノート，自己表現作文，ドラマティックな表現音読，多読・多聴マラソン，教科書題材や語法・文法の調べ学習など，自ら工夫し，自らが選んだ課題に取り組ませます。

　上記(1)～(5)を行わせる際には，学習内容や方法を具体的に助言し，適宜コメントを返すことが大切です。授業と評価に生徒の視点や意見を取り入れ，選択権や自己決定権を与えて有能感を高める，CAN-DOを用いた自己評価で，自己の省察（ふり返り）を大切にしてメタ認知を高める，生徒の意見を取り入れたルーブリック（評価項目の内容を細かく定めた表，⇨ Q8-16 ）を作成するのも効果的です。やりがいのあるタスクやプロジェクト，実際に英語を使う体験や国際交流などを通してグローバルな視野を持たせ，自ら学ぶ意欲を育てたいものです。

1年生の入門期指導は？

初めて1年生を担当します。英語の基礎を固め，学習習慣や学習方法を身につける大切な時期だと思いますが，どんなことに注意して指導したらよいでしょうか。入門期を中心に教えてください。

2020年度から従来の「外国語活動」が小学校3，4年生に下ろされ，5，6年生では教科として「外国語（英語）」が必修化されます（⇨ **Q10-3**）。小学校での学びを生かしながら中学校で新しくスタートを切るためには，いくつか留意すべき点があります。以下に「夏休みに自律した学習ができる生徒を育てる入門期指導」についてまとめます。

1．一学期全体を「入門期指導」として捉え直す

「入門期」は，新入生を理解し，中学英語の学び方の基本を知らせ，夏休みの自律学習につなげる活動を行う重要な期間です。筆者は「1学期全体」を，生徒に望ましい英語学習方法を身につけさせ，夏休みに自分で弱点を見つけてそれを補うよう学習できる生徒を育成する，広い意味での「入門期指導期間」と位置づけて，次の3期に分けて指導しています。

(1) 初期（15時間程度）　教科書を開かずに，耳と口を鍛える。小学校で慣れ親しんだアルファベットは，ペンマンシップやノートに書く練習を始める。
(2) 中期（15時間程度）　学習事項を文字と結びつけ，読む・書く練習を行う。
(3) 後期（15時間程度）　初めて教科書を開き，本文の内容理解，音読，ノートでの練習を行い，夏休みの自主学習に備える。

教科書を開く時期が遅いと感じられるかもしれませんが，一学期の指導内容は初期・中期にも進めているので，教科書の進度は予定どおり終了できます。

入門期全体を通して，英語学習が好きになり，具体的な学習方法を知り，毎日の学習習慣を身につけ，夢を持って目標に向かって学習する生徒の育成を心がけます。また，小中連携の観点から小学校での学習や活動体験を生かしながら新入生の実態を把握し，子どもたちのニーズを理解して温かく指導します。

2．新入生の実態と英語の基礎固め

新入生の多くは，定型表現に関しては自信を持って反応でき，慣れ親しんだ表現で身近なことを表現したり，疑問文にも単語文で応答したりできます。これは小学校外国語活動の成果と言えます。小学校では音声での伝達重視の指導を受けてきているので，文法事項理解や文字認識，正確な発音などについては指導されていないことに留意しながら，音声重視の指導をさらに継続し，小学校で指導し

ていない項目についてていねいに指導しましょう（⇨ Q10-1 ）。そうすることによって，英語の基礎固めが可能になります。そのためには，聞いてわかることを話し，次に読む練習を行い，最後に書く練習に移ること（L→S→R→Wの手順）を徹底させましょう。

　また，綴りは発音を表していること，アルファベットは日本語の仮名と違って，多くの場合，文字の名前と単語の中での発音が違うことを明示的に伝え，綴りと発音の関係（Phonics）も少しずつ教えて，正しく言えれば綴りが推測できることを知らせ，生徒の学習負担を軽減させることも大切です。

3．学習習慣と学習方法の定着

　中学校英語では，予習よりも復習に力を入れさせるべきです。入門期では特に復習の習慣をつけさせましょう。例えば，ピアノのレッスンを例に挙げ，「先生から教わったことを，自分でおさらいをしてこそ上達する」ことを知らせます。

　音声中心の指導をしていると，生徒は家で復習しようにも目で見て確認するものがありません。そこで，教科書準拠の音声CDを活用させたり，授業で練習した内容を想起できるハンドアウトを準備するなどの支援が必要です。また，次の授業でそれまでの定着を点検する復習の時間も欠かせません。一度きりで終わらず，くり返しふれて使う「スパイラルな学習サイクル」を作ります。何度も何度も点検しながら学習習慣を定着させましょう。週ごとに家庭学習の様子をまとめさせ，自己評価させることによって学習習慣を定着させることもよい方法です。

　家庭学習の方法は具体的に提示します。

　ノートの活用方法を例にすると，

(1) 曜日と日付を書く。
(2) 聞き話す練習を行い，そのまとめを記録する。
(3) 言ったこと，読んだことをノートに書いてみる。
(4) 自己点検と小テストや定期テストの再テストを行う。（⇨ Q7-8 ）

　ここで肝心なことは，「テスト→自己点検→練習→再テスト」のサイクルを作ることです。生徒たちの多くは，書ける単語は何も見ないで何度も書くが，難しい単語は「見て書き写す」だけでノートを埋めて「勉強した！」と満足し，結果的に書けないままで終わるようです。ですから，入門期に正しい学習法を教え実践することで身につけさせ，学習の成果を自ら点検できる「自律的学習者」を育成することが最も大切なのです。

　このような手順で夏休みには自律自習ができる生徒を育成することを目標にした入門期指導を進めてはいかがでしょうか。

 **自ら学ぶ生徒を育てるノート指導は？**

ノート指導にはさまざまな方法があるようですが，自ら学ぶ生徒を育てるためのノート作りはどうあるべきでしょうか。ノートの点検方法なども教えてください。

1．自ら学ぶ生徒とは？

ノート指導を通して，次のような自律した生徒の育成（⇨ Q7-1）をめざします。
- 興味に応じて，学習内容を決めることができる生徒
- 計画を立て，学習を進めていくことができる生徒
- 学習をふり返り，その後の学習に生かすことができる生徒

与えられた宿題だけに取り組むのではなく，生徒が自主的に学習を進める「家庭学習ノート」の実践事例を紹介します。

2．「家庭学習ノート」の指導方法

ノートを1冊準備します。ノート指導にあたって，授業でルールを確認します。

> (1) ノートの表紙に「家庭学習ノート・○冊目・学年・組・氏名」を記入する
> (2) 家庭学習するときには，日付・曜日・何を学習するのかを書く
> (3) ノートの下には，1冊目からの総ページ数を書く
> (4) ノートの1ページ目には，そのノートの目標を書く
> (5) ノートが1冊終わるときには，ふり返りを書く
> (6) 朝の会の前にノートを提出箱に提出し，帰りの会終了後に取りにくる

学習内容については，教師が一方的に規定せず生徒が選択し自己決定ができるようにすると，生徒は自ら考えるようになり，自主的に学習し始めます。筆者は基本的な学習内容を次のように5つのCategoryとして提示しています。

> ☐ Category A　学習内容のまとめ・理解の確認
> ☐ Category B　語句の暗記，自己テストと自己採点
> ☐ Category C　新出文法事項の操作練習，自己テストと自己採点
> ☐ Category D　既習事項を用いて感想や意見を書いたり，オリジナル作品作り
> ☐ Category E　質問・感想・ふり返り

Category A から E の流れで学習を進めることで，「理解→練習→応用→ふり返り」のサイクルを身につけることをねらいとしています。

3．「家庭学習ノート」の点検方法

毎朝提出されたノートを回収し，朱書きでコメントを書き，帰りの会までに返

却します。無理な場合は，週に一度でもよいでしょう。コメントは，Category に応じて軽重をつけ，点検の効率化を図ります。例えば，Category B や C は機械的な練習なので，正確に練習できているかを確認するのみで済ませます。一方，Category D は生徒のオリジナルの文章なので，正確さだけでなく，内容に関する感想も書くようにします。また，①褒める，②寄り添う，③励ます，④厳しく諭す，⑤質問する，などして次の学習につなげる，⑥英語学習には直接関係のない学校生活の話題にふれる，など6種類のコメントを使い分けています。なお，ノート指導で大切にしたいことは，点検印を押すことではなく，「少しでもコメントを書く」ということです。教師が一人の生徒と真剣に向き合うことで信頼関係が育まれ，生徒の自主性や豊かな創造力の育成につながります。

4．カテゴリー別の学習内容

筆者の実践からおすすめの学習内容をカテゴリー別に紹介します。

☐ Category A
- 教科書の基本文に解説をつけて，まとめ直す（自分専用の参考書作り）
- 「レストランで」など場面別で表現を集める

☐ Category B
- Category B で一度覚えた単語を1週間後に再テストする（記憶の強化）

☐ Category C
- 肯定文からできるだけ多くの疑問文を作る

☐ Category D
- さまざまな題材に関する Glossary を作り，感想・意見を書く

☐ Category E
- ノート終了時に取り組んだカテゴリーを数え，学習の偏りを確認する
- 新しいノートを始める際，以前のふり返りを生かした目標を設定する

Category D の具体例として，"We Are the World" と World Food Programme の "Hunger Map"（筆者の補充教材）を学習した3年生が書いた感想文を紹介します。

> "*We Are the World*" and "*Hunger Map 2013*" reminded me of the importance of taking actions. There are many people who can't eat enough food in developing countries. They have suffered from hunger for a long time. But it hasn't changed since "*We Are the World*" was made. This made us sad. We have to think about those people. （原文のまま掲載）

自ら学ぶ生徒を育てる辞書指導は？

学習習慣をつけるためには，辞書指導が欠かせないと思います。生徒にどのような点に注意して辞書を選ばせたらよいでしょうか。また辞書指導の指導計画や指導方法も合わせてご指導ください。

1．辞書購入にあたっての指導

保護者向けに通知を配付し，推薦辞書を紹介して各自で英和・和英合冊の辞書を購入させています。同じ辞書を全員に持たせるのもよいですが，さまざまな辞書があると，授業中に例文やコラムの読み比べを通して一層理解が深まります。

2．3年間の指導計画と作成のポイント

指導計画を作成するうえで大切にしたいことは，わずかな時間でも授業中にくり返し辞書を使う機会を意図的に作り出すことです。

そのうえで，各学年の学習内容に応じて以下のように計画を立案し，自律した学習者の育成をめざします。

学年	1年生			2年生			3年生		
学期	1学期	2学期	3学期	1学期	2学期	3学期	1学期	2学期	3学期
活動名とねらい	ア	イ→	ウ→	エ→	オ→			カ→	

ア：『アルファベットの順序に慣れよう！』（辞書引きに慣れる）

イ：『ちょっと単語を調べてみよう！』（語彙の拡充を図る）
　例）studyとlearnなど似た意味の語のニュアンスの違いを調べるなど

ウ：『同じ綴り字の単語探し』（発音と綴りを関連づける［Phonics］）
　例）canやcityを新語で扱うときに，cを／k／,／s／と発音する単語を探す

エ：『品詞を調べよう！』（文構造をより深く理解する）

オ：『Wrap-upプリント』（品詞調べ，文構造把握など教科書本文を復習する）

カ：『英英辞典の定義文クイズ』（英語で英語を理解するため）
　例）分詞や関係代名詞による後置修飾の学習後に，定義文クイズを出題する
　　　A large black and white animal like a bear which lives in the mountains of China.（*Longman New Junior English Dictionary*）

十分なインプットを与える方法は？

できるだけ授業は英語で進めるようにしていますが，どう考えても授業中の英語だけでは必要量を満たしているとは思えません。生徒に十分なインプットを与える方法を教えてください。

生徒に十分なインプットを与えることも「英語で進める授業」の目的の1つです（⇨ Q1-19 , Q3-4 ）。しかし，ご指摘のとおり授業中に行う教師のインプットだけでは十分とは言えません。次の3つの方法で英語にふれる機会とインプット量を増やしましょう。

1．授業の復習で英語にふれる機会（language exposure）を増やす

(1) 聞き取り練習：教科書準拠CDを活用して聞き取り練習を行わせます（準拠CDの購入が難しい場合は，教師やALT吹込みテープを授業中にCALL教室などでダビングして持ち帰らせます）。聞いて理解できない英語を音読したり書き取ったりしても力にはなりません。この段階で理解できていない単語や表現を明らかにし，個別に練習します。

(2) 音読練習：意味が理解できたところで，CDを活用して音読練習します。他者に意味を伝えるべく音読する（⇨ Q4-14 ）という目的を持って聞くとインプットは増大します。

(3) 書き取り練習：意味が理解でき，音読できるようになった教科書本文を，CDを聞いて書く練習をします。

2．NHKラジオ講座「基礎英語」でインプットを増やす

「基礎英語1～3」など，NHKの語学番組は安価で質の高いインプットを提供してくれます。放送を毎日聴取すれば，教科書だけで学習するのに比べ倍以上のインプットが得られます。

① 地上波以外でもラジオを聞く方法

マンションなど電波状態が悪く聞きにくいところもあります。CD購入も可能ですが経済的負担が大きいので，Webラジオで明瞭に聞くことができること，簡単な手続きでNHKのサイトで1週間前の音声も聞けることを知らせます。

② 授業で後押し

毎時間「基礎英語」を扱うことは難しいですが，授業と関連する部分を紹介するなど，授業でも取り扱うことで生徒の継続聴取を後押しします。

③ 音読ショーやスキット発表会で後押し

音読発表会やスキット発表会で教科書と「基礎英語」を選択できるようにしま

す。教科書の音読や暗唱だけでは飽き足らない生徒のやる気を伸ばし，インプットの量も増やせます。創作スキットのモデルにすれば，創造的活動になります。

④ 定期テストで後押し

各学年の定期考査のリスニング問題で「基礎英語」から出題します。聞いていてよかったと生徒が感じ，これからも聞き続けようという波及効果が生じるように後押しします。

3．生徒が好きなことでインプットを増やす

最も効果的なインプット増加方法は，生徒が楽しいと感じ自主的にインプットするようになることです。そのために次の観点から働きかけます。

① 呼び水としての歌

文法事項を扱った歌や季節の歌を積極的に扱います。生徒が好みの音楽に出会って自分から聞くようになればしめたものです。教科書に掲載されている曲は積極的に紹介し，他のアーティストの歌う曲も紹介すると生徒の興味は広がります。また，保護者がCDを持っている場合も多いので，保護者に思い出を熱く語っていただくことも呼び水効果が期待できます。

② ライブラリーの強化

図書室に graded readers を1セット購入しておいたものの，生徒の活用は今一歩でした。英語科教員の手もとに易しい読み物から順に揃えて紹介していくと，だんだんと貸出数が増加しました。

英語科教員が事前に内容を把握し，生徒の興味や学力に合った本を推薦できるようになると，生徒も安心して利用できるようになります。ソムリエやコンシェルジュ的な案内役が必要なのです。

③ ALT の活用

ALT の協力が得られるなら，昼休みなどにも空き教室で自由に ALT と話せる "English Lounge" をオープンしてはどうでしょう。

筆者の勤務校では，初年度は3年生を順番に予約させ，少ない空き時間を下級生に開放しましたが，システムが定着しリピーターも増えたので，現在は希望者がいない時間もなく，生徒は自由に英語を聞き・話す時間を楽しんでいます。

④ 英語学習に関心を持っている生徒への対応

英語が大好きという生徒にTV番組やWebサイトを紹介します。教員が楽しいと思う番組や先輩が役に立つと活用しているサイト情報を伝えます。Webの動画サイトも個人で楽しむ範囲で活用し，英語のオモシロ情報を楽しむことでインプットを増やすことができます。

効果的な協働学習の進め方は？

ペアやグループによる協働学習は学習者の自律性の育成に役立つようですが，より効果的な協働学習の進め方についてアドバイスをお願いします。

英語学習におけるペア活動やグループ活動は多くの教室で行われていますが，形式的にそれらを行わせるだけでは，「協働学習」の効果は十分には得られず，自律的学習者の育成にも役立ちません。教師が協働学習の有効性や留意点を理解し自信を持って指導すること，同時に生徒にもその意義を理解して活動させることが大切です。

1．学校教育のよさを生かし，チームで学ばせる

40名近い生徒たちへの一斉授業で外国語を習得することは多くの困難を伴います。近年多く見られるようになった少人数分割授業もこの困難点を克服する1つの方策です。

① 語学学校のシステムを考える

大人数教室を売り物にしている語学学校はありません。宣伝文句は，個人レッスンやグループ・レッスンです。しかし，通常の学校の授業では，ALTや先生と1対1で学ぶことはできません。どうすれば学校の授業で効果的な学習が可能になるでしょうか。

② チームとして学ぶことが大切

多人数の利点を活用することはできないかを考えてみましょう。

その利点とは，「多様な仲間がいる」ことです。いろいろな感じ方，考え方の仲間と学ぶ効果を最大限に引き出すのが，「チーム」としての学び合い（＝協働学習）です。

互いの足を引っ張り合うような「競争（competition）」では意味がありません。早くできる生徒からは早さの秘訣を学び，正確な英語を使える生徒からは文の構成力を学び，内容豊かなメッセージを持つ生徒からはその発想の豊かさを学ぶなど，互いに学び合い高め合う「協働（collaboration）」の環境を作るのです。

PISA型学力の高さで有名なフィンランドでは，少人数クラスを推進しながら「習熟度別クラス」は廃止して，多様な生徒たちがお互いのよさを尊重し合い，相互のインタラクションを通して学び合うことを重視する社会構成主義（social constructivism）の学習観に立った「統合クラス」方式を採用して成果を上げています。合言葉は"Collaboration not competition!"です（髙橋2011：232-235）。

2．英語学習は部活動と同じ技能習得であることを知らせる
　部活動で仲間と協力して優勝や入賞をめざして頑張れるように，学習でもクラスメートと力を合わせて頑張れるはずです。英語学習は個人での単なる記号の暗記ではなく，人と人とが関わるコミュニケーションの技能習得だからです。
① 共通点は実際に使いながら身につけること
　部活動と英語学習の共通点は，実際に使いながら，失敗をくり返し上達していくところです。初めから上手にできる人はいません。英語学習も同様で，失敗しながら練習し，使いながら徐々に上達していくのです。一人で学ぶだけでなく，仲間とともに考え，アドバイスし合いながら練習した方が上手になれます。
② 強い部の共通点
　強い部活の顧問はブレることなく信念を持って指導します。強い部では生徒は顧問や先輩の言うことに耳を傾けます。強くなりたいから目標とする選手の強さを探ろうとし，基礎体力が技を支えていることを知っているのでランニングや素振りでも手を抜きません。大会で勝って表彰される晴れがましさを知っているので，辛いときも頑張ることができます。英語の授業マネジメントも部活動と同じです。優れた教師は，優れた部活動顧問であることが多いのも納得できます。

3．協働学習の留意点
① 仲間に敬意を払って接する
　チームの一員としてのペアやグループのメンバーに敬意を持って接することが大切です。能力に差があっても，優れた部員は「下手くそな奴だ」とは思わずに接してくれます。チームの一員だからです。この思いを大切にさせましょう。
② 仲間が詰まってしまったら救いの手を
　仲間が困っているときには解決手段を提示しましょう。自分が困ったときに助けてもらえるからです。また，先生は一人なので，活動が始まるとモニターできる生徒の数はかぎられてしまいます。互いに助け合えば上達も早いのです。タスクを早く終わった生徒には，"adviser"として仲間を支援する役割を与えましょう。
③ ときにはペアをどんどん変えて，同じ課題に何度も取り組ませる
　同じペアで練習していると手詰まりになることがあります。そんなときには席を移動させ，相手を変えて同じ課題に何度も挑戦させましょう。話題が同じでも反応が異なるので新たな学びが生まれます。また飽きることなく何度も課題に挑戦でき，くり返すことで自信を持つことができます。
　ペアを生徒の希望で決める方法もありますが，ソシオメトリーを活用するなど，生徒の実態に応じて適切な方法を選んでください（⇨ **Q4-6**）。

意味のあるふり返りは？

学習者の自律性を高めるうえで、毎時間あるいは単元の最後のふり返りが重要だと耳にしましたが、生徒のふり返りを意味のあるものにするための留意点を教えてください。

毎時間あるいは単元の最後にふり返り（reflection）を実施すれば、生徒の自律性が高まる、といった単純なものではありません。学習者の自律性を高めるうえで、生徒のふり返りを意味あるものにするには、生徒が主体的に授業に関わることが必要です。その中で生徒は自分の課題に気づき、独自の目標を立て、課題を解決しようと試みるようになります。この「ふり返り→気づき→目標設定→課題解決→ふり返り」のサイクル（reflective cycle）が生徒の自律性を高めることにつながります。（⇨ Q7-1）

1．ふり返り活動が自律性を高める条件

① 生徒が主体的に授業に関わっていること

簡単に言えば、「生徒は英語が上手になりたいと願っている」必要があります。教師が生徒の自律性を高めるためにふり返りをさせても、生徒の側に向上意欲がなければ、以下のサイクルは生まれないので、生徒のやる気を刺激しましょう。

② 「気づき→目標設定→課題解決」のサイクルが生まれていること

生徒にやる気が宿っても、一人ひとりが自己の学習履歴に関わる独自の課題を抱えています。ふり返りはこの課題を生徒自身が解決するために、生徒に気づきを促し、解決への糸口を提供します。課題に気づいた生徒は、「～できるようになりたい」という気持ちを抱きます。これが目標の設定です。やみくもに学習するのでなく、目標に向かって自覚的に学ぶことは自律性育成に大きな役割を果たします。生徒は自らの経験を生かして、独自の方法で課題解決を図ります。以上の過程は、いわゆる「PDCA（Plan → Do → Check → Action）サイクル」の過程に沿ったものと言えます。

2．日常的な指導過程における意味あるふり返りの具体例

この意味あるふり返りは日常的な指導過程においても十分に実施可能です。次にそのいくつかを例示します。

① 前時の復習場面で復習小テストの誤答分析を行わせる

前時の復習で単語や文章を書かせることがあります。答え合わせの後、何点取れたか挙手させるだけでなく、誤答分析をさせるとよい気づきを提供できます。

自分で誤答の原因を説明できる生徒には自己分析を発表させます。発表を聞い

ている生徒には考え方の道筋をたどらせます。このようにして，他人の誤りから多くのことを学ぶことができます。

 例）umbrella を unbrella と書いてしまった。
   自分は唇を閉じずに「アンブレラ」と発音していることに気づいた。正しく発音しないと綴りも間違う。

② **口頭導入後に行う意味確認の黙読で，不明点を挙げさせる**

 教科書本文を導入し Q&A で内容を確認した後，各自で意味理解を確かめるために黙読させます。その際，意味が不明な箇所や，このようにも解釈できないかといった質問を求めます。教師のオーラル・イントロダクションが不十分な場合や，生徒が発話場面や話者の心情，語の品詞や文構造を勘違いしているときにも質問が出てきます。

 例）（教科書の題材で）韓国からの転入生が教室で日本人の新しい級友に挨拶する場面で，Doraemon is my favorite character. と言ったが，自分なら My favorite character is Doraemon. と言う。どのような差があるのか？

 「（韓国人も日本人も知っている）ドラえもんは，僕のお気に入りキャラです」と初出のドラえもんが共通了解事項として扱われていることを語順から気づくこと（了解済み情報を話題として主語にし，それに新情報をつけ加えるのが英語の基本構造）は，価値ある気づきです。

 初めから教師が解説せず，近くの生徒と相談し互いに意見を交換させると，さらにドラマティックな展開になることでしょう。

③ **音読練習でうまく読めない箇所を挙げさせる**

 意味を表現するように音読させる段階で，思うように音読できない箇所を指摘させます。音変化や意味の流れから弱く発音される単語の処理に問題があることが多いようです。これも教師が説明してもよいのですが，音読が上手な生徒にコツを説明させれば，その上手な生徒の理解と技量を確かなものにさせることができます。もちろん教師は質問した生徒に具体的な読み方を提示し，級友の前で自信を持って音読できるように指導することが肝要です。

3．活動を支える生徒の人間関係

 人前で自分の誤りやできない箇所を明らかにすることは勇気のいることですが，「自分の誤りが教材となり，自分も級友も英語が上達する」と確信できれば話は別です。授業では誤りは見下す対象ではなく，誤りを放置する行為こそ学習の阻害要素であることを共通理解する必要があります。このような学び合い高め合う学級集団の人間関係を築くことが，意味あるふり返りには欠かせません。

定期テストの有効活用は？

生徒は定期テストの平均点や友達との点数比べに熱心ですが、自分の誤りや理解できない点にはまったく関心を示しません。定期テストを有効に活用して学習方法などについて考えさせたいのですが…。

「自らの至らない点に気づき、正確に表現する力を養おう」をモットーに「テストノート」を作成させ、定期テストの解答だけでなく普段の勉強方法やテストへの取り組みなどもふり返る機会とさせてはいかがでしょうか（⇨ Q6-10,11）。

1．問題形式等の予告と作問，採点の留意点
① 問題形式や内容の事前予告とテスト対策アドバイス

定期テストの主たる目的は生徒に順位をつけてふり分けることでなく、テストを機に生徒が自ら日頃の学習をふり返り補強することにあります。そもそも何が問われるのかわからないテストでは対策が立てられないので、事前に出題形式や内容、そして対策のアドバイスも与え、生徒の準備を支援しましょう。

② 評価観点を絞った作問と採点

幕の内弁当式のいわゆる総合問題は避け、「観点別学習状況」の評価項目も念頭に置き「内容の聞き取り／読み取り」や「表現作文」など評価観点を絞った作問を行います。採点時には、評価したい項目を中心に採点します。例えば「表現作文」では、文章の構成や流れが正しければ、軽微な綴りの間違いは訂正するが減点はしないようにし、生徒が減点をおそれて書く意欲を失わないよう配慮します。

2．採点結果の集計方法

採点用紙には観点ごとに得点を記入し、その得点を表計算ソフトに記録します。この作業をすることで、観点ごとの正答率グラフや正答者分布表が作成でき、教師が学級ごとの結果を診断的に見ることも可能になります。観点別平均点を％で表示し、次ページに示す「レーダーチャート」や「得点分布図」を作成します。

3．「テストノート」作成の手順
① 問題に再挑戦させ、自分の弱点を知り、克服するための練習を開始させる

聞き取りテストを含め問題に再挑戦させ、自分の弱点に気づかせ、苦手な部分をくり返し練習すれば、必ず理解が深まり実力がつくことを実感させます。

②「テストノート」に貼りつけて記録させる

ノートには、問題冊子，リスニング・スクリプト，模範解答，返却された解答用紙，再実施解答用紙，観点別達成度グラフ，得点度数分布表，評価観点・項目別得点分布表に必要事項を記入して貼らせます。

③ 正答や正解までの筋道を説明させる

　英語力の不十分な生徒も課題に取り組めるよう，復習で焦点を当てさせたいポイントを選び，正答までの筋道を説明する例を示します。
　　例）ポイントは疑問文の作り方：Ken goes to the gym every day.［疑問文に］
　　　→主語は３人称のKenだから一般動詞の形はgoes。疑問文にすると，goesの裏からdoesが主語の前に出て，**Does** Ken **go** to the gym every day?となる。

④ 取り組みをふり返り，評価するために４つの観点からコメントを書かせる
　(1) 普段の授業：集中度・積極性・練習のしかた・声の大きさ・ペア練習等
　(2) 普段の家庭学習：毎日の復習・まとめの復習・基礎英語やその他の学習等
　(3) テスト勉強：内容・始める時期・週末の使い方・他教科とのバランス等
　(4) 次回の課題や目標：全体をふり返っての感想や今後の学習への抱負等

○○年度　英語科　第３学年前期期末考査観点別達成度グラフ

1．自己得点を下の表に記入し，各達成率（得点 ÷ 満点 ×100）を計算しよう。

問題番号	1	2, 3	4	5	6	7	8	9	10	合計
観点	基礎英語	話の聞き取り	基本文型	語順	単語・表現	作文	既読の文	初見の文	表現作文	
満点	12	8	17	2	22	10	11	10	8	100
平均点	9.0	6.3	12.9	1.3	16.7	7.5	7.3	4.2	4.8	70.7
平均達成率	74.9	78.8	75.8	64.6	75.7	75.3	66.8	42.2	60.6	70.7
自己得点										
自己達成率										

2．君の各達成率をグラフに記録し，平均以上は青・以下は赤で色分けしよう。

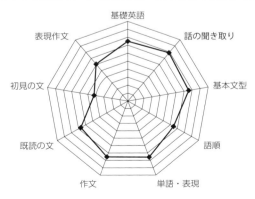

効果的な実技テストの秘訣は？

スピーチや ALT とのチャットなど，実技テストを実施しています。テスト前はしっかり練習するものの，終われば練習をしなくなります。意欲を維持させ，スピーキングの能力を着実に伸ばす秘訣は何でしょうか。

部活動では年に数回の公式戦だけでは練習に励みがなくなるので，練習試合を組んで生徒に成長を実感させる機会を作ります。英語の実技テストも同様に生徒一人ひとりの英語力の伸びを実感させる機会にすることが肝要です。そのための要点をまとめてみましょう。

1．実技テストに向かう普段の授業作り

日々の授業での努力を積み重ねれば，実技テストに十分対応できる力がつくと生徒が実感できる授業を行いたいものです。

① 年間の実技テスト計画を立てる

思いつきでやったり，TT でやることがなくなって実技テストを実施するようでは，生徒に成長を実感させることはできません。教科書の題材や学校行事などを材料に事前に検討し，「いつ」「どのような」実技テストを行うか計画し，生徒に前もって知らせましょう。

② インタビューや音読などテスト場面を意識して日常の授業を行う

生徒にインタビューテストを行うのであれば，その場面を頭に描きながら日常の授業を行いましょう。Q&A の応答が１語文であれば，主語と動詞のある文を言わせることができますし，１文で答えたら，さらに情報をつけ加えさせる指導が可能になります。このように，日常の積み重ねを実技テストに生かすことが大切です。

2．定期テスト前後の実技テスト実施

学年暦に定められた定期テストの前後に実技テストを行うことがおすすめです。

① ペーパーテストでは測れない能力を評価する

定期テストは筆記が中心ですから，読むこと，書くことが中心になります。放送テストを実施すれば聞くことも評価できます。しかし，話すことの能力は，実際に話させないかぎり評価することはできません。実技テストでは，絵を見て質問に答える，スピーチさせてその内容についての質問に答えさせるなど，聞くことと関係づけた評価も可能です。

② 実技テストの回数を保障する

準備や評価が面倒で，ともすればやらずに済ませたいと思いがちな実技テスト

ですが，定期テストの前後に行うことで，年間に行う実技テストの回数を保障することができます。生徒たちも筆記試験と実技試験による総合的な評価を定期的に受けることを目標に頑張ります。
③ 記録を残し指導に生かす
　実技テストはビデオに録画し，よい発表は他クラスにも紹介しましょう。学年全体のレベルアップにつながります。先輩のよい発表を見せることは，生徒たちの身近で具体的な目標となり学校全体の向上につながります。（⇨ Q7-10）

３．実技テスト実施後のふり返りで新たな目標設定
　実技テストをやりっぱなしにさせないためには「ふり返り」（⇨ Q7-7,8）が必要です。次のような手順でふり返らせ，課題に気づかせ，新たな目標作りに役立たせましょう。
① 音声を録音して聞かせ，客観的に自己評価させる
　テープやSDカードなど，学校の実情に合わせて発表を録音し，家に持ち帰らせましょう。じっくり聞かせ，自己評価させることが上達の始まりです。
② 書き起こさせる
　言いよどみや不自然な間，長過ぎる沈黙や言い間違えなども含めて紙上に書き起こさせる（transcribe）ことは有効です。自分の癖やよく犯す間違いに気づくことができ，どう応答すればよかったのか代案を考えるきっかけにもなります。
③ よい点や改めたい点を書き入れさせる
　②で書き起こしたtranscriptに，よくできた点は青ペンで，改めたい点は赤ペンでコメントを入れさせます。客観的に自分の英語を分析することができ，次回の発表に向けての目標を定めることができるようになります。
④ 自分が学びたい，まねたい級友のよい点を挙げさせる
　級友の発表に学ぶべき点を見つけさせます。あのような発表がしたいと思う気持ちを前向きに受け止めさせ，この点からも目標設定の材料を見つけさせます。
⑤ 今回の発表をふり返って感想をまとめさせる
　①～④のまとめとして，全体的な感想をまとめさせます。内容は今回の発表だけにとどまらず，日頃の学習や授業に向かう姿勢を点検する生徒も多くいます。まとめを書く中で，外発的な力によらず，自分自身がふり返る中で勉強方法や授業態度を改めたいと願う生徒が多く見られるようになります。（⇨ Q7-1）
⑥ 次回の発表に向けて決意を書かせる
　改善したい点や新たな目標を設定できたら，それを文章化し自ら意欲を高めさせます。そして，次回の実技テストの前に自ら設定した目標を再確認させます。

やる気のでない生徒をやる気にさせる方法は？

2年生ともなると自分の英語力がどれくらいか見当がつき，なかなかやる気のでない生徒が目につきます。そんな生徒を励まして，再びやる気にさせるにはどうしたらよいのでしょうか。

基礎力がないから，授業ではワークブック，放課後は強制補習では生徒のやる気は育ちません。単純作業のくり返しだけでなく，創造的な活動を与え，その中で個別指導を行い，伝えるために学び，使いながら身につけさせることです。

やる気を引き出す方法の1つとして，頑張った先輩の姿を見せることが効果的です。「卒業する頃には，こんなことができるようになるんだ」といった長期的な目標（ゴール）を具体的に持つことが，生徒が今なすべきことを考えるきっかけになります。心の中では誰もが上手になりたいと願っているのです。その願いを実現させることこそが教師の役割です。部活動と同様に「先輩のようにカッコよくなりたい」と生徒が自ら思ってくれることが第一歩です。定期的に生徒の活動や発表をビデオ撮影し，生徒のやる気を引き出すために活用してみましょう。

① ビデオ映像で長期的目標を提示する

学期や学年終了時の目標として，「My Dream のスピーチ」や「楽しく続ける ALT との〜分間チャット」など，生徒たちを奮い立たせる先輩の（素晴らしい発音の／豊かな内容や表現力の／ユーモア溢れる）発表や活動をいくつか見せ，具体的な目標を持って挑戦させましょう。

② 同学年の他クラスの頑張りを励みとさせる

ビデオや学年合同発表会などを通じて他クラスの仲間の頑張りを知ることも大きな刺激となります。学年みんなで学び合い高め合う雰囲気作りをしましょう。

③ 発表をふり返らせ，自分自身の目標を持たせる

生徒がテープや SD カードに自分の発表や活動を録音し，聞き返す場面を設けます。自分の発話をモニターして，その成果と課題をふり返り，次回の目標を立てさせます。この自己評価で，やる気と自律的学習姿勢が育ちます。

④ 文化祭などで保護者や外部の方の前で発表する機会を設ける

保護者や外部の方に聞いていただく機会を設けます。勇気を出して public speaking に挑戦する「やりがいのある」(challenging & rewarding) 発表の場を提供しましょう。

緊張を伴うので最初は嫌がる生徒もいますが，成功体験のもたらす達成感，満足感は格別で，この成功体験がさらなる意欲を育みます。

長期休暇に学ばせるアイディアは？

長期休暇後は，それまで学んだ英語をほとんど忘れているようです。長期休暇を有効に過ごさせるアイディアを教えてください。

長期休暇は時間があるから「遊べる」ではなく，「普段できなかった勉強ができる」へと発想転換させます。実際に家庭学習できるように，(1)「上達日記」を中心とした学習習慣化を促すシステム，(2)ノートや音読練習の頑張りを発表する実技テストを休暇明けに設定するなどして，休暇中の学習を支援します。

1.「上達日記」をつける

カラー用紙に日程表と記録欄を印刷したもので，毎長期休暇ごとに配付します。
(1) 目標設定：現状を評価し，休暇中にやりたいことを目標として設定させます。
(2) 具体的方法決定：目標を達成するために，何をどのように学ぶか手段を決定させます。
(3) 記録：聞く・話す・読む・書くの指定された課題に取り組んだかを記録させます。「〜ができた」「〜を終了した」など，上達を志向した記録を書かせます。

2．4技能をバランスよく学習する

(1) 聞くこと・話すこと：NHKラジオ「基礎英語」はどの学年でも必須。1日に複数回聞く生徒も珍しくありません。教科書準拠CDを活用した音読や書き取りも効果的です。
(2) 読むこと：既習の教科書や基礎英語テキストを読むことが基本ですが，長期休みにはCDつきサイドリーダーを課題に与えます。
(3) 書くこと：既習の教科書や基礎英語の内容を書いてみることが基本ですが，曜日名や月名などの基本練習をしたり，日記を書いたりなど，力に応じて内容を考えます。
(4) その他好きなこと：自発的に自分を磨く活動を推奨します。好きな英語の歌の意味を調べて歌ったり，易しい読み物を読んだりする生徒が多いようです。

3．休み明けに成果を発表し，ともに学ぶ場を設ける

(1) Reading Show：休暇前に"Reading Show"の実施要項を発表します。読む教材は生徒の実態に合わせて決めます。音読実技試験を公開で行い，互いに評価し合います。このような相互評価は，次の発表への目標設定にも役立ちます。頑張った生徒に票が集まり，「やればできる感」を共有できることが何より大切です。

(2) ノートプレゼンテーション：休暇中に書いたノートをモニターに映し，自分の目標と工夫した点を発表し合う時間（1時間使用）を持ちます。級友の頑張りが大きな刺激になるようです。

さらに力を伸ばす／弱点克服のための
第1学年英語科 **夏休み英語上達日記** "Summer 2013" 夏季休業中の家庭学習記録

（聞く・言う・読む・書く練習記録）　　1年 ___ 組 ___ 番 氏名_____

全体目標	前半目標	手段・方法

〈目標と評価のしかた〉　①50日間の目標と前半27日間の目標を立てる
　　　　　　　　　　　②27日たったところで前半の学習内容を評価し，後半の目標を立てる
　　　　　　　　　　　③50日終了したところで全体を振り返って評価する

〈記録のしかた〉
- 「基礎英語1」…○：1回　◎：2回以上　×：聞かなかった（※「基礎2・3」等他のラジオ講座を聞いた場合は□の中を分割して）
- 「言う・音読」「ノートに書く」「必修テキスト」「基礎英語1問題集」…レッスン番号，ページなどと練習回数。
- 「自主学習」…与えられた課題以外の自分で考えて行った学習　例）録音する，歌を歌う，映画を見る，新聞 *Catch A Wave* を読むなど
- 「上達日記」…その日の学習で気づいたことやできるようになったことを書く。振り返ったときに自分の歩みが確認できるように

月	日	曜	聞く	言う・音読（場所・回数等）	ノートに書く（場所等）	必修テキスト	基礎1 8月号問題集	他の自主学習	上達日記
			基礎1	教科書	基礎1	教科書・基礎英語・その他				
7	13	土								
	14	日								
8	7	水								
	8	木								

※ここまで学習の記録が済んだら，次ページ上部の記録欄に前期27日間の学習達成度を書き，さらに後半21日間の計画を立てよう！

【前半27日間の学習達成度】	【後半21日間の目標】

	30	金								
	31	土								

「夏休み英語通知票」

【夏休みを振り返って，頑張った自分をほめてあげましょう】　　1年 ___ 組 ___ 番 氏名_____

※このカードは最初の英語の授業で提出すること。

8章

評価とテスト

- **Q 8-1** 評価の観点，評価規準，評価基準の関係は？ ……………………………… 231
- **Q 8-2** 「関心・意欲・態度」「言語や文化に関する知識・理解」の評価は？ … 233
- **Q 8-3** 評価の信頼性，妥当性，実用性，真正性とは？ ……………………………… 235
- **Q 8-4** 正確性，流暢性，適切性とは？ ……………………………………………………… 236
- **Q 8-5** 定期テストにおける4観点と4技能の扱い方は？ ……………………………… 237
- **Q 8-6** リスニング能力とテストの具体例は？ ……………………………………………… 239
- **Q 8-7** リスニング問題作成上の留意点は？ ……………………………………………… 241
- **Q 8-8** リスニングテスト吹き込みの留意点は？ ……………………………………… 242
- **Q 8-9** スピーキング能力の評価方法は？ ………………………………………………… 243
- **Q 8-10** パフォーマンス評価とは？ …………………………………………………………… 246
- **Q 8-11** 自己評価，相互評価の意義と進め方は？ ……………………………………… 248
- **Q 8-12** スピーキングテストの効率的な実施方法は？ ………………………………… 250
- **Q 8-13** 音読テストの意義と評価方法は？ ………………………………………………… 251
- **Q 8-14** 発音，語彙力を測るテストと評価方法は？ …………………………………… 252
- **Q 8-15** ライティングの評価と誤りの訂正方法は？ …………………………………… 254
- **Q 8-16** ルーブリックの意義と活用にあたっての留意点は？ ………………………… 256
- **Q 8-17** CAN-DO評価の進め方は？ ……………………………………………………… 258
- **Q 8-18** 各観点・各技能の比率は？ ………………………………………………………… 260

評価の観点,評価規準,評価基準の関係は？

評価の観点,評価規準（いわゆるノリジュン）および評価基準（いわゆるモトジュン）の3つの関係がよくわかりません。具体的に説明をお願いします。評価項目についてもお願いします。

1．評価の観点とは？

　評価の観点とは,観点別評価を行う際に,どのような観点で評価するかといった評価の基本となるものです。中学校学習指導要領の目標は,「外国語を通じて,言語や文化に対する理解を深め,積極的にコミュニケーションを図ろうとする態度の育成を図り,聞くこと,話すこと,読むこと,書くことなどのコミュニケーション能力の基礎を養う」となっており,評価の観点およびその趣旨は以下のように示されています。

評価の観点とその趣旨

(1) コミュニケーションへの関心・意欲・態度	(2) 外国語表現の能力	(3) 外国語理解の能力	(4) 言語や文化についての知識・理解
コミュニケーションに関心をもち,積極的に言語活動を行い,コミュニケーションを図ろうとする。	外国語で話したり書いたりして,自分の考えなどを表現している。	外国語を聞いたり読んだりして,話し手や書き手の意向などを理解している。	外国語の学習を通して,言語やその運用についての知識を身に付けているとともに,その背景にある文化などを理解している。

2．評価規準と評価基準の関係

　体育で言えば,体力測定をするのにどのような手段で測るかが「評価規準」であり,その具体的な数値が「評価基準」に当たります。例えば,50m走,立ち幅とび,持久走など,どの種目で測定するかが評価規準で,例えば,男子で50m走が7.0秒以下ならA,7.1秒〜8.4秒ならB,8.5秒以上ならCと,具体的数値で段階を表すのが評価基準です。A,B,Cは,Aが満足できる,Bがおおむね満足できる,Cがさらなる努力が必要と,Bを基準にA,Cを考えます。規準があって,具体的な基準が作成可能となります。

　そこで,縦軸に評価規準,横軸に評価基準を設定し,ルーブリックを作成することができます。例えば,観点(2)の外国語表現の能力を測るのに,「2分間のShow & Tellができる」が評価規準だとすると,評価基準A,B,Cは,次ページの表のようになるかもしれません。指導した内容を評価する場合は,およその

8章　評価とテスト　231

評価規準と基準を設定して生徒にあらかじめ示しておくことが望ましいと言えます。それにより生徒が自主的に取り組み，リハーサルや，くり返し練習や工夫をすれば，パフォーマンスはよりよくなると思われます。

評価規準と評価基準の関係

評　価　規　準	評　価　基　準	
2分間のShow & Tellのスピーチができる	A	相手にわかるように流暢で正確な英語を用いて自分の言いたいことを2分間でうまくまとめて話すことができる
	B	ときどき文法の誤りなどが認められるが，およその内容を伝えることができる
	C	英語の誤りが多く，内容がうまく伝わらない。

3．評価項目について

　評価項目とは，評価をどのような物差しで測るかといった細目に当たるものです。例えば，外国語表現の能力を測る際には，話す力と書く力などの技能があり，それぞれに流暢さ（fluency），正確さ（accuracy），適切さ（appropriateness）などが挙げられます。

　また，活動によって評価項目は異なりますが，スピーチであれば，内容，英語（語彙，文法など），話しぶり（流暢さ，声の大きさなど），努力（諸準備，暗唱しているかなど）などがあります。

　現行の学習指導要領では，4技能の指導に以下の項目が追加されました。
- 聞くこと：まとまりのある英語を聞いて，概要や要点を適切に聞き取ること。
- 話すこと：与えられたテーマについて簡単なスピーチをすること。
- 読むこと：話の内容や書き手の意見などに対して感想を述べたり，賛否やその理由を示したりなどすることができるよう，書かれた内容や考え方などを捉えること。
- 書くこと：(1) 語と語のつながりなどに注意して正しく文を書くこと。
　　　　　　(2) 身近な場面における出来事や体験したことなどについて，自分の考えや気持ちなどを書くこと。
　　　　　　(3) 自分の考えや気持ちなどが読み手に正しく伝わるように，文と文のつながりなどに注意して文章を書くこと。

　そこで，これらを反映させるような評価項目を作成することが必要となります。言語活動をさせながら，コミュニケーション能力を適切に評価できるように指導と評価の一体化を意識することが大切です。

「関心・意欲・態度」「言語や文化に関する知識・理解」の評価は？

「コミュニケーションへの関心・意欲・態度」と「言語や文化に関する知識・理解」はどのように評価すればよいのでしょうか。

1．コミュニケーションへの関心・意欲・態度の評価

コミュニケーション能力の基礎を養うことが中学校学習指導要領の大きな目標です。そこで，学習評価においては，外国語の知識や技能の習得のみならず，その土台となる他の人々との英語によるコミュニケーションに対して関心を持ち，意欲的かつ積極的に取り組もうとする姿勢や，少々つまずいても最後まで伝達目的を成し遂げようとする態度も，学力観の大切な尺度になります。

個人差について考えれば，生徒によっては内向的な生徒もいれば外向的な生徒もおり，積極的に自ら手を挙げて発表をする生徒もいる一方，黙って座っている生徒もいます。しかしながら，黙っているからといってコミュニケーションへの関心や意欲がないかと言えば必ずしもそうとは言えません。また，話すのが苦手だけれど，書くのは好きといった生徒もいます。

そこで，普段から授業中のタスクやコミュニケーション活動に積極的に取り組んでいるかを，発表や行動をしっかり観察するとともに，活動のふり返りや自己評価，ノート点検，自由英作文などの課題の取り組みや提出状況など，一人ひとりをていねいに観察し，評価することが大切です。また，インタビューテストなどの実技テストやパフォーマンス課題の際に，英語で聞いたり，話したりすることに意欲的に取り組んでいるかを評価することもできます。

2．言語や文化に関する知識・理解の評価

言語や文化に関する知識・理解は2つに分けて考える必要があります。言語に関する知識は，例えば，言語の使用場面や働きについての知識，受動態や関係代名詞など文法事項や語彙等に関する知識などを理解し，習得をしているかを測ります。一方，文化に関する理解は，社会科的な知識の理解ではなく，英語の背景にある文化の理解，日本語と英語の違いなどを扱います。例えば，日記や手紙，Eメールなどの英語での書き方や封筒の宛名書き，英語での名称や称号，非言語コミュニケーションの手段であるジェスチャーの理解などが含まれます。

3．評価の場面と方法

それでは，具体的に「コミュニケーションへの関心・意欲・態度」と「言語や文化に関する知識・理解」はどのように評価をすればよいのでしょうか。

「コミュニケーションへの関心・意欲・態度」は授業中のコミュニケーション活動の場面や，ロールプレイ，スキットなどのパフォーマンス評価やインタビューテストなどで，積極的にコミュニケーションを図ったり，多少つまずいてもコミュニケーション方略などを用いて，最後まであきらめずに目標を達成しようとしているかといった意欲や態度を，段階別に評価します。

例えば，インタビューテストの場合は，相手の質問がわからない際に"Pardon?" "Could you say it again?" などの表現を用いて聞き返したり，"Do you mean 〜 ?" "How do you say ... in English?"と明確化を要求したり，わからない表現をたずねたり，"Do you understand?"と相手の理解を確認するなど，インタラクションやコミュニケーションに責任を持って関わり，意味のやりとりを行っているかといったことから意欲や態度を見ることができます。

一方，「言語や文化に関する知識・理解」は，定期考査や普段の小テストの中で，言語の使用場面や働き，語彙や文法の問題を出題したり，文化については手紙の書き出しや封筒の書き方などを実際に書かせたり，英語の背景にある文化の理解を問うたりするとよいでしょう。

（具体例）
あなたがTomに11月7日に書いた手紙です。（　　）の中に入る語句を書き入れましょう。

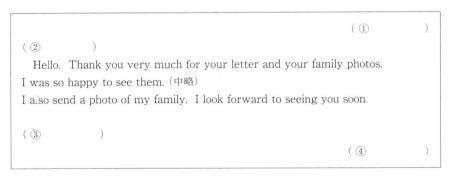

学期末や年度末の評価，学習指導要録のために評価を出す際に，4観点を換算する必要がありますが，その割合については，学年や学期によって異なりますが，基本的には25%ずつ均等にする場合が多いようです。なお，地方自治体や学校で定められている場合もありますので，参考にしてください。

評価の信頼性，妥当性，実用性，真正性とは？

評価には信頼性，妥当性，実用性，真正性が大切だと言われますが，そのためには，どのようなことに留意すればよいのでしょうか。

1．テストや評価における信頼性，妥当性，実用性，真正性

テストや評価の有用性を考える場合，信頼性，妥当性，実用性，真正性を考慮することが重要です。信頼性は，テストや採点測定に一貫性があるか否か，妥当性は，測定したい能力の指標として，テストの点数の解釈がどの程度有意味かつ妥当で，測定したい能力を測っているか，実用性は，テストが物理的に実施可能かどうか，真正性は，習得した知識・技能を総合的に使用し，実生活でも用いるリアルな文脈が与えられた課題となっているかというものです。

2．信頼性，妥当性，実用性，真正性のあるテストと評価

(1) **信頼性**（reliability）：採点者が異なっても，同じ採点者が別のときに評価しても，同じ結果が得られる信頼性のあるテストを作ろうと思えば，多肢選択式や正誤問題など，マークシート方式が一般的に用いられます。しかし，定期考査で選択式のテストばかり出題していると，実際に書けるのか，話せるのかといった疑問が生じます。そこで，インタビューテストなどを実施することになりますが，その場合，あらかじめ採点者がビデオなどを見ながら評価を行い，採点者間で評価のぶれが出ないように信頼性を高めることが大切です。

(2) **妥当性**（validity）：発音問題で選択式の問題を出したり，スピーキング力を見たいのに会話文の整序問題を出したりするのは，妥当性に欠けると言わざるを得ません。そこで，スピーキングテストでは，授業中にあるタスク課題に取り組ませ，その後に評価用タスクを与えて評価を行うようにすれば妥当性が高まります。

(3) **実用性**（practicality）：スピーキングテストを定期考査ごと（年5回）全員に実施するとなると，莫大な時間を要し物理的に難しくなります。そこで，昼休みや放課後など空き時間を活用したり，テスト期間中やその前後に学期に1回程度実施するなど，実際にできる計画を立てることが必要です。

(4) **真正性**（authenticity）：Eメールや挨拶状，お礼状を書かせてみる，ファーストフード店での注文の場面のロールプレイを行わせるなど，実社会で用いる能力を測れ，かつ知的な挑戦になるような内容をテストや評価に取り入れると，生徒のやる気も増すでしょう。

正確性,流暢性,適切性とは?

正確性,流暢性,適切性というのはどのようなことを指すのでしょうか。また,4技能においてそれぞれどれを重視すればよいのでしょうか。

1. 正確性(accuracy),流暢性(fluency),適切性(appropriateness)とは?

　正確性とは発音,語彙や文法が正確に使えているか,流暢性とは英語をよどみなく滑らかに用いることができるか,適切性とは相手や場面に応じて語彙や表現を適切に用いているかを判断する指標です。

　例えば,流暢性の場合,必ずしも正確さがなくても,英語が連続してスムーズに流れるように話したり書いたりできることを指します。これら3つの関係はどうなっているでしょうか。

　これまでの英語授業では,正確性を強調し過ぎて,少しの誤りでも教師が注意をするあまり,生徒は間違いをおそれて流暢に話せず,かえって相手とのコミュニケーションのリズムや内容を乱すケースがよく見受けられました。

　しかし,細かい間違いを気にせず話すように促したり,会話やコミュニケーションがスムーズにいかないような場合には,聞き返し,言い換え,相手の理解の確認,つなぎことばの使用などのコミュニケーション方略の指導をしたりすることが流暢さを高めるのに役立ちます。

　一方,適切性に関しては,社会文化的能力もコミュニケーション能力の1つの大きな要素です。したがって,例えば目上の人や初対面の人,先生などと話す場合と,友達や家族と話す場合では,ていねいな表現とカジュアルな表現を使い分けるなど,言語使用域(register)を変えることが必要です。そこで,例えばロールプレイにおいて,いろいろな相手を想定して依頼をしてみるなどの活動を通して適切性を育てることが大切になります。したがって,正確性のみに偏ることなく,流暢性,適切性にも配慮してバランスよく評価を行うことが重要です。
(⇨ Q2-1)

2. 4技能で重視すべき内容

　読むことでは,速く正確に読めるかといった正確性,流暢性がより求められ,聞くことでも同様に,速く正確に聞けるかといった観点が求められます。また,話すこと,および書くことでは,正確に流暢に相手に応じて話せるか,書けるかといった,正確性,流暢性,適切性が求められます。筆記テストで測定することはもちろんのこと,実際に相手や場面を設定して話したり書かせたりする実技テストを行うことで,生徒の習得状況や段階を把握することができます。

定期テストにおける4観点と4技能の扱い方は？

定期テストで4観点と4技能をどのように盛り込めばよいのでしょうか。リスニングやスピーキング問題は出題しなくてもかまいませんか。

1. 定期テストで出題可能な観点と技能

定期テストは生徒全員を対象に一斉に実施するペーパーテストであるという性格から，測ることの観点や技能は限定されます。例えば，「話すこと」については，実際に話させ，そのパフォーマンスを評価することが妥当なので，定期テストには適しません。下の表に，4技能における各観点について，定期テストにおいて評価するのに適するものには○を，適さないものには×を，可能ではあるがすすめられないものには△を記しました。(1)～(13)の補足説明を参照してください。

定期考査における評価可能な観点と技能

技能＼観点	コミュニケーションへの関心・意欲・態度	外国語表現の能力	外国語理解の能力	言語や文化についての知識・理解
聞くこと	× (1)		○ (2)	○ (3)
話すこと	× (4)	× (5)		△ (6)
読むこと	× (7)	× (8)	○ (9)	○ (10)
書くこと	△ (11)	○ (12)		○ (13)

(1) 観察して評価するのが原則であり，テストを行っている際ではなく，言語活動を行っている際に評価するのが適当である。
(2) リスニングテストで実際に聞かせて評価する。
(3) 単語を聞き，その意味をイラストや訳語から選ぶなどの出題が可能である。
(4) 話すことの言語活動を行っている際に観察して評価する。
(5) 実際に話させて評価する。
(6) 強勢やイントネーション，話を続けるために必要なつなぎことばやあいづち表現などの知識の評価が可能であるが，実際に話させて評価したい。
(7) 観察して評価するのが原則であり，テストを行っているときではなく，言語活動を行っている際に評価するのが適当である。
(8) 音読の評価については，実際に音読をさせて評価する。
(9) ペーパーテストにおいて，実際に読ませて評価する。
(10) ペーパーテストにおいて，語句や文法などに関する知識について評価する。

8章 評価とテスト 237

また，手紙の形式などの文化の知識について評価する。
(11) 間違うことをおそれずに積極的に書いてあるかなどを評価することが可能ではあるが，書くことの言語活動を行っている際に観察して評価するか，実際に書いたものを評価したい。
(12) ペーパーテストにおいて，実際に書かせて評価する。
(13) 実際に語，文，文章を書かせ，綴りの知識，符号を使い分ける知識，語法，文法に関する知識などを評価する。

２．テストの構成

　定期テストでは，年間指導計画で設定した評価規準を達成しているかを測ります。ただし，テスト時間がかぎられているので，多くの評価規準を扱えません。1で示したように，外国語表現の能力（書くこと），外国語理解の能力（聞くこと，読むこと），言語や文化についての知識・理解（語法や文法など）が出題する領域として適しているので，これらで構成したテストを作成するとよいでしょう。定期テストを作成する際には構成案（下記の【テストの構成例】参照）を作成し，各技能や知識をバランスよく評価できるようにします。大問１つにつき１つの評価規準を配置し，各評価規準を評価するのに適した問題を考えます。１つの大問に複数の評価規準を混在させた問題を作成しないように注意してください。

【テストの構成例】
●外国語理解の能力
　○聞くこと　　大問１　正確な聞き取り（数文程度の説明文，意味を問う）
　　　　　　　　大問２　適切な聞き取り（まとまりのある対話文，概要を問う）
　　　　　　　　大問３　適切な聞き取り（スピーチ文，内容を問う）
　○読むこと　　大問４　正確な読み取り（日記，内容を問う）
　　　　　　　　大問５　適切な読み取り（メール文，書き手の意向を問う）
●外国語表現の能力
　○書くこと　　大問６　正確な筆記（単文）
　　　　　　　　大問７　適切な筆記（まとまりのある文章）
●言語や文化についての知識・理解
　○読むこと　　大問８　言語についての知識（文法）
　○書くこと　　大問９　言語についての知識（文法）
　　　　　　　　大問10　言語についての知識（語句）

リスニング能力とテストの具体例は？

リスニング能力と言ってもさまざまな能力から構成されていると思います。リスニングテストで測定すべき能力とそれらを測定するテストの具体例を示してください。

1．リスニング能力とは？

　母語習得において「聞く」という技能が最も早く発達することからわかるように，外国語学習においても，まず聞いて理解することが何より重要です。

　リスニング能力の構成要素には，受容技能として，音の識別，語彙の理解があり，分析技能として，have to など文法的かたまりの認知，Shall we ～？など語用論的かたまりの認知があります。また，統合技能として，言語的手がかりと他の手がかりを結びつける背景的知識の活用があります。

　また，リスニングには，聞こえた語彙や文法などを1つ1つ処理して理解するボトムアップ処理能力と，聞こえたテキスト全体から内容を推測したり概要をまとめたりするトップダウン処理能力の2つの技能が要求されます。前者は，例えば，英語の音声の特徴として，**his** や **her** のような人称代名詞などの弱化（reduction），**we're, they'd** などの主語と be 動詞，助動詞などの短縮（contraction），**put it off, get away** などの連結（linking），**si(t) down, loo(k) good** などの脱落（elision），**would you**［wʊdʒu］，**meet you**［miːtʃu］などの同化（assimilation）といった音変化がみられます。それらの特徴を理解し，聞き取る力も必要になります。

2．リスニングテストで測定すべき能力とテスト形式

　上記の構成要素を踏まえ，どのような能力をどのようなテスト形式で測定すればよいかを考えてみましょう。学習指導要領では「聞くこと」の言語活動として次の事項が示されています。

(ア) 強勢，イントネーション，区切りなど基本的な英語の音声の特徴を捉え，正しく聞き取ること。

(イ) 自然な口調で話されたり読まれたりする英語を聞いて，情報を正確に聞き取ること。

(ウ) 質問や依頼などを聞いて適切に応じること。

(エ) 話し手に聞き返すなどして内容を確認しながら理解すること。

(オ) まとまりのある英語を聞いて，概要や要点を適切に聞き取ること。

　これらを評価規準としてテスト問題を作成することになりますが，測定すべき

内容とテスト形式は次のようなものが考えられます。
(1) **音声の正確な聞き取り**：話されている単語や文が正しく認識できるか。
　単語または文を聞かせて，話されている内容を選ばせる。多肢選択問題や空所補充問題，英問英答など。
(2) **情報の理解，概要把握と話者の意図の聞き取り・推測**：話されている場所や状況を理解し，話者の意図を理解できるか。内容を理解し概要を把握したうえで，推測や正しい対応ができるか。
　まとまった会話や話を聞かせて，概要をつかませ，状況をイメージさせたり，最後の文に対する返答や，聞き手がすべき行動などを判断させる。多肢選択問題，絵の選択と並べ替え，タイトル選択，内容真偽問題など。

3．リスニングテストの具体例
　リスニングテストの具体例を考えてみましょう。
例1：語彙の聞き取り（空所補充，ディクテーション）
今から聞こえる英文を聞いて空所に正しい語彙を補いましょう。（答えは記入済み）
　For my internship, I worked at the City (Library) with my friends. We worked there for (five) days. At first, we didn't know (what) (to) (do), but Mr. Kato and the other staff members (told) us what to do. We (carried) books, (cleaned) the rooms and helped (visitors). We learned (how) (to) (use) the computers in the library. I love (reading), so I was very (happpy) to be there.
(ONE WORLD（2年）Lesson 6）

例2：Mai が Kate の家に電話をしました。Mai のセリフが途中から聞こえませんが，電話に出た Kate のお母さんの対応を聞いて，後の問いの答えとして最も適当なものを選びなさい。

Mai：Hello, this is Mai. May I speak to Kate?
Kate's mother：I'm sorry, but she's out now. She'll be back soon. May I take a message? What's your telephone number? All right. I'll tell her.
　Question：What is Kate's mother going to do?
　　　　　　a. She is going to ask Kate Mai's phone number.
　　　　　　b. She is going to call Kate.
　　　　　　c. She is going to tell Kate to call back Mai.

　また，天気予報で世界各地の天気を聞き取らせたり，空港のアナウンスや館内放送などを聞かせて概要をつかませたり，ニュース番組からヘッドラインのタイトルを選ばせるなど，実生活で役立つ題材を用いると有意義なテストになります。

 **リスニング問題作成上の留意点は？**

定期考査で，リスニング問題を出題しますが，問題作成上の留意点についてアドバイスをお願いします。また普段のリスニングの評価はどのように行えばよいのでしょうか。

1．リスニング問題作成上の留意点

リスニング問題を作成する際は，教材，録音，内容，設問形式などを考慮しましょう。教材は教科書題材のCDを活用したり，自主作成の問題をALTなどに協力を依頼して吹き込む場合がありますが，測りたい能力を明確にして問題を作成することが重要です。質のよい録音を行い，内容，設問形式も工夫しましょう。

テスト内容としては，聞いた内容と一致する情報や絵を選ぶ（matching），聞いた内容を他の情報形式に置き換える（transferring），聞いたことを書き留める（dictating），ある特定の情報を聞き取る（scanning），聞き取った内容をもとに相手の発話を補ったり，次に来る文を答えたり，結論を推論する（extending），メモを取るなどして聞いた内容をまとめる（condensing），聞いた内容について答える（answering），聞いた会話や物語の情報に基づいて，結果・原因・関係などを想像したり推測する（predicting）などが考えられます。

設問形式として，客観テスト式では，多肢選択問題，正誤問題，整序問題，組み合わせ問題，穴埋め問題（単語・句），記述式では文完成問題，英問英答，日問英答などをバランスよく用いて作問しましょう。

また，全員が答えられる平易な問題や，やや難解な問題，マクロやミクロを問う問題など，多様な問題を取り混ぜた出題を心がけましょう。

興味深い話題や内容で，全員が聞けた，わかったと思える英語のレベルで，できるだけ自然な速度に近い音声で（⇨ **Q8-8**），日常生活に役立つタスクを用いましょう。

録音は男女を組み合わせ，場面をわかりやすくするなど，生徒に余計な負荷がかからないようにします。たくさん聞かせた後に細かなことを問うなど，妥当性に欠ける記憶力テストにならぬよう注意が必要です。

2．普段のリスニングの評価について

授業中に行う評価としては，口頭導入などできるだけ英語で授業を進めて生徒の理解度を把握するとともに，クイズや小テスト，ディクテーション（例：まとまったテキストを聞きながら最後に聞いた文を書き取る last sentence dictation）などで，英語が聞き取れているかどうかをこまめに評価することが大切です。

リスニングテスト吹き込みの留意点は？

リスニングテストは，ALT がいない場合は日本人教員の英語でもよいのでしょうか。またあらかじめ CD に吹き込む方がよいのでしょうか。スピードやくり返し回数など留意点を教えてください。

1．録音者について

　日本人英語教員，ALT，いずれの場合でもそれぞれ留意点があります。日本人教員の場合には英語話者なみに流暢な英語が話せるレベルが理想ですが，国際的に十分通じる程度のレベルに到達していること，ALT の場合は標準的な英語を話せることです。生徒にはできるだけ自然な英語に慣れさせたいので，ALT に吹き込みを頼むのが望ましいですが，日本人教員でもかまいません。会話の際には，ALT と日本人教員，男女を用いるなど話者が容易に識別できる方が好ましいでしょう。また，教科書準拠の CD や文章読み上げソフトなどの使用も考えられます。

2．音声・スピード・くり返し，その他

　テストに用いる音声は事前に録音し，必ずチェックしたものを使用し，CD などに複製しておくことが望まれます。定期考査などで複数のクラスで実施する場合には，テストの公平性を保つためにも同じ条件で行うことが必要です。

　スピードは教科書準拠の CD などと同様に約130wpm くらいの速度が望ましいでしょうが，自然に聞ける程度で100wpm くらいでもよいでしょう。また，自然な状況での会話や聞き取りでは，1回しか聞けない場合がほとんどですが，定期考査の場合は，不慮の妨害―くしゃみ，咳や騒音など―も考えられますので，2回くり返し聞かせることが望まれます。ただし，スピードに変化をつけたり，簡単な内容で1回で十分な場合は，意図的に1回だけ聞かせることも可能です。また，質問と選択肢は1回でテキストは2回，質問と選択肢，テキストも2回など，組み合わせを変えることも可能です。内容や長さ，ニーズなどによっても異なりますので，目の前の生徒のレベルや必要性に合わせて決定してください。いずれにせよ，問題文や設問の際に，くり返す回数や解答時間，解答を転記する時間があるか否かなど，あらかじめ指示をしておきましょう。

　その他，録音機器はよいものを用いて，雑音などが入らないように明瞭な録音状態にする，場面や話し手をわかりやすくするなどの工夫をします。また，指示を英語か日本語のどちらで行うか，選択肢を記載して選ばせるのか，聞いて解答させるのかなど，細部にわたりテスト作成の前に計画しておくようにしましょう。

スピーキング能力の評価方法は？

スピーキング能力はどのように構成されているのですか。また，それらを測定する場合，どのようなタスクやテストを実施し評価すべきでしょうか。評価の観点や優れた具体例を教えてください。

1．スピーキング能力の構成要素

スピーキング能力は，次のような能力で構成されています。ジャンルによっても異なりますが，独白の語り（narrative）では，(1)音声（発音，イントネーションなど），(2)流暢性，(3)正確性，(4)内容，(5)態度，(6)方略使用などです。会話（dialog）では，これらに加え，会話統制能力が要求されますので，開始，終了，In my opinion 〜, How about you? など発言権の確保と交代，修復（くり返し，言い換え，確認，援助を求める：How do you say ... in English? など），話題転換，応答，つなぎことばも必要です。また，相手に応じてていねいな表現や気軽なスタイルを用いるなども求められます。

2．言語の使用場面と言語の働き

学習指導要領には，言語の使用場面，言語の働きとして以下のものが挙げられています。

［言語の使用場面の例］
a 特有の表現がよく使われる場面：挨拶，自己紹介，電話での応答，買い物，道案内，旅行，食事など
b 生徒の身近な暮らしに関わる場面：家庭での生活，学校での学習や活動，地域の行事など

［言語の働きの例］
a コミュニケーションを円滑にする：呼びかける，あいづちを打つ，聞き直す，くり返すなど
b 気持ちを伝える：礼を言う，苦情を言う，褒める，謝るなど
c 情報を伝える：説明する，報告する，発表する，描写するなど
d 考えや意図を伝える：申し出る，約束する，意見を言う，賛成する，反対する，承諾する，断るなど
e 相手の行動を促す：質問する，依頼する，招待するなど

したがって，テストの際には場面や機能を設定して，正確かつ流暢に，また適切に話せるかをみるようにします。

3．評価の観点

学習指導要領に話すことの言語活動として以下のものが挙げられているので，これらの点について評価することが必要です。

(ア) 強勢，イントネーション，区切りなど基本的な英語の音声の特徴を捉え，正しく発音すること。
(イ) 自分の考えや気持ち，事実などを聞き手に正しく伝えること。
(ウ) 聞いたり読んだりしたことなどについて，問答したり意見を述べ合ったりすること。
(エ) つなぎことばを用いるなどのいろいろな工夫をして話を続けること。
(オ) 与えられたテーマについて簡単なスピーチをすること。

4．スピーキングテストの具体例と評価の観点・方法

スピーキングテストは，授業中に行うタスクを評価として用いるのが望ましいでしょう。間違い探し，インフォメーション・ギャップ，絵の並べ替えや絵の描写といったタスクや，ペアでの会話，インタビュー，ロールプレイ，スキット，スピーチ，プレゼンテーションなどの形式が考えられます。テストは，個人で行うもの，ペアで行うもの，グループで行うものなどに分かれます。

① **自分のことについて話させる。(個人)**

次のような質問に答えさせたり，テーマとして与え1分間スピーチをさせます。

例： • What is your favorite movie / song / book / sport?（1年）
 • What do you want to be in the future? Why?（2年）
 • Which is more interesting for you, to write an e-mail or to talk on the phone?（3年）

評価の観点は，内容，英語（正確さと流暢性），話しぶり（アイコンタクト，ジェスチャーなど）となります。毎時間何名かずつ行ってもよいでしょう。

② **絵カードを使ったインタビューテスト（個人またはペア）**

別室でJTE あるいは ALT が生徒個人にあるいはペアに，次の要領でインタビューテストを行います。(2年)（⇨ Q7-9 , Q8-12 ）

• 入室→挨拶→名前の確認→日常的なことについて簡単な質問を行いリラックスさせる（What time do you usually get up in the morning? など）→テストの指示・実施（次ページ参照）→挨拶→退出。

T：Thank you. Let's go on to the next question. Look at the picture. Please describe the picture as much as possible.
S：There are two bananas, two cherries, and three strawberries on the table. A grandmother and a girl are making a cake. ……

評価の観点は，例えば以下のようになります。配点は変えてもかまいません。

氏　名	英語 (語彙，文法)	流暢性 (発音，声，速度)	内容，伝達度	積極的に伝えようとする態度	計 /20
	5 4 3 2 1	5 4 3 2 1	5 4 3 2 1	5 4 3 2 1	

③ ロールプレイ（ペア）

　授業で取り上げた買い物，道案内，電話での会話などのテーマでロールプレイをさせます。まず，各生徒にそれぞれの役割を書いたタスク用紙を渡し，ペアで十分に練習させた後，評価を行います。（3年）

S_1：あなたは昨日デパートで服を買いましたが，少し小さいので大きなサイズに変更してもらいたいと思っています。

S_2：あなたはデパートの店員です。同じ色の大きなサイズが売り切れで，来週入荷することを伝えなさい。なお，他の色ならサイズが揃っています。

S_1：Excuse me. The dress I bought yesterday was too small. So could you change it to a bigger size?

S_2：Thank you for coming. But we don't have the bigger size of that color right now. They are sold out, but you can get them next week. ……

　評価は②の観点に加え，それぞれの役割を果たし，ていねいな表現を使っているかもみます。

④ ニュース番組の作成と発表（グループ）

　5人グループでニュース番組を作成させます。アンカー（司会とメインのニュース担当），インタビューする人とされる人，スポーツや娯楽などを伝える人，天気予報士といったように役割分担をします。メインのニュースは時事問題や，学校内のニュースなどの中から自由に決めさせます。BGMを使用したり，番組名を決めさせたりすると，生徒たちはより積極的に取り組むでしょう。（3年）

　グループ学習の評価では工夫が必要です。評価の観点として，個々の生徒の話す力（英語が正確かつ流暢に話せているか）を評価するのみならず，仲間と協力し，それぞれが自分の役割を果たしグループ活動に貢献しているか，内容は興味深く，小道具などはしっかり準備ができているかなど，意欲や態度も加味して総合的に評価することが大切です。

Q 8-10 パフォーマンス評価とは？

パフォーマンス評価とはどのようなものですか。また他の評価との違いやメリットはどのような点にあるのですか。

1．パフォーマンス評価とは？

パフォーマンス評価は，パフォーマンス課題によって知識や技能の運用能力を可視化し，学力を解釈する評価方法です。したがって，パフォーマンス課題は，評価したいと思う知識や技能ができるだけ直接的に表れるものにする必要があり，英語の知識や技能を統合して使いこなすことを求めるような問題や課題を作成することが重要です。

具体的には，作文やエッセイといった作品（product），朗読，スピーチ，プレゼンテーションなどの口頭発表，ロールプレイ，ディベート，スキット，劇といった実演を，評価する課題として与えます。そして課題を実際に行わせ，「ルーブリック」（⇨ Q8-16）という評価基準表を使って評価するので，個人の理解や習熟度がよくわかるというメリットがあります。

2．パフォーマンス評価のメリット

パフォーマンス評価は，筆記テストなどの従来のテストでは見えにくい思考力・判断力・表現力などを具体的に見ることができます。例えば，「英国の中学生に日本の学校行事を紹介しよう」といった課題を出すと，生徒は英語による表現のみならず，絵などの視覚補助やジェスチャーなどさまざまな方法を用いて，精いっぱい表現しようとします。パフォーマンス評価では同じ答えはなく，生徒の多様な思考や表現を理解するのに役立ちます。実際に書いたり話したり，また技能を統合する課題を与えることで，実生活の英語運用の場に近い体験を積んでいきます。また，互いの発表を通して友達の考えへの理解（他者尊重）や個性の自覚（自己肯定感や有能感）にもつながり，クラス内で学び合いも起こります。

パフォーマンス評価は，これら以外にも，「学習者の思考過程を理解できる」「パフォーマンス課題や作成したルーブリックは改良を加えたり，共有したりすることもでき，教師間の協働関係ができる」「パフォーマンス課題で生徒の興味や理解度・習熟度を知り，教材や指導法の研究に役立つ」など，多様なメリットがあります。時間や手間がかかるといったことはありますが，生徒にとっても教師にとっても実りの多いやりがいのある評価方法です。

学んだ知識や4技能をいくつか組み合わせて用いるパフォーマンス課題を作成して実施すれば，学期に1回行うだけでも有効でしょう。

3．パフォーマンス評価の例

① 読むこと：オリジナル絵本を作成し，読み聞かせをしよう（1年）

生徒が取り組みやすい課題を設定します。例えば，小学校で絵本の読み聞かせなどに親しんでいる生徒もいますので，好きな英語の絵本やテキストを用いて，独自のお話を創作させ，読み聞かせを行わせましょう。『*The Hungry Caterpillar*』『*Brown Bear, Brown Bear, What Do You See?*』などの絵本をグループで分担して読み合わせをし，その後，オリジナルの食べ物や動物などに置き換えて，新しい物語を作って互いに紹介し読み聞かせを行います。

② 聞くこと：ニュース番組を聞き，内容や感想を友達に伝えよう（3年）

目的を持ってまとまった英語を聞き，伝える課題を与えます。例えば，「あなたは外国人の友人にテレビやラジオで見たり聞いたりしたニュースをまとめて伝えて感想も話します。しっかりメモを取って聞き取り，5W1Hに留意して要約し，わかりやすく相手に伝え，あなた自身の感想もつけ加えましょう」と課題を与えます。レベルによっては，課題を教員が易しい英語に書き換えて聞かせます。

③ 書くこと：絵日記を書こう（2年）

夏休みの生活（旅行や活動など）を，日時，曜日，天気や，どこで何をしたかなど，読む人にわかるように，英語日記として書かせます。

また，統合的な課題として，学校新聞や学校のHPを作成させることもよい課題です。先生にインタビューをして先生紹介や学校行事の記事を書かせます。生徒にとってやりがいのある課題を設定することが重要です。

学校新聞作成のルーブリックによる評価例は次のようになります（レベルは4段階の4のみ例示）。

観点	話題および構成	文法および英語 （正確さ・適切さ）	自己表現や創造性	コミュニケーションの視点：読み手の反応
観点の説明	話題の焦点が絞られ，読みやすい構成になっているか。	文法的に正しい英文であるか。適切な単語が使われスペリングは正しいか。	自分の考えが示され，事実や情報が正しく適切に伝えられているか。	読み手の反応を考え，書いているか。
レベル4	全体が自然な流れでまとまりがある。パラグラフ構成がうまくできている。	文法的な誤りやスペリングの誤りはほとんどない。語の選択が適切で理解しやすい。	自分の考えや新しい情報を示し，具体例を挙げて説明している。	相手の反応を考えて語りかけており，興味を引く写真や資料も掲載している。

Q8-11 自己評価,相互評価の意義と進め方は？

生徒の自律や有能感を高めるためには自己評価が大切だと言われていますが,スピーキングやライティングにも有効でしょうか。また,自己評価や相互評価はどのように実施するのでしょうか。

1．生徒の自律や有能感を高める評価

小学校の評価では,「ふり返りシート」といった自己評価がよく用いられています。自己評価は自己の課題への取り組みをふり返り,次への発展につながる評価として非常に有効です。特に,自分で目標を定め,CAN-DO 評価やルーブリックに沿って自己のパフォーマンスを客観的に評価し,コメントを書くことは,メタ認知を高めることにつながります。そのため,生徒の自律が促進され,高い評価が得られれば,有能感や自己肯定感も高まります。(⇨ Q7-1, Q8-16)

2．スピーキング,ライティングにおける自己評価と相互評価

自己評価は,スピーキングやライティングといった表現力や産出能力をみる場合にも有効です。ただ,自分の能力を評価することは,最初はなかなか難しいものです。そこで,教師がよい例と悪い例のモデルを示し,それらがどのような評価になるのかを伝えることによって,生徒の評価力を高めることができます。また,相互評価の機会を増やし,互いにその評価になった理由を口頭で説明させることにより学び合いが起こります。

3．自己評価,相互評価の実施方法

コミュニケーション活動や,スピーチ,プレゼンテーション,エッセイなどの自由英作文などを行う際に,自己評価や相互評価を実施します。評価項目は,教師が行うルーブリックを用いた評価の生徒版を利用する場合もあれば,独自の質問項目を設定して行う場合もあります。例えば,「インタビュー活動における自己評価」と「スピーチにおける相互評価」の例を次に示します。

例：インタビュー活動における自己評価

〈自己評価〉　　　　　Class:　　No:　　Name:
1．質問項目についてうまくたずねることができましたか。
　(1) うまくたずねることができなかった。
　(2) 単語を並べてたずねることができた。
　(3) 文を作ってたずねることができた。
　(4) 発音やイントネーションに気をつけて文でしっかりたずねることができた。

2．たずねられた内容について，しっかりと伝えることができましたか。
　（1）あまり伝えられなかった。
　（2）相手に聞き返されると，答えることができた。
　（3）伝えることができた。
　（4）情報をつけ加えて伝えることができた。
3．相手の答えに対して確認やコメントなどを返すことができましたか。
　（1）何も返せなかった。
　（2）Good! Cool! など一語であいづちをうつことができた。
　（3）Me, too. Really? などと自分の意見を言ったり，相手に反応することができた。
　（4）Do you mean 〜? I think 〜. How about you? など，相手の言ったことを確認したり，コメントを返したりして会話を発展させることができた。

自由記述欄：活動を行って気づいたこと，うまくいったこと，うまくいかなかったことなどについて自由に書きましょう。

（　　　　　　　　　　　　　　　　　　　　　　　　　　　　　　　　　　）

例：Show & Tell 型のスピーチ形式の相互評価

〈相互評価〉		Class:	No:	Name:		
氏　名	内容 (興味深さ)	英語 (わかりやすさ)	話しぶり (声の大きさ，ジェスチャー，姿勢など)	努力 (暗唱，実物や図・絵などの準備)	コメント
	4 3 2 1	4 3 2 1	4 3 2 1	4 3 2 1	

　自己評価，相互評価の留意点としては，信頼性，妥当性の観点から，生徒に評価のポイントと項目を記した評価用紙を配付し，事前に知らせて意識づけしておくことです。具体的な行動目標を意識して練習し，取り組ませることによって，かぎられた時間での生徒の変容が加速されます（髙橋2003：96）。また，実施後すぐに評価用紙を生徒に返却し，フィードバックを与えることも大切です。相互評価の場合は，他人を批判するような記述は避け，具体的な基準で公平に評価させることが大切です。互いにコメントを述べ合うことでお互いに学び合い，友人から褒められることで自己肯定感が高まります。

スピーキングテストの効率的な実施方法は？

スピーキングテストは時間がかかりますが、効率的に実施する何かよい方法はありますか。

全員に一人ずつスピーキングテストを行うのは大変時間がかかります。しかし、内容や形式、実施時期などを工夫することで時間を短縮し、実用性（⇨ Q8-3 ）を高めることができます。

スピーチやスキットなど授業中に行う活動を評価タスクとして形成的評価を行うとともに、学期に1回は何らかのかたちでスピーキングテストを実施したいものです。簡単にできるいくつかの方法を紹介しましょう。

1. 授業中に実施

毎時間、2～3名ずつスピーチをさせたり、ペアでコミュニケーション・タスクを行っている最中などに、机間指導をしながら、毎回数名ずつ、あるいは2，3グループを集中的に観察し、評価することも可能です。いわば、気軽に短時間で行える指導と評価の一体化です。ただ、いつも先生が評価用紙を持って評価しているといった印象を生徒に与えないように、コメントなどのフィードバックも返しながら、生徒の役に立つ評価活動にしたいものです。

2. 機器の活用

録音機能のある機器（CD, ICレコーダー、PCの録音機能など）を用いて、生徒自身に録音させる方法があります。放課後、CALL教室などで学校の機器を利用して朗読やスピーチを吹き込ませて提出させれば、空き時間や自宅で採点することができますし、ALTに採点を依頼することもできます。

また、スキットやプレゼンテーションなどグループで行う活動では、教室や教科準備室でビデオに録画させて、生徒が満足いくまで何度でも取り直しをさせることもできます。

3. 放課後や昼休み、テスト返却期間などの時間の活用

授業中に全員にスピーキングテストを行うことはかなりの期間が必要になります。そこで、個人やペア、グループに教科準備室などに来させて、放課後や昼休みに評価を行うことも可能です。

また、テスト直前の自己学習の時間やテスト返却日などにテストの答案を各自に直させたりしながら、生徒を一人ずつ教科準備室など別の部屋に呼んでスピーキングテストを実施することも可能です（⇨ Q7-9 ）。同様に、ALTとのTTの時間を活用して、別室でスピーキングテストを実施することもできます。

音読テストの意義と評価方法は？

授業中に音読をさせますが，音読テストをする必要があるのでしょうか。その場合，どのような方法で行い，どのように評価を行えばよいのでしょうか。

1．音読テストの意義

音読は目から入る文字を即座に音声に結びつける音韻符号化や，アウトプット活動につながる大変重要な活動です（⇨ Q4-14）。そこで家庭学習にも音読を課題として出すことが望まれます。課題を出せばやりっぱなしではなく，何らかのかたちで評価を行い，フィードバックを生徒に返すことが必要です。そこで音読テストも必ず実施するようにしましょう。

テストがあれば生徒のやる気は増し，まじめに音読に取り組むことで音読の効果を生徒自身が実感することになります。

2．音読テストの方法

例えば，毎時間3～4名に音読させ，評価を行います。あるいはペアやグループで音読の際互いに相互評価をさせ，評価表を提出させることもできます。また，授業中（定期考査前などが有効）に列ごとに並ばせ，先頭の生徒から順番にまとまったテキスト（試験範囲のあるレッスン，一人1段落程度）を音読させ，評価ができれば"Next person, please."と言って次々と回転方式で順番を交代させていくと，一人ずつ指名する場合と比べ短時間で音読テストを行うことができます。待っている生徒には黙読をさせ，終了した生徒には相互評価を行わせたり，プリント学習や予習・復習，テスト勉強などをさせたりすると時間を有効に使えるでしょう。

3．音読テストの評価

次のような評価項目（評価規準）をあらかじめ決めておきます。
- 発音（イントネーション，強勢など）
- 流暢性（スピード，区切り，読み直しなど）
- わかりやすさ（声の大きさ，明瞭さ，相手に気持ちが伝わるかなど）

などが考えられます。評価基準は，3段階または4段階くらいでよいでしょう。

また，採点箇所として，新出語彙やイディオム，構文，長い文ではターゲットになる箇所を決めておき，そこがうまく読めているかどうかをみるスポットを，評価用テキストに前もってハイライトでチェックしておくと，信頼性が高まります。音読テストの後，すぐにフィードバックを返し，発音や読み方など，全体にあるいは個別に指導を行うことが大切です。

発音，語彙力を測るテストと評価方法は？

発音や語彙力をみるテストや評価方法で何か効果的な方法がありますか。また，テストや評価の留意点を教えてください。

1．発音テストと評価

発音には，個々の音（segmental）が正確に発音できるかを測るテストと，イントネーションや文強勢（suprasegmental）が正しく発音できるかを測るテストがあります。英語母語話者には，前者より後者がしっかりしている方がコミュニケーションの意図が伝わりやすいと言われています。

音節の間隔が一定で，英語ほど多くの母音や子音を用いない日本語母語話者にとって，リズムやストレス，子音の発音など英語の発音は格別に難しいと言えます。そこで，発音テストも，筆記テストで下線部が同じ発音の単語を選ばせたり，強勢のある箇所が同じ単語や，会話の中で強く発音する単語を選ばせるといった知識だけを試すテストではなく，実際に話させながら，タスクを行わせる中で発音もチェックする方が，信頼性，妥当性が高いと言えます。その際，単語レベル，連続した語句レベル，文レベル，談話レベルの音声テストなどに分けて行うとよいでしょう。

例1：単語レベル（個々の単語の発音ができているか。）

　She bought a new cap. She bought a new cup.

例2：語句レベル（連結，弱化，同化などを理解し，発音できているか。）

　I bought a pair of socks. My mother gets up at 6:30.

例3：文レベル（意味を理解し，イントネーションや強勢の位置を正しく発音しているか。）

　Would you like something to drink?（↗）

　Oh, that's a góod idéa. Let's go to a new réstaurant on the córner together.

例4：談話レベル（文のつながりと内容を理解し，正しく答えているか。）

　A：Oh, no. **Who** broke the vase?

　B：Mom, our cat, **Ai** did it, **not** me.

　A：I see, Taro. I thought **you** did it.

2．語彙力テストと評価

語彙知識には，どれくらい単語を知っているかといった広さを測るものと，コロケーションや同意語・反意語など，その語彙に関する知識をどれくらい持っているかといった深さを測るものがあります。語彙知識を測る構成要素は，(1) 形

式(綴り，音声，語形成)，(2)意味(語形と意味の関係，概念と指示物の関係，連想)，(3)語彙使用(文法的機能，コロケーション，言語使用域や頻度など)に分けられます(Nation 2001)。また，その語を聞いたり読んだりして理解できるか(受容語彙)，その語を話したり書いたりといった場面で実際に使えるか(発表語彙)といった分類もなされます。

語彙テストは授業中の小テストなど形成的評価でよく行われますが，日本語を英語に言い換えたり，英語を日本語に訳すなど1対1対応で覚えているか否かをみるテストが多いのが実情です。しかし，実際に英語の概念を理解し，その語を活用できるように，以下の例のような英語の定義を読ませる組み合わせ問題，完成問題，空所補充，文産出問題などを取り入れることが大切です。また，コロケーションをたずねたり，同意語や反意語を答えさせるといったことも必要です。

例1：単語の定義(単語の定義・意味を英語で理解しているか。)
1. horse　　　ア．covering for the foot
2. shoes　　　イ．part of the house
3. pencil　　　ウ．something used for writing
4. wall　　　エ．animal with four legs

例2：同意語や反意語(関連した語が理解できるか。)
1. big — small, tall — (　　　　)
2. good — (　　), bad — worst
3. teach — teacher, piano — (　　　　)
4. (　　) — beautiful, peace — peaceful

例3：空所補充(文脈から意味が推測できるか。)
1. Be (　　　　　) when you cross the road.

3．発音テスト・語彙力テストの評価の留意点

発音および語彙テストはともに重要です。発音テストでは，発音をさせて評価すること，どこが不十分で，どうすれば正しい発音ができるのかを，的確に説明するとともにモデルを示して指導することが重要です。また，授業中に音声指導を十分に行っていなければ，正しい発音を習得させることは難しいでしょう。

また，語彙テストはいつも同じ形式ではマンネリ化します。ルーティーン的な活動と，楽しい競争的な活動を通して評価ができるように工夫が必要です。多読指導によって語彙に親しませたり，生徒に習った単語を使って例文を作って書かせる「My Own Dictionary」を作成させて，日常の評価に加えるのもよいでしょう。

ライティングの評価と誤りの訂正方法は？

ライティング能力を測るよい評価方法はありますか。また，生徒に英文を書かせる場合，コメントや添削，採点に関して何かよい方法はないでしょうか。

1．ライティング能力とは？

ライティング能力の構成要素には，書き方，語彙，綴り，文法，文の構成などに関する知識，however などの談話標識（discourse marker）の活用，語や文の正しい結びつき（結束性：cohesion），書く内容の一貫性（coherence）などがあります。また，学習指導要領によれば，書くことの言語活動として以下のものが挙げられているので，これらの点について評価することになります。

(ア) 文字や符号を識別し，語と語の区切りなどに注意して正しく書くこと。
(イ) 語と語のつながりなどに注意して正しく文を書くこと。
(ウ) 聞いたり読んだりしたことについてメモを取ったり，感想，賛否やその理由を書くこと。
(エ) 身近な場面における出来事や体験したことなどについて，自分の考えや気持ちなどを書くこと。
(オ) 自分の考えや気持ちなどが読み手に正しく伝わるように，文と文のつながりなどに注意して文章を書くこと。

2．ライティング能力を測るテストと評価

ライティングの評価には，まとまった量の英文を書かせて評価する直接テストと，多肢選択形式の文法問題，語や文の並べ替え問題，文の誤り訂正問題といった間接テストがあります。いずれも重要ですが，コミュニケーション能力の育成という目標や波及効果を考えると，「友達紹介」などの課題を与えて，読み手を意識してまとまった量の英文を書かせて評価するパフォーマンス評価（⇨ **Q8-10** ）が望ましいと言えます。テストでは，全文を書かせるのか，文章の一部（語や句）を埋めさせるのか，時間制限を設けるのか，評価規準をどうするのか，フィードバックの仕方はどうするのかといった細部も決定しておくことが大切です。

また，普段からライティングに親しませるために，自由ノートを持たせて，本文の英文を書き写させたり，習った表現を用いて作文させたり，「私の好きな本」「夏休みの思い出」といったテーマを与えて自由英作文をさせます（⇨ **Q7-3** ）。ライティングの評価では，ポートフォリオ評価も有効です。厚紙で個人用ファイルを作成させ，感想を書いたワークシート，作品，教師のコメントなどを整理して，まとめのレポートを作成し提出させます。その際，一番好きな作品のタイト

ルとその理由，最もよく書けたと思う作品とその理由を書かせたり，自分の作文を最初から最後まで再読して，「自分はどのように向上したと思いますか。今後どのような面を向上させたいですか」といった質問に答えさせると，生徒に達成感や有能感が生まれ，自律的学習態度の育成（⇨ Q7-1 ）につながります。

3．評価方法

総合的評価と分析的評価の2種類の評価尺度がありますが，中学校の評価としては，これらを踏まえて次の尺度が適切です。
(1) 明瞭に効果的に意味を伝えているか。
(2)「導入－展開－結び」の論理的なパラグラフ構成がなされているか。
(3) 文法的に正しい英文であるか，綴りは正しいか，書き方が守られているか，適切な単語が用いられているか。
(4) 自己表現がなされているか，創造性があるか。

これらを総合的に判断して，3～5段階あたりで評価するとよいでしょう。

4．誤りの訂正方法

誤りの訂正については，例えば，次のような方法が考えられます。
(1) すべての誤りを訂正する。　　　(2) 間違いの箇所に下線を引く。
(3) 間違いの数を示す。　　　　　　(4) 間違いの種類を記号で示す。

学習段階にもよりますが，誤りすべてを添削して返却しても，その場限りの修正で誤りが持続することがあります。逆に下線や記号などをつけて本人に気づかせ自ら修正させる方が学習効果が高いと考えられます（⇨ Q3-16 ）。ただし，語順など全体の意味の理解に重大な影響を与える誤り（global error）は訂正し，三単現の動詞の語尾の -s の脱落などの意味理解に大きな影響を及ぼさない誤り（local error）については，記号などで誤りを指摘すればよいでしょう。

また，プロセス・ライティングを用いた評価では，生徒同士で原稿を読ませてコメントや修正を加えさせると，教師の添削時間を削減できるのみならず，互いの学びと支援の場となります。その際，コメントすべき内容を記号とともに示しておきます。

例えば，「読んでおもしろかったり感動した箇所(!)」「わかりにくかった箇所(?)」「間違っている箇所(＿)」などを決めておくと時間も短縮できます。返ってきたコメントを参考に，修正や推敲を行い，2次稿を作成させます。その過程を何度かくり返し，最終原稿を提出させます。ALTがいる場合は，役割分担をして，ALTには内容に関するコメントと評価を，JTEが文法の誤りの添削と評価を行うというふうに決めておけば，指導と評価が一度にできます。

ルーブリックの意義と活用にあたっての留意点は？

最近，ルーブリックという用語を頻繁に耳にしますがよくわかりません。ルーブリックの意義，内容，作成の手順や，活用上の留意点について教えてください。

1．ルーブリックとは？

パフォーマンス評価（⇨ Q8-10）は，「ルーブリック」という表を作成して行うのが一般的です。それは，横軸を「観点」，縦軸を「レベル」として，観点ごとにレベルが一目でわかる評価基準表です。なお，ルーブリックの指標は5段階（レベルA～E），4段階（A～D），3段階（A～C）のいずれでもかまいません。

ルーブリックの例（スピーチ「20年後の私」）

観点 レベル	内　容	正確さ（語彙や文法）	発音（声の大きさや明瞭さ）	コミュニケーションの態度（目線，積極性）
A	自己の夢や考えを具体的に説明し，適切に話すことができた。	適切な語彙を用いて英語を正しく使っており，重大な文法の間違いがなかった。	適切な発音で，大きく明瞭な声で，表情豊かに話すことができた。	アイコンタクトをしっかり保ち，ジェスチャーを用いて表情豊かに積極的に話すことができた。
B	自分の夢や考えをおおむね説明し，話すことができた。	語彙や英語をおおむね正しく使っており，重大な文法の間違いがなかった。	相手に届く声で話せたが，ときどき発音が不明瞭でわかりにくかった。	アイコンタクトにも気をつけていたが，やや消極的な態度であった。
C	自分の夢や考えの説明が不十分でうまく話すことができなかった。	言っていることはわかったが，語彙や文法の間違いが多かった。	声が小さく，発音の誤りもあり，伝わりにくかった。	アイコンタクトがあまりなく，積極性が見られなかった。

2．ルーブリックの意義，内容，作成・評価の手順と活用の留意点

① 意義

(1) ルーブリックを用いる意義の1つは，ルーブリックを作成する過程でバックワード・デザインによる単元構想を考えることができ，到達目標（ゴール）を見通して，日々の授業を組み立てることができる点です。また，3年間，学年ごと，学期ごと，単元ごとといった長期・中期・短期の目標を設定することもできます。

(2) ルーブリック作成は，担当教員一人ではなく英語科全体で取り組むと，主観的になりがちな発表態度や技能などの評価を，より客観的にすることができます。また，評価基準を共有することで信頼性が保てます。

(3) 生徒があらかじめルーブリックの内容を知ることで、意欲と明確な目標を持ってパフォーマンス課題に取り組むことができます。そこで、動機づけが高まり、主体的に学べます。また、自己の到達状況を客観的に把握することで、自己評価力が高まり、自律した学習者の育成につながります（⇨ Q8-11 ）。
(4) パフォーマンス課題を評価に組み込み、生徒の意見を反映して共同でルーブリックを作成し、日常的にルーブリックの内容を改善したりする中で、生徒とともに授業を創り上げていくことが可能になります。

② **内容**

　ルーブリックに盛り込む内容は、評価の観点と到達目標を明確にしたうえで、パフォーマンス課題に応じて大きな概念でも細かな技能や態度でも可能です。例えば、スピーチでは、内容、正確さ、発音、態度といった項目でA，B，Cの3段階を設定することもできます（左ページの表参照）。

③ **作成・評価の手順と活用の留意点**

1) 教師が作成し、評価する場合の手順

(1) 事前にそれぞれの段階における予想される生徒の姿を思い浮かべて評価表の各欄に書き入れ、素案を作成します。その際、およその合格ライン、それ以上、それ以下の順に考えたり、最も望ましい姿を先に設定したりすると作成しやすくなります。

(2) 複数の教師（できればALTと他の教師の3人くらい）で採点し、得点やその理由をつき合わせ、必要に応じて評価表を修正します。

(3) 採点と並行して、ルーブリックの各レベルの状態を埋めていきます。ある程度採点を進めるとルーブリックがほぼでき上がるので、それをもとに採点を続けます。新しい生徒のパフォーマンスや考え方がみられた場合、評価表に追加します。

2) 生徒と作成する場合の手順

　教師があらかじめルーブリックを作成し、そのモデルの姿を生徒に示し、望ましいパフォーマンスの姿とそれに必要なものを考えさせ、キーワードを出させます。それらをまとめて、項目ごとに具体的な姿を文章で作成します。

3) 活用の留意点

　採点や評価が目的ではなく、一人ひとりをしっかり見ることが大切です。採点にこだわり過ぎると、パフォーマンス評価のよさが失われてしまいます。例えば、同じ得点でも内容は異なるので、単純な得点の比較に意味はありません。各観点の得点を合計すると、どの観点が弱いのかが見えにくくなるので注意が必要です。

CAN-DO評価の進め方は？

CAN-DO評価とはどのようなものですか。また，どのような効果があるのでしょうか。CAN-DO評価は，いつ，どのように行えばよいのか教えてください。

1．CAN-DO評価とは？

文部科学省は，中学校・高等学校の英語授業において，達成すべき学習到達目標を，学習指導要領に基づき「CAN-DOリスト」の形で具体的に設定することを提言しています。それは，外国語のコミュニケーション能力のレベルを示す国際標準規格として，欧米で幅広く導入されつつあるヨーロッパ言語共通参照枠（CEFR〔セファール〕：Common European Framework of Reference for Languages）や，それを受けて日本人学習者用に作成されたCEFR-Jなどのように，生徒に身につけさせたい外国語表現の能力ならびに外国語理解の能力において，何ができるようになるかを「〜することができる」という具体的な文（能力記述文）によって表したものです。

それにより学習到達目標を明確にし，その到達目標に向けた効果的な指導を考え，指導と評価の一体化を図ります。各学校で，具体的な言語の使用場面における言語活動を設定し，学習活動の一環として言語活動を行わせ，それを評価することが重要になります（⇨ Q1-1 ）。

2．CAN-DO評価の効果

① 指導と評価の改善

CAN-DO評価を用いれば，実際の言語使用場面で言語を使って「何ができるか」ということを見通した指導と評価を行うことができるようになります。

例えば，学習到達目標を「簡単な説明文を読んで，概要を口頭で述べることができる」と設定したなら，目標を達成するために教科書やその他の教材を有効に活用して言語活動を計画し，授業を実際のコミュニケーションの場と位置づけ，読んだものの概要を口頭で述べるという活動をさせて評価をします。そこで，従来の個別の言語知識を問う筆記試験に偏りがちであった評価が，パフォーマンス評価（⇨ Q8-10 ）やインタビューなどに代わり，英語の運用能力をみることができるようになります。

② 自律的学習者の育成

自律的な学習者の育成のために，CAN-DOリストの目標を生徒と共有し，生徒による自己評価に活用することも可能です。

これにより，生徒自身が学習をふり返り，自分の英語能力を客観的に捉えるこ

とができ，自信を持つようになるなどの効果が期待できます。生徒と教員が英語学習の目標を共有することにより，生徒自身にも目標が明確になり，「英語を用いて～ができるようになった」という達成感や有能感が生まれ，「～ができるようになるためには…を練習しなくては」といった学習意欲の向上や学習態度，学習方法の改善にもつながります（⇨ Q7-1 ）。

③ 同僚性の高まり

各学校や学年の学習到達目標を設定するにあたり，英語科担当教員全員が話し合い，授業における言語活動の計画やそれらを効果的に行うための教材の準備，指導方法や評価方法を共有することにより，チームワークや同僚性，学校としての指導力が高まります。

3．CAN-DO 評価の進め方

CAN-DO リスト形式の目標設定には，4観点のうち「外国語表現の能力」および「外国語理解の能力」について，4領域，5分野（聞くこと，話すこと（やりとり，発表），読むこと，書くこと）を設定しますが，目標と評価規準，評価方法および評価時期とを有機的に結びつけることが重要です。評価方法としては，学習到達目標に対応した学習活動の特質等に応じて，多肢選択形式などの筆記テストのみならず，インタビュー，エッセイ，スピーチなどのパフォーマンス評価や活動の観察など，さまざまな評価方法の中からその場面における生徒の学習状況を的確に評価できる方法を選択することが重要です。

授業改善のための評価は日常的に行われることが重要ですが，生徒の学習状況を調べ，達成度を記録するための評価は，単元などのある程度長い区切りの中に設定した適切な時期に実施し，さらに，学期や学年といった単位で総括することが必要です。「指導あっての評価」，評価のための授業にならぬことが肝要です。

4．CAN-DO 評価の活用

その他の CAN-DO 評価の方法として，自己評価を日頃の作品などの成果物とともに蓄えるポートフォリオ評価も考えられます。（⇨ Q8-15 ）例えば，ヨーロッパ言語ポートフォリオ（ELP：European Language Portfolio）は，欧州評議会（European Union）により，CEFR の目的を実行する教育的ツールとして考案され，各地で言語学習，異文化学習のために使用されています。各自が言語能力を確認でき，学習進行状況を把握・記録し，学習成果を保管できるようになっています。それらは，生涯にわたり使用できる個人の言語学習記録として活用されます。CAN-DO 評価を言語習得の到達段階として評価の資料などに用いて，評価を多元化することは大変有効だと思われます。

各観点・各技能の比率は？

通知表の評定の際，4技能をどの程度の比率で考えるべきでしょうか。

1．学期の評価および評定

　授業で重点を置いて指導した技能の比率を高めて学期の評定を決定することは問題ありません。むしろ，好ましいことです。

　例えば，文字に慣れていない1年生の1学期では，「読むこと」や「書くこと」の評価はあまり行わないでしょう。この時期には，外国語理解の能力は「聞くこと」，外国語表現の能力は「話すこと」の評価が中心となるはずです。極端に言えば，もし「書くこと」について評価する機会がまったくなかったのなら，「話すこと」だけで外国語表現の能力の評価を決定するべきです。観点別学習状況の評価や評定を決定する目的のために，十分に指導していないことについてテストをするべきではありません。無理して行った1回のテストの結果が，評価や評定を決定するうえで大きな割合となってしまうのでは，その学期の評価を適切に行っているとは言えません。

　評定を決定する際の4つの観点の割合は学校で定め，年度や学期の最初に保護者や生徒に示すのが一般的です。通常は4つの観点を均等（25%ずつ）にしますが，いずれかの観点の割合を増減した重みづけを行う場合もあります。

2．バランスの取れた評価を行うために

　4つの技能を均一の割合にして観点別状況の評価を決定するのが理想ですが，指導や評価の実施状況により，多少の重みづけを行うことはあります。

　例えば，外国語表現の能力の観点で，「話すこと」を40%，「書くこと」を60%の割合とすることもあるでしょう。各学期では重点的に指導した技能にかなりの重きを置いて評価を決定することがあっても，学年末ではある程度バランスの取れた評価や評定を行いたいものです。

　このためには，日頃の授業で各技能の言語活動を積極的に取り入れなければなりません。文部科学省検定済教科書には学習指導要領で示されている各技能の言語活動が必ず載せられているので，これらに取り組ませ，評価する計画を立ててください。

　文法や語彙の説明や練習に授業の大半を費やしたのでは，言語活動を行わせる時間がなくなり，技能の指導や評価は不十分となってしまいます。また，各技能の言語活動を行わせることで，コミュニケーションへの関心・意欲・態度の観点を評価する機会が増えるはずです。

9章

学習者の理解と教師と学習者の人間関係の築き方

- **Q 9-1** 生徒と良好な人間関係を築くには？ ……………………………………262
- **Q 9-2** 「英語学習離れ」をくい止めるには？ ……………………………………264
- **Q 9-3** 教室環境点検の意味は？ ……………………………………266
- **Q 9-4** 学力差と個に対応する指導は？ ……………………………………268
- **Q 9-5** 自信のない生徒を引きつけるには？ ……………………………………270
- **Q 9-6** 通塾生徒も引きつける指導は？ ……………………………………272
- **Q 9-7** 生徒が気軽に質問できる雰囲気を作るには？ ……………………………………273
- **Q 9-8** 授業妨害する生徒の指導は？ ……………………………………274

生徒と良好な人間関係を築くには？

よい授業を行う第一歩は生徒理解であると実感する場面がよくあります。生徒をよりよく理解し，生徒とよりよい人間関係を築く方法についてアドバイスをお願いします。

「生徒は教師という人間に出会うのであって，教材と出会うのではない」（汐見 2003）と言われます。このことは教科の好き嫌いは担当教師の持つ魅力や人間性，その教師への憧れなどの影響が大きいことを示唆しています。とりわけ，他者とのコミュニケーションを大切にする「英語」は，その傾向が強いのではないでしょうか。教師との人間関係に支障をきたし英語嫌いになった生徒は，教師から見捨てられているといった被害感情を抱く傾向が強く，「見捨てられ感情→嫌い→できない→褒められない→見捨てられ感情…」という悪循環を形成していきます。したがって，この負のサイクルを断ち切るためにも，教師は生徒との信頼関係を（再）構築することが不可欠となります。そのためには，教師は日々の学校生活の中で，「生徒一人ひとりに対し尊重と尊厳の念を持って接しているか」「権威的・抑圧的になっていないか」「教室は生徒が間違っても受け入れてもらえる環境となっているか」など，今一度問い直してみる必要があります。

筆者は，現在，指導困難校とされる中学校の授業改善に関わっていますが，このような学校では多くの教師が疲弊してしまっており，授業は教師と生徒のやりとりがほとんどなく，教師中心で進められているケースが少なくありません。

しかし，授業観察して気づくことは，どんなに問題行動をくり返す生徒でも，どんなに英語ができない生徒でも，必ず「輝く」場面があるということです。活動中とても機敏に動いている，アイコンタクトができている，/ʃ/の音がきれいに出ているなど，教師は生徒のほんのささいな進歩や輝いた瞬間があれば素早くそれを察知し認めてあげること，しかもみんなの前で褒め，さらなる光を当ててあげることが大切です。そうすることで，クラス内でのその生徒の「所属や承認の欲求」をより一層充足させ，クラス内での居場所の確保につなげることができます。

授業外でも，休み時間，清掃の時間，放課後などに生徒とさりげなく対話を交わすことで生徒理解に努め，普段から生徒たちと自由に話し合える雰囲気を作っておくようにしましょう。さりげない対話を通して，授業では見ることのできない生徒の異なる顔に出会うこともあり，それが教材作成に生きることが度々あります。いったん相互の信頼関係の基盤が構築されると，生徒の中に教師を信じ

気持ちが芽生え，その教師の担当科目にも肯定的な感情を抱くようになるのです。

　教師と生徒の信頼関係の構築について，心理学の観点から少しふれてみたいと思います。1950年代を中心に活躍したアメリカの代表的な心理療法家にCarl R. Rogersがいます。Rogers(1957)はカウンセラーとクライアントとの関係性の中でカウンセラーが取るべき態度について論じています。それは，次の4点に集約でき，まさに教師が生徒に取るべき態度として応用できます。

① **生徒を無条件に受容・尊重する**

　教師は，生徒に「私はあなたに関心を寄せている」という雰囲気を感じ取らせるよう努めます。教師は自己の価値判断を介さずに，生徒の持つポジティブな面もネガティブな面もありのままに受け入れ，理解し尊重していくことが大切です。

② **生徒に対して共感的理解を示す**

　教師は，生徒の世界を彼らの内側から捉え，その世界について共感的に理解するよう努めます。つまり，生徒の私的な世界を教師の世界と混同することなく，あたかも自分自身の世界であるかのように感じ取ろうと努めることが大切です。

③ **生徒のひと言，ひと言に聞き入る**

　つまり，「傾聴」するということです。傾聴とは"active listening"とも言い，生徒の話を受動的に聞くのではなく，生徒が話したいことや伝えたいことを，「今どのような気持ちで話しているのだろう」と積極的な姿勢で，受容的かつ共感的に聞き入るように努めます（⇨ **Q9-7**）。

④ **生徒の可能性と自己成長力を全面的に信じて関わる**

　いかなる人間も，自己を自己実現へと導く可能性と成長力を有する存在と捉えます。したがって，教師はすべての生徒に内在する潜在的な「力」を全面的に信じ，それを引き出すよう努めることが大切です。

　英語学習につまずきを抱いている生徒こそ，教師に受け入れてもらいたいという気持ちが強く，教師からの温かい救いの手が差し伸べられるのを待ち望んでいるものです。教師はそのような生徒の「内なる声」を心の耳で瞬時に聞き取り，生徒を受容・共感できる能力を備えていなければなりません。教師が生徒一人ひとりをかけがえのない存在として，ありのままに受け入れ，生徒の気持ちをあたかも自分のもののように感じ取ろうとする態度は，生徒が教師とのこれまでの人間関係を見直し，新たな人間関係を創造することにつながることでしょう。現在，問題行動をくり返している生徒であっても，その生徒の心の奥底にある可能性と自己成長力を信じながら，決して見捨てず，寄り添い，励まし続けていくことがなによりも大切です。

「英語学習離れ」をくい止めるには？

1年生ですでに英語に対して苦手意識を持っている生徒が多く、「英語はもういいよ」と言う生徒さえいます。英語学習の楽しさを伝えたくて教師になったのに、残念でたまりません。どうすればよいのでしょうか。

まずは、生徒がどのような理由で「英語はもういいよ」と言っているか考えることです。Q6-1 で見たように、英語嫌い、英語学習へのつまずきの原因はさまざまです。ですから、「英語はもういい」と言う生徒の声を真摯に受け止め、その原因を追究しながら、生徒に「英語学習は楽しい」と感じさせる授業作りをめざすことが基本となります。

1．Fun から Interest へ──段階的に学習の質を高める

「英語学習は楽しい」と生徒たちに感じさせるためには、授業では、まず歌やチャンツ、クイズ、ゲームなど、どちらかと言えば「遊び的な楽しさ」を伴う活動を多く取り上げることから始めるとよいでしょう。そして、そこから徐々に達成感や満足感を感じさせる「知的な楽しさ」を伴う活動に移行し、生徒の学習意欲を高めていくことが考えられます。

ここで最も大切なことは、生徒自身に自分にも「〜ができた」「〜がわかった」という自己有能感を高めるための成功体験をできるだけたくさん与えてあげることです。生徒が「楽しい」と感じる瞬間は「できた！」「わかった！」と感じる瞬間です。今までできなかったことができるようになった瞬間やわからなかったことがわかった瞬間は、人間にとって実に素晴らしく、楽しい瞬間です。どのような生徒もみな「英語ができるようになりたい」「英語がわかるようになりたい」と内心は思っているのです。それをかなえてあげるのが我々プロの教師の仕事であり責務なのです。

2．授業の目標や流れを示し、学習への動機を高める

筆者は、授業の冒頭で生徒たちに当該授業で身につけてほしい英語力や到達目標（CAN-DO）を伝えています。また、目標を達成するための大まかな授業の流れも示しています。そうすることで、生徒たちは学習への動機を高めるとともに、授業全体の見通しを持つことができ、安心して授業に参加できるようになります。さらに、授業で行う活動間のつながりを周知させることで、生徒は心づもりをしてそれぞれの活動に取り組むようになります。

3．課題や発問は生徒の学習レベルに応じて選ぶ

授業中に与える課題は、あらかじめ易しいものから難しいものを準備し、生徒

の学習レベルに合ったものを与えます。あるいは，生徒たち自身に選択させます。課題は易し過ぎても，難し過ぎてもいけません。教師やクラスメートからの少しばかりのヒントや手助けがあれば達成可能な課題が適切です。

　発問する際にも，Yes / No question がよいのか，あるいは Wh question がより適切か，また，テキストに書かれた事実情報を問う表示質問（display question）それとも自分の意見や考えを述べさせるなどの参照質問（referential question）がふさわしいのか，個々の生徒の英語力に応じて選択します。そして，生徒が少しでも輝いた瞬間があれば素早くそれを察知し，褒めてあげ，「〜ができた」から「〜がもっとできるようになりたい」，「〜がわかった」から「〜がもっとわかるようになりたい」と感じ取れるよう工夫することが大切です。このような気持ちをくり返し抱かせることが，学習への持続的な意欲と積極的な態度の育成につながります。

4．教師自身の体験を語る

　教師が，自分の「英語（学習）」との関わりについて熱く語ることも大切です。筆者は，毎年初回の授業では，私の英語教育観，私と英語との出会い，英語を使ってよかったことや英語で失敗したこと，外国語学習の楽しさや苦労（教師となった今でも英語学習は辛いと感じることがあるが，やはり英語学習が楽しくて，英語から離れられないこと）などをありのままに伝えるようにしています。そして，日々の授業では，英語は人と人をつなぐ「道具」であり，異文化を知るための「手段」であることをしっかりと伝えるようにしています。

　後者について言えば，日英のコミュニケーション・スタイル，非言語コミュニケーション，価値観とそれに基づく行動パターンの相違などに気づかせることができます。つまり，英語を勉強すればするほど，英語という「窓」を通してこれまで見えなかったより広く美しい景色が見えてくる体験や，「あっ，そうだったんだ！」「なるほど！」と感じる瞬間を生徒たちにできるだけ多く与えることが大切です。

　「これは試験に出るから覚えておきなさい」を連発するのではなく，上に述べてきた視点を踏まえた日々の授業実践が，「英語をもっと勉強したい」「英語を使って，もっと外国の人々とコミュニケーションを取りたい」「もっと外国について知りたい」などと生徒たちを動機づけ，英語学習を「やらされている」という受け身的なイメージから解放させ，英語学習の「楽しさ」へと純粋に誘ってくれると信じています。

教室環境点検の意味は？

毎時間挨拶の前に教室環境を点検し，机を整頓させる先輩教師がいます。先輩に理由をたずねるのですが，授業をやりやすくするためとしか答えてくれません。どのような意味があるのでしょうか。

　その先輩にとってだけでなく，「教室環境の整備」は授業マネジメントに深く関わっています。授業前に一生懸命に指導案を練り，教材を準備して口頭導入をモノにしても，教室内で生徒を統御し授業を運営できなければ，せっかくの授業準備もむなしいものになってしまいます。そういう状況に陥らないためにも教室環境の整備は重要なのです。あなたの先輩は机を整頓しているだけでなく，生徒を含む教室環境全体に目を配っているものと推測されます。

1．当たり前のことを行うことの大切さ

　まず，授業を始める前に指導者として点検しておくべき事柄を挙げてみましょう。これらのことをお座なりにして授業を開始しても，実りが少なく，授業の質が下がることさえあります。教師として気をつけるべき点を見落とさず，生徒と教師がそれぞれ行うべき事柄を互いに行い，授業をともに創り上げていくことが大切です。

① 着席状態と生徒の様子

　教室に入ればすぐに授業を始めたいものですが，学習の主役である生徒の準備が整っていなければ授業は始められません。生徒の着席状況がその指標となります。何ごとも最初が肝心。休み時間のおしゃべりが続いているような状況で授業を始めると，最後までけじめがつきません。

　生徒の表情や顔色も観察しましょう。体調の悪そうな生徒やいつもと様子の違う生徒はいないかも確認してから授業を始めましょう。授業をチャイムとともに開始することは大切ですが，授業を受ける生徒こそ一番大切な存在です。

② 机の上の授業準備

　前の授業が終わったら，次の授業の準備を整えてから休憩するよう指導することが基本です。近年，家庭の教育力が低下している場合もあり，当たり前だと思うことでも，叱る前にまず具体的に「教える」ことです。特定の先生だけが口やかましいと生徒たちに思わせないよう，学校として，学年として統一した指導を行うことが大切です。

　それとは異なる個人的な約束事は，「先生の授業ではこうしてほしい」と，その意味や理由をていねいに説明して「理解」させましょう。子どもたちは頭ごな

しに強制されることを嫌いますが,納得したことは守ろうとします。
③ 黒板の準備
　筆者の勤務校では日直が前時の板書を消し,英語の授業のために曜日と日付を板書します。このように「誰が何をするかの分担」を明確にしましょう。黒板や挨拶の号令など基本的な役割が機能していなければ,「学びの場としての学級」を作ることなど,どだい無理な話です。何か問題を感じたなら,担任と相談して早急に改善しなければなりません。

2．机の乱れを正すことで伝えるメッセージ
　机の並びを正しながら,次のように教師の願いを伝えましょう。
① それぞれが責任を分かち合い,ともに授業を創ろう！
　机は真っ直ぐに並べる,ゴミは落ちていないなどは,学びの場所には必要なことです。教室を整えることは生徒の務め,教えることは教師の仕事。それぞれの役割をきちんと果たして「授業はともに創る」。この当たり前のことを毎時間積み重ねて,しっかりした力をつけてほしいという教師の願いを伝えましょう。
② 生徒の成長を願う教師の心を届けよう！
　「授業で君たちにこんなふうに成長してほしいから,これだけ準備してきたぞ」と伝えましょう。授業の終わりに「～ができるようになった」と感じてほしいから,教材研究をしてきたわけです。その思いを生徒たちの心に届けましょう。
③ 協力して学び合い,高め合う集団を作ろう！
　机が乱れる原因の1つに,生徒の仲たがいがあります。隣の生徒とけんかしていると机は微妙に離れていくものです。こんなときに並びを正すよう指示しても,いつものようにきちんとならないものです。机の並びには,このような生徒の心の在り様まで現れてくるものです。人間関係をしっかり築けるよう見守っていきましょう。

3．生徒と教師,みんなで作りみんなで守る学習空間
　教室環境には生徒と教師の心の在り様が現れるものです。うまく経営されている教室は,不思議と居心地がよいと感じたことはないでしょうか。これは互いに認め合い高め合いながら,みんなで授業を創ろうとしている空間の心地よさです。
　しかし,この空間は壊れやすいものです。自分の授業で壊れてしまったら,恥ずかしがらずにすぐ周囲に相談しましょう。あなたが相談を受けたら,「私の授業ではきちんとしていますから,原因はあなたでしょ」などと冷たいことは言わずに,親身に相談に乗りましょう。どのような学校の,どのような教室でも起こり得ることなのですから,同僚と力を合わせて学びの空間を守りましょう。

学力差と個に対応する指導は？

1年生の秋には大きな学力差が見え始めます。英語が不得意な生徒に寄り添い，得意な生徒をもさらに伸ばす教師でありたいと思います。学力差と個に対応する指導のヒントをお聞かせください。

学力差は，どのようなクラス編成を行っても個人差のかたちで現れてきます。習熟度別クラス編成をしている学校でも，多くが個への対応に苦労しています。ここでは，学級作り，個に応じた指導，教師の心根について考えてみましょう。

1．学び合い高め合う「チームで学ぶ教室」を作る

一人で頑張ってもまわりの協力がなければ十分な成果は得られません。さまざまな力を持った仲間と一緒に「チームで学ぶ」雰囲気作りと環境作りが大切です。

① 「授業のパワー」＝「生徒 × 教師 × 教材」

毎年初回の授業のオリエンテーションで，この「授業のパワー」についてふれることにしています。どれくらい英語力を身につけられるかは個人の努力に帰するものです。しかし，その個人の努力自体も教室の持つ「授業のパワー」に左右されることが多く，端的に言えばペア・ワークやグループ・ワークが成立しない教室では十分な練習ができず，結果的に満足できる英語力がつかないということです。授業のパワーや質は，上記の3要素（生徒・教師・教材）を掛け合わせたかたちで現れてくるので，教師と生徒それぞれがその役割をきちんと果たす「チームとして学ぶ英語教室」の大切さに気づかせましょう。教師と学習者のそれぞれが頑張れば，結果は積（かけ算）のかたちで現れますから，どんどん英語力が伸びていきます。早い時期にこの事実を体感させることが肝心です。

② 指名されていないときにも自分で練習する姿勢の大切さを知らせる

授業中に力を伸ばすもう1つのコツは，「指名されていないときにも自分で練習する」ことです。例えば，教師が授業の目標文を先頭の生徒から後ろの生徒まで6名続けて指名し，その定着を確かめたとします。このとき，黙って聞いていればただ時間は過ぎていきますが，発表者に合わせて文を口ずさめば6回練習できることになります。自分から進んで練習する貪欲な姿勢を身につけさせましょう。座席順でなく，ランダムに指名すれば，生徒はいつ当たっても答えられる準備をするようになります。

③ 英語を上手に話せない級友からも学ぶ姿勢を身につけさせる

自分より上手に話せる先生や生徒から学ぶことはもちろんですが，上手に話せない生徒からも学ぶことができます。発表者と同様に目標文をつぶやけば，リズ

ムの違いがわかります。その原因を友達に説明できれば力がついた証拠です。意味をきちんと表そうとすれば正しいリズムで話せることを，このような過程で身につけることが可能なのです。

2．個に応じた指導の進め方
① 「課題の発見」
　自分の課題を自ら認識できればよいのですが，slow learner には自分は何がわかり何がわからないのか，何ができて何ができないのか，それ自体がわかりません。ここで，教師からの個に応じた助言が必要です。的確な支援を行うには，日頃からの個々の生徒観察による学力の形成評価が不可欠です。
② 「目標の設定」
　強制ではなく，自分自身でどうなりたいのか目標を設定させることで，学習への主体性を持たせるように支援します。英語に苦手意識を持つ生徒は，「自分には無理だ」とあきらめがちなので，教師の寄り添いや励ましが重要になります。
③ 「具体的な対応策の決定」
　まじめな生徒でも，非効率な学習方法を取り，時間をかけても成果が出ないこともあります。一人ひとりの生徒のニーズに応じて成果の上がる学習法・練習法を具体的に指示しましょう。特に苦手意識を持つ生徒の場合は，頑張れば自分にもできたという成功体験（自己有能感）を味わわせてあげることが肝要です。

3．生徒はみんな英語が上手になりたいと思っている
　生徒を理解して指導できれば，個への指導もきちんとできるはずです。教師の誤った思い込みや邪念が生徒の姿を見誤らせることがあるので注意しましょう。
① 悪魔のささやき ―「コイツさえいなければ…」
　同僚と平均点を競い合っているとき，授業が妨害されて思うように進まないとき，自分が生徒に見下されているように思ってしまうとき，「ああ，コイツさえいなければ…」と思うことはありませんか。そのような気持ちはわからないでもありませんが，いなければよいと思う「コイツ」は，実は私たち教師の心の中に巣食っている悪魔なのです。仮に「コイツ」がいなくなっても，必ず次の「コイツ」が現れてくるものです。真っ直ぐな心で授業したいものです。
② どの子も英語がうまくなりたいと思っている
　現代を生き抜く生徒たちですから，英語がどれくらい大切かは私たち以上に感じているはずです。どの子も英語が好きになりたいし，上手になりたいと思っています。この気持ちを肌で感じられたら，どの生徒にも寄り添えると思います。それこそが教育者の使命なのですから。

自信のない生徒を引きつけるには？

英語は使いながら身につけてほしいので，英語を使用する活動に取り組ませています。しかし，自信がないのか，この種の活動をやればやるだけ生徒が離れていきます。生徒を引きつけるためには何が必要ですか。

　自信のない生徒を引きつけるには自信を持たせればよい。自明のことですが，それができずに教師は苦しみます。自信を持たせる指導の基本的な考え方とその方策について考えてみましょう。

1．自転車の乗り方を体得するのと同じ

① 英語も自転車と同じ技能習得学習であることを知らせる

　どんなに俊敏な子どもでも初めから自転車を乗りこなすことはできません。しかし，早い遅いはあっても練習すれば必ず乗れるようになる。誰もが実感できる例から，英語学習も自転車と同じ技能習得学習であることを確認しましょう。

② 自転車に乗れると楽しいことがたくさんある

　自転車に乗れば行動の範囲は格段に広がります。自転車の場合は自分で楽しみを見いだせますが，小・中学校での初学者対象の英語授業では，教師が楽しさを演出してやる必要があります。歌，映画，読書，ニュースやインターネット，海外旅行，友達作りなど，生徒がワクワクする楽しい例を山ほど準備しましょう。

2．生徒に自信を持たせる

　「自信がないのか，この種の活動をやればやるだけ生徒が離れていきます」と質問にあるように，自信がないままで活動に取り組ませることは生徒のやる気を奪います。

① 自信がなくなっていることを見抜く

　教科書に手順が示されている活動でも，自分の生徒がつまずくなら，指導過程を変更して生徒が困難点を解決できるようにしましょう。教師が「あれ？」と感じたところに生徒のつまずきがあります。常に生徒の声，表情や視線の上下などに注目して，先ほどまでと違った点があったら要チェックです。

② 何ができていないか判断する

　「どこができないの？」とたずねてもかまいませんが，教師があらかじめ生徒たちの犯す誤りや，つまずきやすい困難点を予測し，何ができていないかその原因を見極めるのが基本です。

　聞けない・言えない・読めない・書けないなどが判明したら，ピンポイントで練習します。

「こんなことができないのか」と思っても，叱らないことです。その多くは，教師の指導が至らない結果起こっているのですから。
③ できたら教師の喜びをきちんと伝える
できて当たり前だと思っても，その生徒の頑張りを評価しましょう。決まり文句としてではなく，"You did a good job! I'm proud of being your teacher!"と心から生徒を褒められる教師をめざしましょう。

3．生徒に自信を失わせない事前の準備
　自信を失ったところを見つけて補強することは大切ですが，事前の準備で自信を失わせる場面を避けることもできます。指導の鉄則は，レディネスを作ること。「できるように指導し，できる確信を持って行わせ，できた手柄は生徒に与えて褒めてあげる」──これが授業の基本です。
① 指導過程が生徒の実態に適しているか検討する
教師用指導書に書かれている計画も自分の生徒に適切であるか検討しましょう。具体的には以下の観点から点検することで自信喪失を避けることができます。
② 生徒に合った具体例を示す
教科書には活動の具体例が書かれていることが多いのですが，例文に新語が含まれていることも稀にあり，必要に応じて書き換え適切な例を提示しましょう。また，必要と思われる語彙を既習語も含めて与えれば生徒の助けになります。
③ 内容を整理させる時間を与える
すぐに言わせたり書かせたりするのでなく，発表する内容を整理する時間を与えましょう。キーワードで整理したり，マッピングを使ったり，既習の整理方法を活用して身につけるよい機会となります。
④ 話す内容をメモとして書かせてみる
整理した内容を一度書かせてみると，必要な表現を考えたり内容の提示順序を工夫したり，磨きをかけることができます。「自信につながる時間」です。
⑤ リハーサルさせてみる
発表内容を実際にリハーサルさせることも効果的です。一人で行うだけでなく，ペアで互いに試すことも実際的でおすすめできます。自分の内容が話して伝わることを確認できれば，実際の場面では自信を持って活動できます。
⑥ リハーサルの相手を変えて，くり返し練習させる
相手を変えて何度か試すと活動に慣れるので自信を持って発表できます。相手を変えることで新鮮な気持ちで何度もくり返すことができます。ペアを数組まとめた生徒の輪を右回りに一人分ずつ移動させるとペア交代できます。

通塾生徒も引きつける指導は？

通塾生徒の多くが授業に身が入らず，私のことばを軽くみているようです。どのようにすれば塾で学んでいる生徒も，他の生徒と一緒に学べるようになるのでしょうか。

通塾の有無にかかわらず，英語が得意な生徒も苦手な生徒もみんなで授業を創り上げていきたいと願うことは教師として当然だと思います。

一方で通塾生徒が塾で学校の指導内容を先取りしているため，授業に身が入らないこともあり得ます。塾に行くことが悪いのではなく，教師自身がそのような生徒への配慮を心がけてください。まず，次の観点から授業を点検することから始めましょう。

1．「知っていること」と「使えること」とは違うことを実感させているか

「塾でやったから，もう知っている」と思い，授業に身が入らない通塾生もいます。「知っている英語」（知識）から「使える英語」（運用）に高めさせましょう。そのためには段階的に難易度を上げた練習をして，自分の身についていない点を見つけ，意識して練習させる機会が必要です。わかった気になって学校の授業を見下している生徒には，ときには「わかったつもり」の限界に気づかせ，その鼻っ柱を折ってやる指導も必要です。

塾と学校教育とは目的が異なりますので，同じような授業をして張り合っても詮ないことです。次の2点で自分の授業を再点検してみましょう。

2．必要な授業準備を行わず，和訳や知識伝達に終わっていないか

生徒に英語を身につけさせるためには，周到な授業準備が必要です。題材を目の前の生徒に適した達成可能な課題に組み上げ，それをどのような順番で提示し練習させるかを，前もって入念に考えておく必要があります。

授業準備の時間を惜しむと本文和訳や文法知識の伝達授業に陥ります。これでは生徒のやる気が出ないのも当然です。

3．生徒がワクワクする時間を授業に盛り込もうとしているか

奇をてらった企画は必要ありません。しかし，新たな発見や驚き，ときには憤りなど，生徒の情動を動かす内容は必要です。教師自身がワクワクして教室に向かえるよう，常に教材研究のアンテナを張っていたいものです。

要は，免許状を持ったプロの英語教員としての自負と誇りを持って，それにふさわしい授業―知識を技能として習得させる活動的で創造的な授業，協働学習で仲間と関わり合い，使いながら学ぶ授業―を提供することで，学校でしか学べない学校の英語授業を提供しましょう。

生徒が気軽に質問できる雰囲気を作るには？

「みんなで学ぶ集団」作りをめざしています。教師の自分も生徒の疑問に答える教師でありたいです。生徒が気軽に質問できる雰囲気はどのように作ったらよいのでしょうか。

　授業中に生徒が気軽に質問できる環境を作るには，普段から積極的に生徒とのコミュニケーションを楽しみ，人間関係を深めようとする姿勢が大切です。生徒からの他愛のない問いかけにも，コミュニケーションを図る糸口として可能なかぎりフィードバックしてあげることで，「話しかけやすい教師」のイメージを作り，生徒と教師の信頼関係を強化していきます。

　生徒と良好な信頼関係を作るには，生徒一人ひとりと真摯に向き合い，理解していこうとする教師の態度が不可欠です（⇨ Q9-1 ）。そのためには，まず教師が"good listener"であることが前提となります。"good listener"とは，相手の伝えたいことを単に「聞く」のではなく，相手に積極的に関心を持ち，相手の伝えるひと言，ひと言をしっかりと「聴く」ことができる人を言います。教師には，生徒のいかなる発言や質問をも傾聴する姿勢が求められます。傾聴スキルとして，教師は以下のことを心がけておくとよいでしょう。

(1) 生徒が語ることばに，タイミングよくあいづちを打ち，うなずきながら聴く。
(2) 生徒が語ることばの中から，内容を深めたいと思われることばをそのままくり返す。
(3) 生徒が語った内容を要約して言う。あるいは，その内容から生徒の感情をありのままに捉え，短く的確なことばで伝え返す。
(4) 生徒の視線，声のトーン，身振り手振りや表情などの非言語面も注視する。

　また，生徒が気軽に質問できる雰囲気を作るには，授業でペア・ワークやグループ・ワークを活用することも効果的です。教師主導の一斉授業では質問しにくいことも，協働学習（⇨ Q7-6 ）の場では質問しやすくなることは度々あります。

　また，授業のふり返りの際に，「リフレクション・シート」を活用することで，授業中に口頭で言い出せなかった疑問や質問を引き出すこともできます。

　最後に，なによりも大切なことは，発言したり，質問したりしても非難されない「安心」と「心地よさ」が感じられる教室風土を築いていくことです。そのためには，日々，「他者の言うことはしっかり聴く，そして受け入れる」という授業規律を確立しておくことが大切です。これは，学級担任のみならず，教科担任にとっても重要な仕事です。

授業妨害する生徒の指導は？

始業のベルが鳴っても席に着きません。授業中も教科書を開けず，大きな声をあげたり，立ち歩いたりして授業を妨害する生徒がいます。その都度注意はしていますが，一向に改善されません。どのように対処すればよいでしょうか。

生徒の問題行動は未然に防ぐことが基本です。問題行動はある日突然起きるのではなく，必ず「前兆」が見られます。問題行動が常習的になる前に，生徒から発信される小さなサインを見逃すことなく早期に実態を把握し，早期に対処していくことを心がける必要があります。

問題行動を起こす原因には，授業がおもしろくない，わからない，教師や友人との人間関係に問題がある，単に注目されたいなどが挙げられますが，原因は1つではなく，複数の要因が複雑に絡み合っている場合が多いようです。

まず，生徒が興味・関心を持つことができるような魅力ある授業作りを心がけましょう。授業がおもしろくなければ，生徒は退屈して，歩き回ったり，大声を出したりと勝手な行動を取るようになります。魅力ある授業を作るには，今一度，これまでの授業内容，教材，授業の進め方，評価の在り方などを見直す必要があります。そして，問題行動を取る生徒でも主体的に参加でき，活躍し，成功体験を味わえるように活動を設計し，実施することを心がけましょう。

次に，教師との信頼関係を確立させることも必要です（⇒ **Q9-1**）。問題行動を取る生徒には，休み時間や放課後などを利用して，教師から積極的に声をかけ，信頼関係作りに努めることです。ことばでの自己表現が得意でない生徒には「交換ノート」を活用することも効果的です。

教師は受容的・共感的な態度で生徒に接することを常としながらも，問題行動を起こす生徒には，毅然とした態度で真正面から向き合っていくことが大切です。事態によっては，一人で抱え込むのではなく，学年全体あるいは学校全体として対処することも必要です。そのためには，日頃から教員同士の連携を密に図り，協力的な指導体制を整えておくことが求められます。

最後に，常習的に大声をあげたり，立ち歩いたりする生徒には，ADHD（注意欠陥・多動性障がい）やLD（学習障がい）などの「発達障がい」の可能性も視野に入れ，養護教諭やカウンセラー，保護者とも相談し，学年や学校全体でサポート体制を確立していく必要があります。わが国の普通学級に在籍する児童生徒のおよそ6.5％が，特別な支援を要する発達障がいの可能性があると言われており，不用意な叱責は二次障がいを引き起こす可能性もあります。

10章

小・中, 中・高の連携

- **Q 10-1** 外国語活動で体験していることは？ ……………………………………276
- **Q 10-2** 小中連携のための中学校入門期の指導計画は？ ……………………278
- **Q 10-3** 教科化後の小学校英語教育は？ ………………………………………281
- **Q 10-4** 高校での英語の授業はどう変わったか？ ……………………………284
- **Q 10-5** 高校へつなぐ中学3年生の指導は？ …………………………………286
- **Q 10-6** コミュニケーション能力の育成と高校入試の関係は？ ……………288

外国語活動で体験していることは？

中学校英語教師として小学校外国語活動の内容を把握しておく必要があると感じています。小学校で児童は何を体験し，何を体験していないのでしょうか。

　外国語活動は，2011年度から第5，第6学年で「領域」という位置づけで，英語が週1時間指導されています。児童が外国語活動で何を体験し，何を体験していないかを把握するために，まず小学校学習指導要領（2008年公示）と共通教材『Hi, friends! 1, 2』（文部科学省 2012）の内容を概観しましょう。

1．外国語活動の目標と指導のポイント

> 外国語活動を通じて，(1)言語や文化について体験的に理解を深め，(2)積極的にコミュニケーションを図ろうとする態度の育成を図り，(3)外国語の音声や基本的な表現に慣れ親しませながら，コミュニケーション能力の素地を養う。　　　　（下線，筆者）

　『小学校学習指導要領解説　外国語活動編』（文部科学省 2008）では，下線部(1)(2)(3)を目標の3本柱とし，これらを踏まえた活動を統合的に体験することでコミュニケーション能力の素地を養うことができるとしています。

　また，3本柱の指導のポイントとして，おおむね以下の事柄を挙げています。

(1) 言語や文化について体験的に理解を深める
- 知識のみによって理解を深めるのではなく，体験を通して理解を深める。
- ことばの大切さや豊かさ等に気付かせたり，言語に対する興味・関心を高めたり，これらを尊重する態度を身につけさせる。

(2) 積極的にコミュニケーションを図ろうとする態度の育成
- 外国語を注意深く聞いて相手の思いを理解しようとしたり，積極的に自分の思いを伝えようとする態度を育てる。
- コミュニケーションを図るうえで，ジェスチャーなど非言語的な手段も大切なので，さまざまなコミュニケーションの方法も指導する。

(3) 外国語の音声や基本的な表現に慣れ親しませる
- 中学校段階の文法等を単に前倒しするのではなく，あくまでも，体験的に「聞くこと」「話すこと」を通して，音声や表現に慣れ親しませる。

2．外国語活動の指導内容

　全国のほとんどの国公立小学校で使用されている共通教材『Hi, friends! 1, 2』で扱われている文字，語彙，表現は，次のとおりです。
- 文字：アルファベットの大文字，小文字の認識。文字はコミュニケーションの

補助として扱う。
- 語彙：月，曜日，数字（基数，序数），国名，色，形，動物，飲食物，教科，職業，外来語など，約350語。うち131語は数詞。
- 表現：be 動詞・一般動詞の肯定文，否定文，一般疑問文，特別疑問文，命令文，助動詞 can，人称代名詞（I, you, we），指示代名詞（this, that），不定詞の名詞的用法，現在時制など。

また各レッスンは，聞くことを通して新しい語彙や表現にふれ，クイズ・ゲームやチャンツ・ソングで慣れ親しませ，そのうえでコミュニケーションや自己表現活動に取り組ませる構成になっています。このように『Hi, friends!』では，平成24年度版の中学校第1学年用検定教科書の2分の1程度の語彙や表現を使って，聞いたり話したりする活動が楽しめるように工夫されています。

3．体験していることと体験していないこと

1，2で概観した事柄や外国語活動に関する各種の報告を踏まえて，児童が外国語活動で体験していることと，していないことをまとめてみます。

① 体験していること
- 英語に楽しくふれ，英語の活動を楽しんでいる児童が多い。
- 英語を聞く機会が多く与えられていることもあり，聞こえたとおりに英語を模倣しようとしたり，未知の語彙があっても内容を推測しながら聞き取ろうとするなど，英語を聞く態度が形成されている児童が多い。
- コミュニケーションや自己表現活動を行う機会が多いこともあり，友達やALT，学級担任と英語を話すことに積極的な児童が多い。
- 外国人や外国の小学生との交流活動や観光地等での外国人へのインタビュー活動などを体験し，外国の文化や生活にふれたり，日本の文化や活動を伝えたりする活動に興味を持つ児童もいる。

② 体験していないこと
- 個々の音の発音やリズム，イントネーションなどについて，体系的な音声指導を受けていない。（⇨ Q4-8 ）
- リテラシーについては，アルファベットを識別したり，読んだりする程度で，読むこと，書くことは体験していない。
- 聞いたり，話したりする活動を通して英語の音声や表現に慣れ親しむことが基本であり，文法等について明示的な指導は受けていない。

今後，小中の連携が一層求められることになります（⇨ Q10-2 ）。中学校英語教師は小学校の外国語活動の実態をしっかり把握しておくことが不可欠です。

小中連携のための中学校入門期の指導計画は？

小学校外国語活動での体験を生かし，生徒の意欲を高めながらスムーズに中学校での英語学習へとつなげる入門期の指導計画について，具体的にアドバイスをお願いします。

2011年度からの小学校外国語活動の必修化に伴い，中学校との連携がこれまで以上に求められています。小中が連携することによって，中学校では，生徒が小学校で培ったコミュニケーションへの関心，外国語への慣れ親しみ，言語や文化への気づきや理解を一層伸ばし，外国語の理解や表現能力の「基礎」作りをしっかりと行うことが可能となります。しかしながら，現状は，小学校での学習成果が中学校で十分反映されていない場合が少なくありません。したがって，小学校での成果を生かすには，小中の連携が必須となります。

1．小中連携の問題点

日本における小中連携に関する研究によると，小学校で英語学習を多く経験している生徒群とそうでない生徒群との間に，中学校入門期には，コミュニケーションに対する関心・意欲・態度，異文化や英語学習に対する態度，および技能面において差が見られるものの，学年が上がるにつれ，とりわけ技能面ではその肯定的な効果が弱まる傾向があるようです（例えば，樋口他2007）。この原因として，小中間の連携の不十分さ，小中教員の外国語教育に対する意識のずれ，行政からの指導や支援の不足，などが考えられます。

2．小中連携を推進するために

小中連携を推進するにあたり，最も大切なことは，小中教員が相互の学習指導要領を十分理解し，小中の英語教育について正しい認識を持つことです。そのためには「見合う，話し合う，創り合う」の3拍子が揃っていなければなりません。定期的に相互授業参観や交流授業を実施したり，授業後に忌憚ない意見を交換する，そして，小中の教員がともに，少なくとも小学校と中学校入門期の英語学習をつなぐカリキュラムを作成し，それに基づき，教材や活動を開発したり，評価方法を考えたりすることです。

上述の取り組みを円滑に推進するためには，教育委員会や教育センターと校長会が協力して，中学校区ごとに小中連携研究会のような組織を発足させ，小中教員が協力して，以下に示す小中連携の青写真を具体化していくことが必要です。そのためには，各小中学校の校長をはじめとする管理職の十分な理解と支援が必要であることは言うまでもありません。

① 小中連携推進のために検討すべき事柄

小中連携を推進するために，上述した小中連携研究会を定期的に開催し，以下の事柄についてしっかり検討する。
- 年間指導計画
- 指導目標，到達目標
- 指導内容，指導方法
- 教材・教具
- 評価方法

② 小中連携推進のためになすべき事柄

①の話し合いを実りあるものにするために，以下の事柄を年間計画に入れ，定期的に実施する。
- 相互授業参観や交流授業の実施
- 学習指導案や個々の生徒のポートフォリオ等の情報・資料の交換
- 児童・生徒間の学習交流の機会の設定

3．中学校入門期の指導計画

Q6-1 で見たように，中学校の初期段階ですでに英語嫌いになっている生徒が少なくありません。このことを考えると，少なくとも1年生1学期中間テストまでは，外国語活動との接続を踏まえた系統的かつ円滑な指導が必要となります。現行のすべての中学校検定教科書では，冒頭に小中の接続を考慮し，外国語活動で慣れ親しんだ表現や語彙が掲載されており，外国語活動で学習した内容を，ある程度復習できるように配慮されていますが，小と中をつなぐ内容としては，必ずしも十分とは言えません。そこで，円滑な小中連携を図る中学校入門期の指導計画の作成が必要となります。以下に，よりよい中学校入門期の指導計画を作成するための基本的な方針，留意点をいくつか挙げておきます。

① 指導計画作成の基本的な方針，留意点

- 主に，「聞くこと」「話すこと」を中心とした体験的な活動を行う。
- 外国語活動で学んだことを，聞く，話す活動を通して，十分復習するとともに，生徒の負担に配慮しながら，中学校教科書にある新しい学習事項を指導する。
- ことばの仕組み（ルール）は，聞く，話す活動を通して，気づかせ，確認するとともに，板書を活用しながら視覚的にも理解を促す（日本語による説明は必要な場合のみ，簡潔に行う）。
- 音声指導をしっかりと行う。英語音の作り方をわかりやすく提示し，日本語と英語の音の違いを正しく理解させ，文ストレス，イントネーションなどについてもていねいに指導する（⇒ Q4-8 ）。
- アルファベット・ブロック体の大文字，小文字は正確に読める，書けるよう指

導する。
- 「聞くこと」「話すこと」から「読むこと」「書くこと」へ無理なくつなげる。つまり，音声で十分慣れ親しんだ単語や文を，活字を見て教師と一緒に，あるいは自力で読んだり，なぞったり，書き写したり，書いたりする。
- 音読や単語の学習方法など，家庭学習の方法をていねいに指導する。

② 指導計画の具体例

　2005年度より，小中連携研究に取り組んでいる大阪府寝屋川市の中学校入門期における指導計画を挙げてみます。同市では，小中連携を推進するにあたり，2.①，②で示した取り組みを行っていますが，その中に「小6・中1引き継ぎスタンダード」があります。これは，1月から5月の小中の接続期に小中が取り組むべき事柄を可視化したもので，以下のように記しています。

〈1～3月〉
- 授業公開：小学校は授業を公開し，中学校は小学校の実態を把握する。
- 交流授業：中学校は小学校で小学校教員とTTによる交流授業を行う。
- 情報・資料の提供―「中学入門期シラバス」の作成：小学校は外国語活動の到達度，カリキュラム，学習内容，教材等に関する情報や資料を中学校へ提供し，中学校は小学校から提供された情報や資料を参考にし，「中学校入門期シラバス」を作成する。なお，このシラバスは，小学校で英語嫌い・苦手意識を持つようになった生徒に対して治療的な学習機会を提供することを目的に，「自分の誕生日，住んでいるところ，好きなこと，できること，将来つきたい職業等について，10文程度で自己紹介ができる」ことを到達目標として設定し，1学期中間考査までの13回程度の授業計画を提示しています。

〈4～5月〉
- 授業公開：中学校は授業を公開し，小学校は中学校の実態を把握する。
- 意見交換：「中学校入門期シラバス」の有効性，入門期の生徒の実態や授業の在り方，外国語活動に対する改善点・要望等について，小中教員が意見交換を行う。

　2013年12月に発表された「グローバル化に対応した英語教育改革実施計画」に基づいて，2020年度から完全実施が予定されている次期教育課程で小学校英語が教科化された場合，指導目標，指導内容の一貫性や指導方法，評価方法の系統性については，より配慮されるでしょうが，小中連携の教育の成果をあげるためには，やはり2.①，②で示した方向で小中連携を推進することが求められます。

教科化後の小学校英語教育は？

諸外国における小学校外国語教育の現状を教えてください。また日本の小学校も英語が教科化されるようですが，どのようなものになるのでしょうか。

　急速に進展するグローバル化に対応するために，世界の多くの国が外国語教育の改革・改善を推進しています。ここでは，諸外国の小学校外国語教育の現状を概観するとともに，教科化後の日本の小学校英語教育の方向について考えます。

1．諸外国における小学校外国語教育の現状

　大多数の国では，小学校で教科として外国語教育が実施されています。そしてこれらの国の多くは第1学年から第3学年で外国語教育を開始します。ヨーロッパではオーストリア，フランス，イタリア，スペインなどが第1学年から，アジアではインド，シンガポール，フィリピンなど英語が準公用語である国では第1学年から，中国，韓国，台湾など英語が非公用語である国では第3学年から英語教育を開始する国や地域が多いようです。

　次の表は，国や地域で生活する人々と英語との関係が日本と共通点の多い中国，韓国，台湾の小学校英語教育の現状の概要です。

中国，韓国，台湾の小学校外国語教育の現状

項目＼国名	中国	韓国	台湾
開始学年	小学校3年	小学校3年	小学校3年
授業時数	・週4回以上 ・3，4年は30分授業中心 ・5，6年は30分授業と40分授業。40分授業は週2回以上	・3，4年は週2コマ。 ・5，6年は週3コマ。1コマ40分 *2008年の改訂以前は，3，4年は週1コマ。5，6年は週2コマ	・週2コマ。1コマ40分 *2003年以前は，5，6年週2コマ
指導目標	・コミュニケーション能力の基礎力の育成 ・英語圏の文化の理解，自国文化と外国文化の違いの理解	・英語学習に対する興味・関心の高揚 ・日常生活で使用する基本的な英語を理解し，表現する能力の育成	・基本的なコミュニケーション能力の育成 ・英語学習に対する興味・関心の高揚 ・自国文化と外国文化の理解
指導内容	・技能：4技能 ・語彙数：600〜700語	・技能：4技能 ・語彙数：500語	・技能：4技能 ・語彙数：オーラル300語（ライティング180語）

	・文法事項：1，2，3人称代名詞（単数，複数），現在時制，過去時制，未来表現，現在進行形	・文法事項：1，2，3人称代名詞（単数，複数），現在時制，過去時制，未来表現，現在進行形	・文法事項：1，2，3人称代名詞（単数，複数），現在時制，過去時制，未来表現，現在進行形
指導者	専科教員	学級担任。ただし，専科教員が徐々に増加	専科教員中心。都市部では専科教員が多い

(表のデータは，樋口他（2013a, 2013b），大谷（2011）に基づいている。)

　表から明らかなように，これらの国や地域の小学校英語教育の目標は共通しており，(1)英語学習に対する興味・関心を高める，(2)コミュニケーション能力の基礎を培う，(3)外国文化および自国文化の理解を深める，にまとめられます。

　指導内容は，語彙数については学習時間数との関係でバラツキがありますが，文法事項については日本の平成24年度版の中学校第1学年用の検定教科書とほぼ同じレベルで，読むこと，書くことを含めた4技能の総合的な育成をめざしています。

　また，外国語教育，とりわけ小学校外国語教育で重要な役割を果たす指導者は，中国，台湾では専科教員，1997年の小学校に英語教育導入以来，学級担任が指導してきた韓国でも，最近，専科教員の割合が増えているようです。

2．外国語活動から英語科へ

　文部科学省の「グローバル化に対応した英語教育改革実施計画」(2013，以下「実施計画」)は，小学校中学年では現行の外国語活動を踏襲し，高学年では教科とする小学校英語教育の改革案を示しています。

　この改革案の概要は以下のとおりです。

「実施計画」の概要

(1) 中学年（第3，第4学年）
・活動型，週1～2コマ程度
・英語を用いてコミュニケーションを図る楽しさを体験することで，コミュニケーション能力の素地を養う
・学級担任を中心に指導

(2) 高学年（第5，第6学年）
・教科型，週2～3コマ程度（モジュール授業も活用）
・読むことや書くことも含めた初歩的な英語の運用力を養う
・英語の指導力を備えた学級担任に加えて，専科教員を積極的に活用

この改革案は，今後，中央教育審議会などで検討されますが，各教科等との兼ね合いで時間数などが若干変更されることはあっても，全体的には「実施計画」どおり施行されるでしょう。
　なお，教科化への移行の日程は，2016年度に新学習指導要領の公示，2018年度から新学習指導要領への段階的移行，東京オリンピック・パラリンピック開催に合わせて2020年度から全面実施となっています。

3．教科化とこれからの小学校英語教育
　外国語活動が英語科になれば，小学校の英語教育はどのように変わるのでしょうか。1.で見たアジアの国や地域の現状も参考にしながら，考えてみましょう。

① 小学校英語教育の役割が明確になる
　中国，韓国，台湾では小中高あるいは小中一貫の学習到達目標が設定されています。日本でも小学校が教科に変れば，4技能について，「英語を使って何ができるようになるか」(CAN-DO) という視点から小中高一貫の学習到達目標が設定され，小中高の英語教育における小学校の役割が明確になります。

② 知識とスキルの習得がある程度重視される
　初歩的な4技能の運用能力を育成するために，高学年では，聞くこと，話すことの指導が中心ですが，中学年での体験的な学習に音声の体系的な指導，語彙や文法事項の指導が加味され，知識やスキルの習得がある程度重視されるようになります。

③ 指導内容はかなり増加する
　授業時数が「実施計画」どおり，あるいはそれに近ければ，語彙数は500語程度，文法事項は平成24年度版の中学校第1学年用検定教科書の80％程度が扱われると思われます。また，基本的な単語を読んだり，書き写したりといった指導もなされるようです。

④ 専科教員が少しずつ多くなる
　「実施計画」によれば，中学年は学級担任中心，高学年は英語の指導力がある学級担任と専科教員の活用とありますが，予算等の関係もあり，当初は学級担任と専科指導を行う専科教員やALT，特別非常勤講師で指導することになるでしょう。しかし長期的には，韓国のように徐々に専科教員が多くなると思われます。

　以上のように，教科化によって小学校の英語教育は大きく変わりますので，当然，中学以降の英語教育に大きな影響があります。今後，小学校英語教育の動向に注意を払う必要があるでしょう。

高校での英語の授業はどう変わったか？

「科目の構成が大きく変わった」「授業は英語で進める」など，高校の英語授業が大きく変わったと聞いています。具体的にはどのように変わったのか，変わっていくのかを知っておきたいのですが…。

高校では，2013年度の入学生から年次進行で新しい学習指導要領が施行され，2015年度以降は，1年生から3年生までのすべての高校生が新しい学習指導要領のもとで学習することになります。以下，高校での英語の授業のポイントを挙げてみます。

1．科目構成とそのねらい

新課程では，以下のように科目構成が大きく変更されました。

旧学習指導要領による科目 （2014年度まで実施）	新学習指導要領による科目 （2013年度より年次進行，2015年度完成）
オーラル・コミュニケーションⅠ（2）	コミュニケーション英語基礎（2）
オーラル・コミュニケーションⅡ（4）	**コミュニケーション英語Ⅰ**（3）
英語Ⅰ（3）	コミュニケーション英語Ⅱ（4）
英語Ⅱ（4）	コミュニケーション英語Ⅲ（4）
リーディング（4）	英語表現Ⅰ（2）
ライティング（4）	英語表現Ⅱ（4）
*（ ）の数字は標準単位数 *太字は選択必履修科目	英語会話（2） *太字は必履修科目

旧課程では，技能別科目を軸として授業が行われてきました。「英語Ⅰ」と「英語Ⅱ」は，本来は4技能を扱う科目でしたが，学年進行で「英語Ⅰ」→「英語Ⅱ」→「リーディング」と扱う高校も多かったため，読むことに重点が置かれる傾向がありました。そして，それぞれの科目ごとに担当教員と履修学年が異なることが多く，「リーディング」で読んだことをもとに「ライティング」で書くというような「技能の統合」を行うことが難しい状況でした。このため，中学校からの指導を継続させ，4技能を総合的・統合的に扱うことをめざすコミュニケーション科目を新設し，中学校から高校への円滑な接続を目的とした「コミュニケーション英語基礎」，すべての生徒に履修させる必履修科目「コミュニケーション英語Ⅰ」，さらにレベルを上げた「コミュニケーション英語Ⅱ」，「コミュニケーション英語Ⅲ」と段階的に履修できるようになっています。高校間には学力差がある実態を踏まえ，「コミュニケーション英語Ⅰ・Ⅱ・Ⅲ」の教科書には，

3段階のレベルが用意されていて，生徒の実態に合わせて採択できるようになっています。さらに，「話すこと」と「書くこと」に関する発信力を育てるための「英語表現Ⅰ」，「英語表現Ⅱ」，会話力の育成を図る「英語会話」が創設されました。「英語表現Ⅱ」においては，英語で討論を行ったり，主題を決めてまとまった文章を書いたりするなどの「高度な言語活動」を行うことになります。

2．言語材料
① 語彙
中学校と同様に，高校でも指導する語数の充実を図っています。中学で学習した1200語程度に加え，「コミュニケーション英語Ⅰ・Ⅱ・Ⅲ」を履修した場合，高校でおよそ1800語が加わり，合計で3000語レベルの単語を学習することになります。

② 文法
従来の高校での文法指導は，教師による解説と問題演習が多く見られましたが，中学校と同様に「文法は，言語活動と関連付けて指導すること」が学習指導要領に明記されています。そして，高校で学習する文法事項（不定詞の用法／関係代名詞の用法／関係副詞の用法／助動詞の用法／代名詞のうち，it が名詞用法の句および節を指すもの／動詞の時制など／仮定法／分詞構文）は，全員が履修する「コミュニケーション英語Ⅰ」においてすべて扱うことになっています。

高校1年生にとっては今までよりも負担になりますが，多くの文法事項は中学校での学習が土台になるため，中学校段階での基礎・基本の定着がより大切になってきます。

3．授業は英語で
2009年公示の高等学校学習指導要領で最も注目を集めたのが「授業は英語で行うことを基本とする」という文言でしょう。高校の英語の授業は，教師が解説をしてそれを生徒が理解するという従来のイメージから，教師が一方的に英語で話すと考えがちですが，本来の目的は，英語による言語活動を授業の中心とするためのものであることを理解する必要があります。生徒が多くの英語にふれて，英語でコミュニケーションを行う機会を充実するために，教師も生徒も英語を使うというものです。したがって難解な文法などの説明に関しては日本語を交えて行うことになります。

文部科学省は，2020年度実施予定の次期学習指導要領では中学校でも「授業を英語で行うことを基本とする」ことを発表しました。中高ともに，日常的に授業で英語を使用して生徒とインタラクションを行うことが大切なポイントです。

高校へつなぐ中学3年生の指導は？

卒業生から「高校の授業に戸惑っている」という声をよく聞きます。高校でよいスタートを切らせてあげるために3年生の指導で留意すべきことはありますか。

中学校から高校へ進学した生徒が英語の授業で戸惑うのは，主に次の2つのギャップが原因です。1つは，中学校の教科書と高校の教科書の間に見られるギャップ，もう1つは，中学校の先生と高校の先生の指導法のギャップです。

生徒がこれらのギャップに対応するために，中学3年生の指導でできることを考えてみましょう。

1．教科書間のギャップを埋めるために

高校の「コミュニケーション英語Ⅰ」の教科書には大きく分けて3レベルあり，一番易しいものの場合には中学3年生の教科書と大きな差は見られませんが，進学校などで用いられるレベルの高い教科書の場合には，英文の量の多さに生徒たちは圧倒されてしまいます。1時間の授業で扱う英文の量も多くなり，新出単語もかなりの数にのぼります。

このギャップを埋めるために，3年生の間に次の2つのことを行い，高校へのソフト・ランディングを行わせるとよいでしょう。

① 英文の量に慣れさせる

高校の教科書にある英文の量に圧倒されないために，ある程度まとまった英文を中学生の間に読ませておくことです。いわゆる「多読指導」です（⇨ Q3-14）。あくまで英文の量に慣れることが目的なので，生徒にとって負担が少なく読める易しめのレベルの英文を選ぶことが大切です。文法や語彙をコントロールするには，旧版の検定教科書や現在使用している教科書以外の他社の検定教科書から長めのリーディング教材を使用するのがよいでしょう。最初は1年生や2年生の英文を用いて，比較的楽に読めることを実感させるようにします。生徒が楽しみながら読んでいればいいですが，あまり集中できていないときには簡単なタスクを与えて読ませることもできます。例えば，適当なタイトルを考えながら読んだり，読んだ後にあらすじや感想をペアやグループで話し合う活動を行ったりすることなどが考えられます。

図書室などに多読用の教材を用意できる場合には，各自で好きな本を選んで読むようにさせます。その際には，わからない単語や表現などはあまり気にしないで読み進めるようにさせ，読んでいる途中であっても，おもしろくないと思った時点で別の本を読むことをすすめます。読んだ語数を記録させていくことも，生

徒にとって励みになるでしょう。こうした多読指導は，未知語の意味を推測する訓練にもなり，長文化する高校入試問題に対応する力も身につけさせることができます。

② **辞書指導を行う**（⇨ Q7-4 ）

中学校の教科書の巻末には，本文に出てきた単語の英和リストが載っているため，辞書を使わずに英語学習を行っている生徒がたくさんいます。しかし，高校の教科書には同様のリストつきのものも一部にはありますが，多くの教科書では英単語だけのリストになっていて日本語の意味は載っていません。このため，高校入学までには辞書を使うことに慣れさせておく必要があります。多くの高校では生徒に辞書を購入させて持たせていますが，十分な辞書指導が行われていないのが現状です。加えて高校入学時から電子辞書を使う生徒も多いため，どのように英文に合う意味を見つけるかを考えないまま，最初に掲載されている訳語を機械的に当てはめる生徒がかなりいます。高校の教科書にある英文を読みこなすには辞書の活用が不可欠です。中学校での授業中に生徒に辞書を引く機会を提供し，実際の英文に合った単語の意味を探す練習をしておくことをおすすめします。

2．指導法のギャップを埋めるために

地域や学校，あるいは英語教師の指導法によって差はあるものの，一般的に中学校の授業ではさまざまなコミュニケーション活動やゲーム形式の言語活動などを取り入れている場合が多いのに対して，高校では教師主導の講義形式の授業が多いのが現状です。中学校では英語を聞いたり話したりすることで，英語に興味を持っていたにもかかわらず，高校での動きの少ない授業によって英語に対する学習意欲を失っていくという例もよく耳にします。もちろん，コミュニケーション重視の授業形態を取り入れている高校の先生方も多くなってきてはいますが，教科書で読む英文の量が多く，難度も上がっていることもあり，中学校の授業では活動が多いのに対して，高校では静かに英語に向き合うことが多い傾向があります。これと並行して，高校の授業では声に出して英語を発音する機会が減る傾向も見られ，家庭での音読練習の時間も極端に減ってしまうことも多いようです。

高校の教科書で扱う題材は，中学校の教科書と比較して内容的にも深くてメッセージ性があり，生徒にとっても興味関心を持てるものが多くあります。こうした英文を声に出して読むことで，より一層理解が深まるものです。このため，中学校の段階から，生徒には音読の重要性を伝え，英文の内容を理解した後に声に出して読む習慣をつけておくことが，高校での英語の授業を実りのあるものにしていくことにつながるでしょう（⇨ Q4-14 ）。

コミュニケーション能力の育成と高校入試の関係は？

コミュニケーション能力の育成を目標に授業を行っていますが，生徒が高校入試で得点が取れるか心配です。学習指導要領は入試問題に十分反映されているのでしょうか。

　現行学習指導要領（2008年公示）の目標の柱は，4技能のコミュニケーション能力の基礎の育成です。そこで，まずこの目標の柱に関わる言語活動として学習指導要領に新たに加えられた項目を示し，次にこれらが公立高校の入試問題に，どの程度，また，どのような問題として出題されているか考えてみます。

1．現行学習指導要領のねらい

　現行の学習指導要領は1998年公示の学習指導要領と比べると，授業時数は各学年とも1時間ずつ増えていますが，言語材料は語彙以外はほとんど変わっていません。これは基礎・基本の定着を図るためにくり返し学習したり，4技能のコミュニケーション能力育成のために言語活動にじっくり取り組めるようにするというねらいによるものでしょう。以下は，現行学習指導要領に新設された4技能の言語活動です。

- 聞くこと：まとまりのある英語を聞いて，概要や要点を適切に聞き取ること。
- 話すこと：与えられたテーマについて簡単なスピーチをすること。
- 読むこと：話の内容や書き手の意見などに対して感想を述べたり賛否やその理由を示したりなどすることができるよう，書かれた内容や考え方などを捉えること。
- 書くこと：ⓐ語と語のつながりなどに注意して正しく文を書くこと。
  ⓑ身近な場面における出来事や体験したことなどについて，自分の考えや気持ちなどを書くこと。
  ⓒ自分の考えや気持ちなどが読み手に正しく伝わるように，文と文のつながりなどに注意して文章を書くこと。

2．学習指導要領と公立高校入試問題の関係

　新設された言語活動が公立高校入試問題にどのように反映されているのかを調査するために，無作為に抽出した15都道府県（以下，県）の2011年と2014年実施の入試問題の分析を行いました。

① 公立高校入試問題の全体的な傾向

　2014年の各県の公立高校入試問題の構成や配点は，2011年のものと比べほとんど変わっていません。しかし，基礎・基本の重視ということからか，2011年の総

合問題を語彙・文法問題に変えた県があります。また，いくつかの県では長文読解や総合問題の語数が増え，一段と長文化しています。

② 新設言語活動の出題傾向

新設の言語活動に関連する問題は，2011年の入試問題でも，聞くことおよび書くこと⒜はかなり多くの県で，書くこと⒞は数県で出題されています。そして2014年の入試では，聞くこと，書くこと⒜を出題する県が少し増え，書くこと⒞についても調査したほとんどすべての県で出題されていました。書くこと⒝は言語活動の性質上出題の仕方が難しいこともあり，2011年，2014年ともほとんどの県で出題されていません。読むことは2011年には出題する県は皆無でしたが，2014年には2県で出題されています。話すことは実施上の問題があるため出題されていませんが，3.②で示すように，県によってはそれなりの配慮がなされています。

3．新設言語活動に関連した問題の具体例

新設の言語活動に関連する問題で，よく出題される問題や今後出題が増えると予想される問題例を挙げておきます。

① 聞くこと

例1・遠足で訪れた公園で，先生からの注意（65語，8文）を聞いて，「誰が，何をしているか」を具体的に書き入れ，先生から生徒への注意を完成する。

生徒の皆さんが忘れてはいけないのは，毎週土曜日に（　　　　　）ということです。この公園をきれいに使いましょう。（神奈川）

例2・日本人と外国人の中学生のインターネット・ショッピングについての会話（122語，5往復，16文）を聞いて，英語の質問に4つの英語の答えの中から正しい答えを選ぶ。（福岡）

② 話すこと

面接テストが実施されていないので話すことに直接関連する問題は，出題されていません。ただし，聞くことで，「ALTと私の英語学習方法」（福岡）や「私の宝物」（広島）といったトピックのスピーチが出題されており，新設された言語活動に対する配慮がなされています。

③ 読むこと

例・人類の発展に貢献した偉大な発明（火，文字）をトピックにしたディスカッションのスクリプト（323語，39文）を読む。内容理解の問題の後，文字が果たした役割の重要性を主張する生徒の発言に対する教師の"Does anyone have comments on her idea?"という問いかけに，自分の意見を英語で書く問題。こ

の生徒の発言に対して感想を述べたり，賛否やその理由を示したりできるように，発言内容をしっかり捉えることを求めている。(奈良)

④ 書くことⓐ

例1・下線部の内容をあなたは英語でどのように言いますか。
　外国人の先生に，日本の映画をみたことがありますか，とたずねる場合。(島根)

例2・会話文中の[　　]内の語を正しく並べ替えさせる。
　　Bill：Welcome to the party. Please help yourself.
　　Hiroshi：Help myself?
　　Bill：That means you can take any food you like. Do [what / understand / you / mean / I]?
　　Hiroshi：Yes, I see. Thank you.　(岐阜)

⑤ 書くことⓒ

例1・ボランティア活動に関する2つのグラフについての説明文(152語，11文)を読む。内容理解の問題の後に，次の問題が続く。
　あなたがしてみたいボランティア活動について，具体的に20語以上の英語で書け。ただし，コンマやピリオドなどは語数に含めないこと。(奈良)

例2・授業で外国人がこれから学びたいこととその理由について話したスピーチの原稿(13文，122語)を読む。内容理解の問題の後，次の問題が続く。
　あなたは，これからより深く学んでみたいことについて授業で発表することになりました。あなたがこれからより深く学んでみたいことを一つ取り上げ，それを取り上げた理由などを含めて，三つの英語の文で書き表しなさい。(東京)

例3・英語授業で先生があなたに次の質問をしました。Which of the four seasons do you like the best: spring, summer, fall, or winter? And why?
　この質問に対してあなたはどの季節を選びますか。あなたが選んだ季節を，解答欄の "I like _____ the best." の _____ 内に書き入れ，その後に，それを選んだ理由を，30語程度の英語で書きなさい。(コンマ，ピリオドの注意は例1の奈良に同じ)(大阪)

4．入試に対応する力をつける授業とは？

　公立高校の入試には，現行の学習指導要領にコミュニケーション能力育成のために新設された4技能の言語活動のうち，「話すこと」以外の言語活動に関連する問題がかなり多く出題されており，今後，学習指導要領に沿った指導が定着するにつれ，さらに増えるはずです。このような状況を考えると，基礎・基本を大切にしながら4技能のコミュニケーション能力の育成をめざす授業が，少なくとも，公立高校の入試に最も役立つ授業と言えるでしょう。

参考／引用文献

和書

伊垣尚人（2013）『子どもの力を引き出す自主学習ノート 実践編』ナツメ社教育書ブックス．
和泉伸一（2009）『「フォーカス・オン・フォーム」を取り入れた新しい英語教育』大修館書店．
ELEC同友会英語教育学会実践研究部会（2008）『中学校・高校英語 段階的スピーキング活動42』三省堂．
江川泰一郎（1991）『英文法解説（改訂三版）』金子書房．
大谷泰照（2011）「外交三流の国の国際感覚」『日本児童英語教育学会第31回秋季研究大会資料集』pp.39-42．
織田稔（2007）『英語表現構造の基礎―冠詞と名詞・動詞と文表現・文型と文構造』風間書房．
織田稔（編著）（2010）『自由自在 中学英語』受験研究社．
加賀田哲也・小磯かをる・前田和彦（2007）「英語学習についての調査研究 ― 大学生を対象に」『大阪商業大学論集』第144号，pp.13-32．
金谷憲（編集代表）（2009）『英語授業ハンドブック〈中学校編〉』大修館書店．
五島忠久・織田稔（1977）『英語科教育・基礎と臨床』研究社．
笹島茂（編著）（2011）『CLIL 新しい発想の授業』三修社．
汐見稔幸（2003）「「教師という仕事」を再考する」『英語教育』第52巻2号，pp.8-10．
白畑知彦・冨田祐一・村野井仁・若林茂則（2009）『改訂版 英語教育用語辞典』大修館書店．
鈴木寿一・門田修平（2012）『英語音読指導ハンドブック』大修館書店．
高梨庸雄・高橋正夫他（2004）『教室英語活用事典』研究社．
髙橋一幸（2003）『授業づくりと改善の視点 よりコミュニカティブな授業をめざして』教育出版．
髙橋一幸（2011）『成長する英語教師 ―プロの教師の「初伝」から「奥伝」まで』大修館書店．
髙橋一幸・田尻悟郎（2008）『基礎英語・チャンツで楽習！ 決定版』NHK出版．
髙見澤孟他（訳）（2007）『世界の言語教授・指導法』東京書籍．（原典：Richards, C., & Rogers S.（1986）. *Approaches and Methods in Language Teaching.* Cambridge: Cambridge University Press.）
田崎清忠（編著）（1995）『現代英語教授法総覧』大修館書店．
田尻悟郎（1997）『英語科自学のシステムマニュアル』明治図書．
田尻悟郎・築道和明（2000）『トーク・アンド・トーク・ライト Book 2』正進社．
田尻悟郎（2010）『自己表現お助けブック』教育出版．
土屋澄男（2004）『英語コミュニケーションの基礎を作る音読指導』研究社．
土屋澄男（編著），蒔田守，他（著）（2010）『新編 英語科教育法入門』研究社．
津村修志・加賀田哲也（1997）「学習者のつまずきの原因と今後の英語教育に期待すること」『英語授業研究学会紀要』第6号，pp.19-38．
投野由紀夫『英語到達度指標 CEFR-J ガイドブック』大修館書店．
冨田祐一（2009）「SLA研究の視点から日本の英語教育を考える」『英語教育』8月号，pp.31-33，大修館書店．
樋口忠彦（編著），髙橋一幸他（著）（1996）『英語授業Q&A』中教出版．
樋口忠彦他（2007）「小学校英語学習経験者の追跡調査と小・中学校英語教育への示唆」『近畿大学語学教育部紀要』第7巻2号，pp.123-180．
樋口忠彦・緑川日出子・髙橋一幸（2007）『すぐれた英語授業実践―よりよい授業づくりのために』大修館書店．
樋口忠彦・大城賢・國方太司・髙橋一幸（編著）（2010）『小学校英語教育の展開―よりよい英語活動への提言』研究社．
樋口忠彦・並松善秋・泉惠美子（編著）（2012）『英語授業改善への提言 ―「使える英語」力を育成する授

業実践』教育出版.
樋口忠彦・加賀田哲也・泉恵美子・衣笠知子（編著）(2013a)『小学校英語教育法入門』研究社.
樋口忠彦・アレン玉井光江・加賀田哲也他 (2013b)「JASTECアピール：小学校外国語活動の教科化への緊急提言について」『日本児童英語教育学会研究紀要』第32号, pp.1-17.
樋口忠彦 (2014)「小学校英語教育の現実と予測」『英語教育』1月号, pp.28-30, 大修館書店.
平田和人（編著）(2008)『中学校新学習指導要領の展開　外国語科英語編』明治図書.
本多敏幸 (2003)『中学校英語科　到達目標に向けての指導と評価』教育出版.
本多敏幸 (2003)『到達目標に向けての指導と評価』教育出版.
本多敏幸 (2009)『英語力がぐんぐん伸びる！　コミュニケーション・タイム—13の帯活動&ワークシート』明治図書.
本多敏幸 (2011)『若手英語教師のためのよい授業をつくる30章』教育出版.
本多敏幸 (2013)「ため息からの授業改善　ポイントはこれだ！　第2回　CAN-DOリストってどうすればいいの？」『英語教育』5月号, 大修館書店.
蒔田守 (2010)「自宅で音声を振り返らせる課題　生徒に自分を客観的に見つめる機会を与える」『英語教育』10月号, 大修館書店.
蒔田守 (2011)「文字に関する質問を受けたら…」『英語教育』6月号, pp.14-16, 大修館書店.
マーク・ピーターセン (1988)『日本人の英語』岩波書店.
村野井仁 (2006)『第二言語習得研究から見た効果的な英語指導法・学習法』大修館書店.
安井稔 (1996)『改訂版　英文法総覧』開拓社.
吉島茂・大橋理枝他（訳・編）(2004)『外国語教育Ⅱ　外国語の学習，教授，評価のためのヨーロッパ共通参照枠』朝日新聞社. (原典：Trim, J., North, B., & Coste, D. (2002). *Common European Framework for Languages: Learning, teaching, assessment* (3rd printing). Cambridge: Cambridge University Press.)
吉田研作・金子朝子他 (2011)『現場で使える教室英語』三修社.
ローラン・ブリューゴープト（著），南條郁子（訳）(2007)『アルファベットの辞典』創元社.

洋書

Benson, P. (2001). *Teaching and Researching Autonomy in Language Learning*. London: Pearson Education.
Holec, H. (1981). *Autonomy in Foreign Language Learning*. Oxford: Pergamon Press.
Hymes, D.H. (1972). On communicative competence. In J.B.Pride & J.Holmes (Eds.), *Sociolinguistics* (pp.269-293). Harmondsworth, England:Penguin Books.
Krashen, S. (1982). *Principles and Practice in Second Language Acquisition*. Oxford: Pergamon Press.
Krashen, S., & Terrell, T. D. (1984). *The Natural Approach: Language Acquisition in the Classroom*. Oxford: Pergamon Press.
Lightbrown, P & Spada, N. (1999). *How lauguage are Learned*. Oxford: Oxford University Press.
Long, M.H. (1981). Input, interaction and second language acquisition. In H. Winitz (Ed.), *Native Language and Foreign language Acquisition* (pp.259-278). New York: Annual of the New York Academy of Science, 379.
Longman Publishing (1984). *Longman New Junior English Dictionary*. Harlow: Longmans.
Nation, P. (2001). *Learning Vocabulary in Another Language*. Cambridge: Cambridge University Press
Rogers, C.R. (1957). The Necessary and Sufficient Conditions of Therapeutic Personality Change, *Journal of Consulting Psychology*, 21, (pp.95-103). Washington, DC: American Psychological

Association.
Swan, M.（1984）. *Basic English Usage*. Oxfprd: Oxford University Press.
Swain, M.（1985）. Communicative competence: Some roles of comprehensible input and comprehensible output in its development. In S. Gass & C.G. Mandden（Eds.）, *Input in Second Language Acquisition* (pp.235-253). Rowley, Ma.: Newbury House.
West, M.（1960）. *Teaching English in Difficult Circumstances*. London: Longmans.

政府刊行文書
国立教育政策研究所（2003）『平成13年度 小中学校教育課程実施状況調査報告書 中学校 英語』ぎょうせい.
国立教育政策研究所（2007）『特定の課題に関する調査（英語：「話すこと」調査結果（中学校）』http://www.nier.go.jp/
国立教育政策研究所（2012）『特定の課題に関する調査（英語：「聞くこと」調査結果（中学校）』http://www.nier.go.jp/
文部科学省（2008）『小学校学習指導要領解説　外国語活動編』東洋館出版社.
文部科学省（2008）『中学校学習指導要領解説　外国語編』開隆堂出版.
文部科学省（2009）『高等学校学習指導要領解説　外国語編　英語編』開隆堂出版.
文部科学省（2012）『*Hi, friends! 1,2*』東京書籍.
文部科学省（2012）『*Hi, friends! 1, 2* 指導編』東京書籍.
文部科学省（2013）「グローバル化に対応した英語教育改革実施計画」http://www.mext.go.jp/a_menu/kokusai/gaikokugo/__icsFiles/afieldfile/2014/01/31/1343704_01.pdf
文部科学省中等教育局（2013）『各中・高等学校の外国語教育における「CAN-DOリスト」の形での学習到達目標のための手引き』http://www.mext.go.jp/a_menu/kokusai/gaikokugo/__icsFiles/afieldfile/2013/05/08/1332306_4.pdf

検定教科書
NEW CROWN ENGLISH SERIES 1　平成24年版 三省堂.（本文中では *NEW CROWN*（1年）と表記）
NEW HORIZON English Course 3 平成20年版 東京書籍.（本文中では *NEW HORIZON*（3年）平成20年版と表記）
TOTAL ENGLISH New Edition 1 平成24年版 学校図書.（本文中では *TOTAL ENGLISH*（1年）と表記）
TOTAL ENGLISH New Edition 2 平成24年版 学校図書.（本文中では *TOTAL ENGLISH*（3年）と表記）
COLUMBUS 21 ENGLISH COURSE 3 平成24年版 光村図書.（本文中では *COLUMBUS 21*（3年）と表記）
ONE WORLD English Course 1 平成24年版 教育出版.（本文中では *ONE WORLD*（1年）と表記）
ONE WORLD English Course 2 平成24年版 教育出版.（本文中では *ONE WORLD*（2年）と表記）
SUNSHINE ENGLISH COURSE 1 平成24年版 開隆堂.（本文中では *SUNSHINE*（1年）と表記）

あとがき

　2014年8月に開催した英語授業研究学会第26回全国大会には全国から2日間延べ600名の熱心な参加者が横浜に集まりました。本書は、英授研設立25周年記念事業の一環として、中学校教育の研究や実践に造詣の深い役員で執筆陣を組織して刊行したもので、25年間の関東・関西両支部での毎月の地道な活動から生まれました。この間、学会活動を献身的に支えてくださった役員各位、熱心に参加、発表いただいた会員諸氏、そしてQ選定にご協力くださった皆様に感謝いたします。

　本書の内容は、近年注目を集め、現場での活用も広がり始めたCAN-DOリストの作成とその効果的な活用もふくめ、中・長期的視野に立った指導計画の策定や単位授業の指導過程の充実（1章）、用語や用法の区別に終始するのではなく、コミュニケーションに生きて働く文法指導法（2章）、3年間を見通した4技能の段階的指導、および総合的な活用をめざす複数技能の統合的活動（3章）、指導理論の実践への適用と視聴覚教材やICTの活用（4章）、ALTだけでなくJTE同士のTTや少人数クラス指導の要諦（5章）、生徒の典型的なつまずきとそれへの対処法（6章）、さまざまな学習形態の効果や協働学習、集団作りと自律的学習者の育成といった教育の本質に迫る諸問題（7・9章）、指導と評価の一体化、ねらいを明確にした、授業への波及効果のあるテスティング（8章）、小学校英語の教科化も踏まえ、小→中、中→高をつなぐ「扇の要」としての中学校英語教育の重要な役割（10章）など、現在およびこれからのわが国の英語教育を展望しながら「中学校教育最前線の重要課題」を取り上げました。

　原稿は執筆者一覧に記載のとおり分担し、各章担当の編集委員と編著者が提出された一次稿を校閲、その後5～6回の加筆修正をくり返して完成した最終稿を、編著者の樋口、髙橋が全編を通して校正し、内容の整合性と統一を図りました。本書が、生徒たちのためによりよき授業をめざし日々頑張っておられる先生方の悩みや疑問の解決への一助になれば、編者、著者一同の喜びです。

　最後に、本書の刊行の意図をご理解くださり、快く出版を引き受けてくださった教育出版の小林一光社長と廣瀬智久関西支社長、執筆に際して、さまざまな助言と編集の労を取ってくださった書籍・教材本部の阪口建吾企画課長と関西支社の舟本朝子さんに、この場を借りてお礼を申し上げます。

2014年12月

編著者　樋口忠彦　髙橋一幸

執筆者一覧

＊＊…編著者　＊…編集委員　（　）内は執筆分担

- ＊＊樋口忠彦　前 近畿大学教授（Q4-1, 4-18, 10-1, 10-3, 10-6）
- ＊＊髙橋一幸　神奈川大学教授（Q1-9, 2-1, 2-2, 2-27, 4-14）
- ＊泉　惠美子　京都教育大学教授（Q1-17, 1-18, 7-1, 8-1〜8-4, 8-6〜8-17）
- ＊稲岡章代　賢明女子学院中学校・高等学校教諭／2000年度パーマー賞受賞
  （Q2-16, 2-17, 4-2〜4-11, 4-13, 4-15, 5-2, 5-5, 5-8）
- ＊太田　洋　東京家政大学教授（Q2-7, 2-8, 3-1〜3-3, 3-5〜3-8, 3-12〜3-14, 3-17, 3-18, 3-20〜3-22）
- ＊加賀田哲也　大阪教育大学教授（Q6-1, 6-4, 6-6〜6-9, 6-13, 9-1, 9-2, 9-7, 9-8, 10-2）
- ＊加藤京子　東洋大学附属姫路中学校・高等学校教諭／1994年度パーマー賞受賞（Q2-3, 2-4, 2-6, 2-9〜2-12, 2-14, 2-15, 2-18〜2-20, 2-22〜2-26, 3-19, 4-17, 5-1）
- ＊本多敏幸　千代田区立九段中等教育学校教諭／2011年度外国語教育研究賞受賞（Q1-1〜1-5, 1-7, 1-8, 1-11, 1-12, 1-14〜1-16, 1-20, 3-9〜3-11, 8-5, 8-18）
- ＊蒔田　守　筑波大学附属中学校主幹教諭／1998年度パーマー賞受賞（Q2-5, 2-21, 7-2, 7-5〜7-11, 9-3〜9-6）
- 阿野幸一　文教大学教授（Q10-4, 10-5）
- 河合光治　相模原市立共和中学校教諭（Q6-11, 6-12, 7-3, 7-4）
- 谷口友隆　相模原市立由野台中学校教諭（Q3-16, 4-12, 6-5, 6-10）
- 中西浩一　高槻市教育センター所長（Q5-3, 5-4, 5-6, 5-7）
- 平田健治　奈良女子大学附属中等教育学校教諭（Q1-6, 1-13, 2-13, 3-15）
- 増渕素子　稲城市立稲城第一中学校教諭（Q6-2, 6-3, 6-14）
- 和田憲明　近大姫路大学准教授（Q1-10, 1-19, 3-4, 4-16）

編著者紹介

樋口忠彦　（ひぐち ただひこ）

大阪教育大学附属天王寺中学校・高等学校教諭，大阪教育大学教育学部助教授，近畿大学語学教育学部教授等を歴任。日本児童英語教育学会および英語授業研究学会元会長，現在，両学会の特別顧問。
編著書に，『個性・創造性を引き出す英語授業』，『これからの小学校英語教育』，『小学校英語教育の展開』，『小学校英語教育法入門』（以上，研究社），『授業づくりのアイディア』，『小学校英語活動 アイディアバンク』正・続編，『英語授業改善への提言』（以上，教育出版），『すぐれた英語授業実践』（大修館書店），『英語授業Q&A』（中教出版）など。監修に，『Mother Goose World──グースキーの冒険』全12巻（中央出版）など。

髙橋一幸　（たかはし かずゆき）

大阪教育大学附属天王寺中学校・高等学校教諭を経て，現在，神奈川大学外国語学部英語英文学科教授。1992年度パーマー賞受賞。2002〜2004年度NHKラジオ「新基礎英語1」講師。英語授業研究学会会長。日本教育アクションリサーチ・ネットワーク副代表。日本児童英語教育学会理事。語学教育研究所評議員，パーマー賞委員。
著書に『成長する英語教師』（大修館書店），『授業づくりと改善の視点』（教育出版），『チャンツでノリノリ英語楽習！』，共著『チャンツで楽習！ 決定版』（以上，NHK出版）。編著書に『小学校英語教育の展開』（研究社），『すぐれた英語授業実践』（大修館書店），『授業づくりのアイディア』（教育出版）など。

Q&A 中学英語指導法事典
──現場の悩み152に答える──

2015年1月9日　初版第1刷発行

編著者　樋口忠彦
　　　　髙橋一幸

発行者　小林一光

発行所　教育出版株式会社
　　　　〒101-0051　東京都千代田区神田神保町2-10
　　　　電話 03-3238-6965　振替 00190-1-107340

©T. Higuchi／K. Takahashi　2015
Printed in Japan
落丁・乱丁はお取替いたします。

組版　ピーアンドエー
印刷　藤原印刷
製本　上島製本

ISBN978-4-316-80393-7　C3537